Gieß-Stüber & Sobiech (Hrsg.)
Gleichheit und Differenz *in Bewegung*

Schriften der Deutschen Vereinigung für Sportwissenschaft

Herausgeber: Deutsche Vereinigung für Sportwissenschaft   ISSN 1430-2225

Band 159

Petra Gieß-Stüber & Gabriele Sobiech (Hrsg.)

Gleichheit und Differenz
in Bewegung

Entwicklungen und Perspektiven für die Geschlechterforschung in der Sportwissenschaft

Jahrestagung der dvs-Kommission Geschlechterforschung vom 4.–6. November 2004 in Freiburg

Czwalina Verlag Hamburg

Endredaktion: Saban Peker, Frederik Borkenhagen

ISSN 1430-2225
ISBN-10: 3-88020-**474**-8
ISBN-13: 978-3-88020-**474**-4

Alle Rechte vorbehalten
Das Werk und seine Teile sind urheberrechtlich geschützt. Jede Nutzung bedarf der schriftlichen Zustimmung des Verlages. Nachdrucke, Fotokopien, elektronische Speicherung oder Verbreitung sowie Bearbeitungen – auch auszugsweise – sind ohne diese Zustimmung verboten! Verstöße können Schadensersatzansprüche auslösen und strafrechtlich geahndet werden.

© 2006 by Czwalina Verlag
Eine Edition im FELDHAUS VERLAG GmbH & Co. KG
Postfach 73 02 40
22122 Hamburg
Telefon +49 40 679430-0
Fax +49 40 67943030
post@feldhaus-verlag.de
www.feldhaus-verlag.de

Druck und Verarbeitung: WERTDRUCK, Hamburg
Gedruckt auf chlorfrei gebleichtem Papier

Bibliografische Information der Deutschen Nationalbibliothek
Die Deutsche Nationalbibliothek verzeichnet diese Publikation in der Deutschen Nationalbibliografie; detaillierte bibliografische Daten sind im Internet über http://dnb.d-nb.de abrufbar.

Inhalt

PETRA GIEß-STÜBER & GABRIELE SOBIECH
Gleichheit und Differenz in *Bewegung*. Entwicklungen und Perspektiven
für die Geschlechterforschung in der Sportwissenschaft – Eine Einleitung   7

Überwindung der Reifizierung von Geschlechterdifferenz – mit Methode

NINA DEGELE
Queer forschen. Ein Beitrag zum Problem der Reifizierung
in den Gender und Queer Studies   17

INGRID BÄHR
Zur Differenzierung der Kategorie „Geschlecht" in der Frage nach Gleichheit
und Differenz von Bewegung   27

PETRA GIEß-STÜBER & ANJA VOSS
Methodenintegration – Ein Ausweg aus der Reifizierungsfalle?   37

NINA FELTZ
Das Bewegte Interview als Zugang zum Alltag in Bewegung   46

Zwischen Gleichheit und Differenz – Positionierungen in verschiedenen sozialen Feldern

HELGA KOTTHOFF
Körper, Komik und Konversation.
Gender als soziale Semiotik und der Fall „Anke Late Night"   57

GABRIELE SOBIECH
„Viel schöner aussehen in kürzester Zeit …" – Relevanzverlust oder
Aktualisierung der Geschlechterdifferenz bei der Körperformung in Fitnessstudios?   75

Von der Geschlechterdifferenz zur Geschlechtergerechtigkeit in institutionellen Kontexten

CLAUDIA COMBRINK & ILSE HARTMANN-TEWS
Relevanz und Irrelevanz von Geschlecht in ehrenamtlichen
Führungsgremien im Sport   86

ILSE HARTMANN-TEWS & BRITT DAHMEN
Organisationsentwicklung und Gender Mainstreaming –
Rahmenbedingungen der Implementierung in den freiwilligen
Organisationen des Sports   97

ELKE GRAMESPACHER
Gender Mainstreaming und seine Bedeutung für den Schulsport   105

PETRA GIEß-STÜBER
Gender Mainstreaming in der Sportentwicklungsplanung –
Erfahrungen und Perspektiven   113

ANJA VOSS
Gender Mainstreaming – probate Strategie einer geschlechtergerechten
Gesundheitsförderung im Sport?   123

Ungleichheiten in Sportspielkontexten

SILKE SINNING
Aufbruchstimmung im Mädchen- und Frauenfußball! –
Welche Wirkungen zeigt die aktuelle Erfolgsbilanz?   130

ULRIKE RÖGER & CLAUDIA KUGELMANN
„Mädchenfußball unter der Lupe"   140

MARIT MÖHWALD & CLAUDIA KUGELMANN
Begleitstudie zum „DFB Mädchenfußball-Programm"   146

JESSICA SÜßENBACH
Mädchen im Sportspiel – Entwicklungschancen und -grenzen   154

Aktualisierungen von Geschlecht in Schule und Sportverein

JÜRGEN BUDDE
„Er lässt sich operieren, damit er ein Mann wird …"
Die Bedeutung des Körpers bei der Herstellung von Männlichkeit
im schulischen Alltag   162

PETRA WOLTERS
Sichtweisen von „Profis" und Laien auf eine koedukative Problemsituation   169

NICOLE PHILIPPI
Cheerleading in Deutschland –
Zur Reproduktion von Geschlechterdifferenz im modernen Sport   177

Verzeichnis der Autorinnen und Autoren   183

PETRA GIEß-STÜBER & GABRIELE SOBIECH

Gleichheit und Differenz in *Bewegung*. Entwicklungen und Perspektiven für die Geschlechterforschung in der Sportwissenschaft – Eine Einleitung

Die Vorstellungen über „Gleichheit" im Sinne einer grundsätzlichen Gleichheit der Lebens- und Erfahrungswelten von Frauen und der Geschlechter-„Differenz" als alleiniger Orientierungspunkt für die Analyse von Geschlechterverhältnissen sind in der sozialwissenschaftlichen Frauen- und Geschlechterforschung „in Bewegung" geraten. Bei der Betrachtung der Lebensverhältnisse, unter denen Frauen und Männer in unserer Gesellschaft leben, sind inzwischen die Über- und Unterordnungsverhältnisse innerhalb jeder Genusgruppe, präzisiert durch soziale Stellung, ethnische Herkunft, kulturelle Zugehörigkeit, sexuelle Lebensweise etc. in den Blick genommen worden. Über die Frage, ob die Geschlechterdifferenz tatsächlich noch eine Kategorie darstellt, die als zentraler Strukturgeber in Gesellschaften gewertet werden kann, existiert schon länger eine breite Diskussion. Wurde bisher angenommen, dass sich im Arrangement der Geschlechter durch unterschiedliche Institutionen, Aufgabenverteilungen, Kompetenzzuweisungen Strategien der Privilegierung und Deklassierung, der In- und Exklusion differente Arbeits- und Lebensbereiche ergeben, wird nun die Geschlechterdifferenz als „Leitdifferenz" (Meuser, 1999) in Frage gestellt. Die Rede ist von „De-Institutionalisierung" und „De-Thematisierung" der Differenz (Heintz & Nadai, 1998; Nadai, 1999; Pasero, 1994), vom „Vergessen des Geschlechts" (Hirschauer, 2001), vom vorrangigen „undoing gender" in sozialen Interaktionen (vgl. Wetterer, 2003, S. 287). Das mag auch damit zusammen hängen, dass differenztheoretische Ansätze sich sehr häufig als nicht tauglich für die Überwindung geschlechtshierarchischer Strukturen erwiesen haben. Im Gegenteil: Geschlechterstereotypisierungen sowie binäre Denk- und Klassifikationsmuster, auch wenn sie die Aufwertung von Weiblichkeit im Sinn haben, werden aus dieser Theorieperspektive re-aktiviert und re-produziert.
Wie aber lassen sich auf Geschlecht bezogene gesellschaftliche Struktur-ungleichheiten und ihre Kontexte aufdecken? Wie werden De-Konstruktionen fassbar? Geschlechterverhältnisse sind innerhalb dieser Blickrichtung historisch konstruiert und veränderbar. Um das Ziel Gleichheit im Sinne von Geschlechtergerechtigkeit zu erreichen, muss für die Geschlechter, auch innerhalb einer Genusgruppe, die gleiche Verteilung von Rechten und Pflichten, Besitz an Gütern und Chancen auf Anerkennung gelten. Damit müssen die Strukturen noch stärker in den Fokus gestellt werden, statt geschlechts-„spezifische" Eigenschaften fort- oder festzuschreiben. Deutlicher noch: diese müssen dekonstruiert und damit als illegitim erklärt werden. Mit diesem Fokus rückt der Körper ins Zentrum der Betrachtung, da er als Träger des Sozialen die Schnittstelle zwischen gesellschaftlich objektivierten Strukturen,

dem „kulturell Willkürlichen", und individueller Körperhaltungen, Gesten und Bewegungen darstellt. Die „verschwiegenen Ordnungsrufe der objektiven Hierarchie" (Bourdieu, 1991, S. 27) werden in sozialen Praxen „in Präferenzsysteme und mentale Strukturen", also in innere Instanzen und Kompetenzen der Repräsentation des Sozialen, der Dispositionen, Wahrnehmungen und Haltungen transformiert. Diese sozialen Prozesse werden in der Regel durch Naturalisierungseffekte verschleiert, d.h. die aus sozialer Logik geschaffenen Unterschiede können dergestalt den Schein vermitteln, aus der „Natur" der Dinge hervorzugehen, was sie um so wirkungsvoller macht.

Für die (De-)Konstruktion der legitimierten, quasi zur Natur gewordenen, (Körper-) Kultur kann die sportwissenschaftliche Geschlechterforschung einen wichtigen Beitrag leisten, da die mit Sport, Bewegung und Körper verbundenen Praxen, das „In-Bewegung-Sein", in besonderer Weise sichtbar machen, welche Bedeutung der Körper, insbesondere die „Logik" der Einverleibung des Sozialen, für jedwede soziale Praxis erhält.

Die Tatsache der Zweigeschlechtlichkeit ist im Sport unmittelbar über die Einteilung in den „Männersport", der universell ist und keiner besonderen Erläuterung bedarf, und den Frauensport, der als das Besondere und Abweichende gilt, vorhanden (z.B. „Fußball" und „Frauenfußball"). Zudem wird die Überlegenheit des von Männern betriebenen Sports in einem System, das sich durch die Zentrierung auf den Körper und die Steigerung körperlicher Leistungsfähigkeit auszeichnet, mit jedem körperlichen Auftreten von Sportlerinnen und Sportlern veranschaulicht, da soziale Ordnung nicht nur durch äußere Zeichen wie Kleidung, Schmuck, Haartracht und Schminke zum Ausdruck gebracht werden. Vielmehr sitzt die „überlegene Männlichkeit" unter der Haut: Männer werden als muskulöser, stärker und kräftiger wahrgenommen und es scheint, egal auf welcher Leistungsebene, offensichtlich, dass sie z. B. schneller laufen und weiter schießen können. „Allzu leicht wird damit eine natürliche Ordnung zwischen den Geschlechtern als erwiesen angesehen und immer wieder als Referenzpunkt für die Aktualisierung der sozialen Geschlechterdifferenz und der Legitimierung von Exklusion hervorgebracht" (Hartmann-Tews, 2003, S. 24).

Den Fokus auf die Analyse der sozialen Strukturen und der damit einhergehenden Infragestellung der „Natürlichkeit" der Geschlechterdifferenz zu richten, muss auch die Forschungspraxis bestimmen. Die universalisierenden Kategorien (Frauen/Männer) und die darauf basierende Geschlechterdichotomie in die Forschung hineinzutragen, hieße, dass die auf diese Weise gewonnenen empirischen Befunde die gesellschaftliche Ordnung reifizieren statt sie zu dekonstruieren.

Einige Beiträge in diesem Buch zeigen, wie die zugrunde gelegten Kategorien kritisch gegen den Strich gebürstet und die Abweichung vom Tradierten sichtbar gemacht werden können. Andere Beiträge beziehen sich auf die Inkorporierung der geordneten Welt, die neben sicherlich neuen Angleichungen immer noch differente Körperkonzepte und eine unterschiedliche Positionierung in sozialen Spielräumen des Sports für Frauen und Männer zur Folge haben können.

Überwindung der Reifizierung von Geschlechterdifferenz – mit Methode

Dekonstruktivistische Perspektiven entwerfen Möglichkeiten jenseits zweigeschlechtlich und heterosexuell strukturierter Wahrnehmungs-, Denk- und Handlungsschemata. Aber empirisch forschen? Wie kann die im Alltagswissen so selbstverständlich stattfindende Sortierung zweier Geschlechter überwunden werden?

Nina Degele stellt in ihrem Beitrag *Queer forschen* methodologische Überlegungen zum Verhältnis von Konstruktivismus, Theorie, Methoden und Empirie als Reifizierungsproblem an, um dann mithilfe der systemtheoretischen Technik der funktionalen Analyse und eines multitheoretischen Vorgehens das Problem der Reifizierung auszuheblen. Dem *Schönheitshandeln* als körperbezogene Selbstkonstruktion wird im Rahmen von Gruppendiskussionen nachgegangen. Geschlecht bleibt in dem Analyseprozess, der multitheoretisches Vorgehen impliziert als relevante Kategorie potenziell relevant, wird aber immer kontextualisiert. Statt zu erklärende Phänomene vorab an die Existenz zweier Geschlechter zu binden und nach Unterschieden zu fahnden, nimmt queeres Forschen hier eine konsequent konstruktivistische Position ein und überwindet das Reifizierungsproblem.

In der allgemeinen sportwissenschaftlichen Forschung lässt sich immer wieder eine relative Unbekümmertheit über die Konstruktivität der in der Forschung eingesetzten Methoden festmachen. In drei Beiträgen dieses Bandes werden sehr unterschiedliche Vorschläge vorgestellt, die Geschlechterperspektive im Untersuchungsdesign so zu reflektieren, dass auch in diesem körperzentrierten Kontext, der die Überwindung dichotomisierender Zuschreibungen zusätzlich erschwert, die Reifizierungsfalle umgangen wird.

Ein besonderes Problem ergibt sich vor allem immer dann, wenn quantitativ-vergleichende Analysen angestrebt werden. Will Geschlechterforschung ihren Gegenstand benennen, ist sie auf eine beschreibbare Bezugsgröße „Geschlecht" angewiesen. Wie kann aber „Geschlecht" durch Eigenschaftszuweisungen im Sinne einer *empirischen Kategorie* beschrieben werden, ohne in eine ontologisierende Sichtweise zu verfallen? Forschungsmethodologisch löst Ingrid Bähr dieses Problem in einer Studie zur Geschlechtstypik subjektiven Bewegungshandelns am Beispiel des Sportkletterns, indem sie geschlechtliche Existenzweisen sensu Maihofer in die Operationalisierungen der empirischen Kategorie Geschlecht aufnimmt. Die Befunde belegen, dass Unterschiede im Bewegungshandeln und -verhalten der Geschlechter in der Fachliteratur überschätzt werden und eröffnen interessante Forschungsperspektiven.

Die Ausführungen von Petra Gieß-Stüber und Anja Voss knüpfen an sozialkonstruktivistische Theorieansätze an. Konkretisiert an dem Feldforschungsprojekt „Geschlechteralltag im Eltern-Kind-Turnen" werden Möglichkeiten der Verbindung unterschiedlicher quantitativer und qualitativer Methoden ausgelotet. Ein Schwerpunkt liegt auf Beobachtungsstudien, die u.a. mit experimentellem Interesse verbunden werden. Um Induktion und Deduktion, Exploration und hypothesenprüfendes Vorgehen, Makro- und Mikroebene sowie die Perspektive unterschiedlicher AkteurInnen berücksichtigen zu können, wurde der Gegenstand durch mehrere, miteinander verzahnte quantitative und qualitative Teilstudien gefasst. Durch den komplexen Zugang werden sowohl Handlungsstrukturen als auch Deutungsmuster, sowohl Unterschiede als auch Unterscheidungen bei der Konstruktion von Geschlechterdifferenzen erkennbar.

Dass auch die sportwissenschaftliche Geschlechterforschung in Bewegung ist, wird vor allem an dem Methodenbeitrag von Nina Feltz deutlich. Die Autorin versteht das Zeigen des „eigenen Weges" als Möglichkeit, neue Zugänge des Verstehens von Biografie zu erschließen. Das *Bewegte Interview* weist einen Weg zum subjektiven Umgang mit Bewegungsräumen, der individuelle, zeitgeschichtlich-biografische und gesellschaftspolitische Dimensionen integriert und vermeidet jegliche geschlechtsbezogene Zuschreibung oder Festlegung.

Zwischen Gleichheit und Differenz – Positionierungen in verschiedenen sozialen Feldern

Helga Kotthoff untersucht in ihrem Beitrag Gleichheit und Differenz im Hinblick auf Gender relevante Symbolisierungen in dem Feld der Komik. Dies ist insofern ein interessantes Feld, als soziale Typisierungen wie sie z. B. mit Männlichkeit oder Weiblichkeit verbunden sind, überzeichnet oder unterlaufen werden können und damit als sozial konstruiert in den Blick rücken. Dreh- und Angelpunkt für die Geschlechtertypisierung ist die Stilisierung des Äußeren, die zur Gender-Performanz gehört. Nun ist es jeweils vom Feld abhängig, auf welche Weise die sozialen Akteure ihren Körper präsentieren und wie sie sich letztlich damit in dem jeweiligen Feld positionieren und zur De- oder Re-Produktion der Geschlechterverhältnisse beitragen.

Auch Humor, Lachen und Komik sind nach Kotthoff an der Ausformung von Geschlechterverhältnissen beteiligt. Die Autorin zeigt dies am Beispiel der „Anke Late night" auf, die mit ihrer Show die Nachfolge von Harald Schmidt antrat und damit eine Spitzenposition in diesem Genre besetzte, was Kotthoff als „weltgeschichtliches Novum" bewertet. Allerdings, so zeigt sich auch an diesem Beispiel eines männlich dominierten Feldes, scheint eine solche Positionierung nur möglich, wenn die mit „Männlichkeit" assoziierte Souveränität in der Selbstdarstellung und die Deutungsmacht, die diesem Genre inne wohnen kann, zurück genommen wird. Dies „gelang" Anke Engelke, indem sie die gesellschaftlichen Vorstellungen von „Weiblichkeit" wie Attraktivität, Erotik und Nettigkeit inszenierte und reproduzierte. Die Chance also, traditionelle Geschlechtervorstellungen zu parodieren und damit die mit Geschlecht assoziierten Zuschreibungen zu unterlaufen, haben damit nicht nur Anke Engelke, sondern insbesondere die Strukturgeber des Feldes wie der Sender und das Produktionsteam verpasst.

Gabriele Sobiech zeigt in ihrem Beitrag auf, dass in modernen Gesellschaften soziale Akteurinnen und Akteure eine größere Eigenleistung aufbringen müssen, um sich sozial zu positionieren. Die Anstrengungen richten sich damit zunehmend auf den Körper, da an ihm relevante Zeichen der Selbstdarstellung gesetzt werden können. Jugendlichkeit, Schönheit, Fitness und Gesundheit sind die Gütekriterien, die von Werbung und Medien verbreitet und nach denen soziale Anerkennung in unserer Gesellschaft verteilt wird. Über die gemeinsam am Körper hergestellten Attribute signalisieren die Akteure zudem ihre Zugehörigkeit zu einer Gemeinschaft der Gleichgesinnten, während sie sich gleichzeitig von denjenigen abgrenzen können, die andere Konsumorientierungen favorisieren. Allerdings ist der soziale Gebrauch des Körpers nicht beliebig. Im Gegenteil, Gestaltungs- und Positionierungschancen hängen stark von den Lebensbedingungen, der Klassen- und Geschlechtszugehörigkeit der Einzelnen ab, die im Habitus zum Ausdruck kommen. Am Erscheinungsbild, an Gesten und Bewegungsroutinen wird offenbar, wie gesellschaftliche Strukturen im, am und um den Körper reproduziert werden.

Eine Möglichkeit, Körperkapital zu erwerben und sich damit erfolgreich in zentralen gesellschaftlichen Feldern zu positionieren, ist die Körperformung in Fitnessstudios. Ziel für die in themenzentrierten Interviews Befragten ist es, den Körper auf ein gesellschaftlich erwünschtes Idealmaß hin zu modellieren, um damit z. B. eine besondere Leistungsfähigkeit zu signalisieren. Dass die Geschlechterdifferenz durch das Körpertraining aktualisiert wird und dennoch für Männer und Frauen unterschiedliche Effekte für die soziale Positionierung nach sich zieht, zeigt der Vergleich zweier Einzelfälle.

Von der Geschlechterdifferenz zur Geschlechtergerechtigkeit in institutionellen Kontexten

Führungsgremien von Sportorganisationen zeichnen sich durch traditionelle hierarchische Geschlechterordnungen aus. Vielfach wurde die Ausgrenzung von Frauen untersucht. Auch die in diesem Band vorgestellte Studie von Claudia Combrink und Ilse Hartmann-Tews zeigt, dass in den Präsidien Frauen unterrepräsentiert sind und Männer vor allem in den einflussreicheren Positionen dominieren. Durch die systematische Unterscheidung zwischen verschiedenen Organisationstypen gelingt es den Autorinnen darüber hinaus, das *doing gender* in sozialen Strukturen von Sportorganisationen zu entschlüsseln. Basierend auf einer Interviewstudie mit 28 Präsidiumsmitgliedern aus acht ausgewählten Landesfachverbänden in Nordrhein-Westfalen (NRW) und einer anschließenden schriftlichen Befragung aller ehrenamtlich tätigen Jugendvorstands- und Präsidiumsmitglieder der Landesfachverbände in NRW wird die geringere Relevanz von Geschlecht in Jugendvorständen belegt. Hier greifen nicht (mehr) die bekannten horizontalen und vertikalen Segregationsmuster. Ein wichtiger Schlüssel für den Wandel der Geschlechterverhältnisse in ehrenamtlichen Führungsgremien von Sportorganisationen scheinen die für die Rekrutierung bedeutsamen Erwartungen an Vorstandsmitglieder zu sein.

Die Suche nach effektiveren Mitteln zur wirksamen Durchsetzung der Chancengleichheit der Geschlechter führte 1999 zur europaweiten Einführung von Gender Mainstreaming. Einige Projekte untersuchen inzwischen die Möglichkeiten der Umsetzung dieses Gleichstellungsprogramms in Sportorganisationen und anderen

Sport bezogenen Kontexten. In allen hier vorgestellten Untersuchungen wurde zunächst sorgfältig die Anschlussfähigkeit des top-down Instruments für das Anwendungsfeld theoretisch geprüft. Ilse Hartmann-Tews und Britt Dahmen diskutieren die spezifischen Rahmenbedingungen in Freiwilligenorganisationen. In einem Pilotprojekt „Organisationsentwicklung und Gender Mainstreaming im Sport" werden die Chancen und Herausforderungen von Veränderungsprozessen für Sportverbände erstmals gezielt untersucht. Die Erfahrungen machen deutlich, das es noch ein langer Weg sein wird, bis sich Sportorganisationen als lernende Organisationen – auch im Sinne zu erwerbender Genderkompetenz – begreifen und konsequent strukturelle Maßnahmen umsetzen.

Nicht grundlegend anders sieht es in Schulen aus. Elke Gramespacher setzt Gender Mainstreaming in den Zusammenhang von Schul- und Schulsportentwicklung in Baden-Württemberg. Schon eine systematische Analyse aller für Schule relevanten, verbindlichen Dokumente zeigt auf, dass das EU-Programm nicht schlüssig bis in den Schul- und Unterrichtsalltag hinein zu Ende gedacht ist. Die repräsentative Befragung von SchulleiterInnen und Sport-Fachleitungen deckt weitere Widersprüche auf und belegt empirisch den Handlungsbedarf und konkrete Ansatzmöglichkeiten für Gender Mainstreaming.

In der Sportentwicklungsplanung wurde Gender Mainstreaming erstmalig in Freiburg umgesetzt. Petra Gieß-Stüber diskutiert kritisch die Umsetzungsmöglichkeiten des Programms im Rahmen eines komplexen kommunalen Projekts. Wird die Chance genutzt, eine umfassende Bestandsaufnahme von Sportbedarfen und -angeboten in einer Stadt konsequent Geschlechter differenziert durchzuführen, ergeben sich im Rahmen eines kooperativen Planungsprozesses, an dem zentrale VertreterInnen des Sports beteiligt sind, sehr gute Möglichkeiten der Sensibilisierung für Genderfragen und der konsensualen Verabschiedung von Handlungsempfehlungen, denen eine hohe Legitimität in der späteren politischen Umsetzung zukommt. Sowohl unter pragmatischen, als auch programmatischen und geschlechtertheoretischen Perspektiven müssen jedoch auch die Grenzen reflektiert werden, um das Enttäuschungsrisiko der Forscherin zu mindern und um zu verhindern, dass Gender Mainstreaming eine reine Formalie wird.

Im Kontext der auf Sport und Bewegung bezogenen Gesundheitsförderung sieht Anja Voss allenfalls erste „Signale" geschlechtergerechter Politik. Auch die theoretische Auseinandersetzung um Gesundheit und Geschlecht bewegt sich noch auf einer differenzorientierten Ebene. Wissenschaftliche Studien tendieren eher zu Vergeschlechtlichung als zu „Degendering" im Sinne von Lorber (2004). So gibt es auch noch keine Erfahrungen mit Gender Mainstreaming. Auf der Grundlage aktueller Tendenzen in der geschlechtsbezogenen Gesundheitsforschung und -förderung entwickelt die Autorin erste Anregungen für eine produktive Verankerung von Gender Mainstreaming im Gesundheitssport.

Ungleichheiten in Sportspielkontexten

Silke Sinning untersucht in ihrem Beitrag, ob die Erfolgsbilanz im Leistungsbereich des bundesdeutschen Frauen- und Mädchenfußballs auch positive Veränderungen in den unteren Klassen und im Breitensport zur Folge hat. Als positive Entwicklung wäre z. B. eine bis dato noch nicht erreichte Gleichbehandlung von Mädchen und Jungen in der Talentförderung zu nennen, der Einsatz von qualifizierten Trainerinnen im Mädchen- und Frauenfußball sowie eine Besetzung hoher Positionen durch Funktionärinnen innerhalb zentraler Entscheidungsgremien des Deutschen Fußball Bundes (DFB). Trotz der Bemühungen des DFB, z. B. der Einrichtung eines Mädchenfußballprogramms etc., kommt die Autorin zu dem Schluss, dass von Gleichheit im Fußballsport noch nicht die Rede sein kann. Vielmehr bedarf es effektiverer Maßnahmen und flexiblerer Lösungen vor Ort, um geschlechtsdifferente Stereotypisierungen und Umgangsweisen zu vermeiden, die die Geschlechterverhältnisse in diesem Feld eher reproduzieren und stabilisieren.

In dem Beitrag von Ulrike Röger und Claudia Kugelmann geht es um das System der Talentförderung des DFB und damit um die Frage, welche Faktoren die ungleiche Verteilung der Geschlechter im Nachwuchssichtungs- und Nachwuchsförderprogramm bedingen. Theoretische Grundlage der Analyse bildet das handlungstheoretische Modell von von Wright (1976), der davon ausgeht, dass soziales Handeln und soziale Strukturen sich immer wieder gegenseitig (re-) produzieren. Die Datenerhebung in dem geplanten Forschungsprojekt soll neben einer Dokumentenanalyse von Talentförderprogrammen über qualitative Interviews mit Funktionärinnen, Trainerinnen und Spielerinnen sowie eine daran anschließende standardisierte Befragung geschehen. Die Zielsetzung in einem letzten Schritt umfasst die Umsetzung der gewonnenen Erkenntnisse in die Praxis.

Marit Möhwald und Claudia Kugelmann gehören zu der Erlanger Forschungsgruppe Mädchenfußball, die eine Begleitstudie zum DFB Mädchenfußball-Programm verfassen. Ihr Beitrag zeigt erste Ergebnisse dieser Studie, die hemmende und unterstützende Faktoren des Zugangs von Mädchen zum Fußballspielen im Sportverein analysieren will. Dabei gehen die Autorinnen davon aus, dass Mädchenfußball auf einer gesellschaftlich-kulturellen, einer organisatorisch-institutionellen und der interaktionalen Ebene der beteiligten Akteure relevant ist und untersucht werden muss. Ziel ist es, Fußball im Verein für Mädchen attraktiver und interessanter zu gestalten, um mehr Mädchen und Frauen für den Fußballsport zu gewinnen.

Jessica Süßenbach geht in ihrem Beitrag der Frage nach, inwieweit ein Sportspiel-Engagement die Entwicklungschancen von Mädchen fördert und zum Aufbau einer stabilen Identität beitragen kann. Um die Entwicklungsverläufe von Sportspielerinnen zu untersuchen und die komplexen Einflüsse zu identifizieren, die zu einem Sportspielengagement beitragen, wurden Leitfadeninterviews mit Spielerinnen und Trainerinnen sowie qualitative Beobachtungen des Feldes durchgeführt. Die im Sinne der Grounded Theory ausgewerteten Sportspielbiografien zeigen, dass soziale Unterstützung des nahen Umfeldes, soziale Anerkennung und eigene Sport bezogene

Kompetenzerfahrungen, die das Vertrauen in den eigenen Körper und die eigene Leistungsfähigkeit stärken, ausschlaggebende Faktoren sind, die ein Sportspielengagement und die Identitätsentwicklung fördern. Ein zusätzlicher Effekt bezieht sich auf die Umdefinition geschlechtsstereotyper Vorstellungen von Weiblichkeit in einem männlich dominierten Feld.

Aktualisierungen von Geschlecht in Schule und Sportverein

Jürgen Budde zeigt zu Beginn seines Beitrags in Anlehnung an Connell (1999), wie im System hegemonialer Männlichkeit Strategien, wie z. B. Entwertungen und symbolische Verweiblichung von Anderen, dazu führen können die Zugehörigkeit zur legitimen Männlichkeit innerhalb eines sozialen Kontextes zu entziehen. Auf welche Weise innerhalb von Aushandlungsprozessen Männlichkeit präziser konstruiert, soziale Akteure inkludiert bzw. exkludiert werden, zeigt Budde an einer geschlechtshomogenen Jungengruppe in einer Mittelstufenklasse eines westdeutschen Gymnasiums auf, die über drei Jahre hinweg mit ethnografischen Methoden beobachtet wurde. Als ein Ergebnis zeigt sich, dass Erfahrungen von Marginalisierung mit Erstarrung beantwortet werden. Diese Ver-Körperungen führen zu einem eindimensionalen Körperkonzept und zu wiederum spezifischen Praxen im Rahmen eines männlichen Habitus. Die Geschlechterdifferenz wird hiermit eher stabilisiert.

Petra Wolters nimmt in ihrem Beitrag die Lehrkräfte in den Blick und will untersuchen, ob für koedukative Problemsituationen von Lehrerinnen und Lehrern verstärkt professionelle Lösungen gefunden werden als dies von Laien der Fall ist. Professionalität bedeutet in diesem Sinne, dass die gleichberechtigte und gleichwertige Behandlung beider Geschlechter zum beruflichen Selbstverständnis gehören muss. Zudem sollte eine Fachsprache, die dazu dienen kann, die Geschlechterverhältnisse zu reflektieren, und selbstverständlich auch ein Wissen über die differente Bewegungssozialisation von Mädchen und Jungen vorhanden sein, ohne dass dieses in stereotype Aussagen über geschlechtstypisches Bewegungsverhalten mündet. Eine ca. zehnminütige Videosequenz, die ein gemeinsames Ballspiel von Mädchen und Jungen zum Inhalt hat, diente als Grundlage für die Durchführung fokussierter Interviews. Ein Ergebnis ist, dass in den Interviews mit Profis weder theoretische Kenntnisse noch die Anwendung von Fachbegriffen zu erkennen sind.

Nicole Philippi zeigt in ihrem Beitrag, der erste Überlegungen zu einem Forschungsprojekt zusammenfasst, wie sich in Deutschland im Zuge von Kommerzialisierung, Medialisierung und Amerikanisierung Cheerleading als eigenständige Sportart etabliert hat und sich zu einer beliebten Aktivität von jungen Frauen zu entwickeln beginnt. Dies scheint nicht ganz unproblematisch, da die talentierten Mädchen, die an Schulen gesichtet und ausgewählt werden, mit dem Sportverein einen Vertrag als freischaffende Künstlerin abschließen müssen. Der z. B. damit verbundene Verzicht auf sämtliche PR-Rechte bedeutet nach Philippi finanzielle Entmündigung und Missachtung der persönlichen Gestaltungsfreiheit. Ein weiteres Problemfeld zeigt sich durch den Zwang zur Einhaltung strikter Weiblichkeitsvorstellungen in der äußeren Gestaltung. Die Geschlechterdifferenz wird dadurch trotz vielfältiger Gleichheitsbestrebungen in anderen Sportarten auf den unterschiedlichen institutionellen Ebenen des Sports neu konstruiert und konterkariert

Das Spektrum der Tagungsbeiträge macht auf theoretischer, methodologischer und anwendungsorientierter Ebene deutlich, dass „Gleichheit und Differenz" in der sportwissenschaftlichen Frauen- und Geschlechterforschung tatsächlich „in Bewegung" geraten sind. Das macht weder Forschung noch Geschlechterpolitik leichter – aber spannender und dem Gegenstand angemessener.

Literatur

Bourdieu, P. (1999). *Sozialer Sinn. Kritik der theoretischen Vernunft* (3. Aufl.). Frankfurt/Main: Suhrkamp.
Hartmann-Tews, I. (2003). Soziale Konstruktion von Geschlecht: Neue Perspektiven der Geschlechterforschung in der Sportwissenschaft. In I. Hartmann-Tews u.a. (Hrsg.), *Soziale Konstruktion von Geschlecht im Sport* (S. 13-28). Opladen: Leske + Budrich.
Heintz, B. & Nadai, E. (1998). Geschlecht und Kontext. De-Institutionalisierungsprozesse und geschlechtliche Differenzierung. *Zeitschrift für Soziologie, 19*(3), 573-588.
Hirschauer, S. (2001). Das Vergessen des Geschlechts. Zur Praxeologie einer Kategorie sozialer Ordnung. In B. Heintz (Hrsg.), *Geschlechtersoziologie* (Kölner Zeitschrift für Soziologie und Sozialpsychologie, Sonderheft 41; S. 208-235). Wiesbaden: Westdeutscher Verlag.
Meuser, M. (1999). Multioptionale Männlichkeiten? Handlungsspielräume und habituelle Dispositionen. In C. Honegger, S. Hradil & F. Traxler (Hrsg.), *Grenzenlose Gesellschaft? Verhandlungen des 29. Kongresses der Deutschen Gesellschaft für Soziologie. Band 2* (S. 181-197). Opladen: Westdeutscher Verlag.
Nadai, E. (1999). Kontextualisierung der Geschlechterdifferenz? Geschlechtliche Grenzziehungen im Beruf. In C. Honegger, S. Hradil & F. Traxler (Hrsg.), *Grenzenlose Gesellschaft? Verhandlungen des 29. Kongresses der Deutschen Gesellschaft für Soziologie. Band 2* (S. 138-150). Opladen: Westdeutscher Verlag.
Pasero, U. (1995). Dethematisierung von Geschlecht. In U. Pasero & F. Braun (Hrsg.), *Konstruktion von Geschlecht* (S. 50-66). Pfaffenweiler: Centaurus.
Wetterer, A. (2003). Rhetorische Modernisierung: Das Verschwinden der Ungleichheit aus dem zeitgenössischen Differenzwisssen. In G.-A. Knapp & A. Wetterer (Hrsg.), *Achsen der Differenz. Gesellschaftstheorie und feministische Kritik II* (S. 286-319). Münster: Westfälisches Dampfboot.

NINA DEGELE

Queer forschen. Ein Beitrag zum Problem der Reifizierung in den Gender und Queer Studies[1]

1 Einleitung

Queer forschen – was sollte das anderes sein als ein dekonstruktivistisches Unterfangen, das Texte auseinander nimmt, auf Ausschließungsmechanismen durchforstet und nach „dem Verworfenen" fahndet? Und das Verworfene ist die andere Seite heteronormativer, will sagen: zweigeschlechtlich und heterosexuell strukturierter Wahrnehmungs-, Denk- und Handlungsschemata und Institutionen (vgl. Degele, 2005). Darin sind sie gut, die *Queer Studies,* vor allem, wenn sie sich in philosophischen und literaturwissenschaftlichen Gefilden tummeln. Wie aber sieht es mit *Queer Studies* und empirischer Forschung aus? „Lieber nicht", dieser Eindruck drängt sich rasch auf. Man könnte sich damit schließlich die Finger schmutzig machen. Denn die empirische Sozialforschung operiert ja nach wie vor blauäugig mit Substanzbegriffen wie „Männer" und „Frauen". Damit – so der Generalverdacht – verdopple sie Stereotype der Zweigeschlechtlichkeit statt sie aufzuheben. Das mag sein. Und ist ein Grund mehr, sich Problemen zu stellen, mit denen schon die *Gender Studies* seit über zwei Jahrzehnten kämpfen. Gemeint ist das Problem der Reifizierung, das die theoretische wie auch empirische Forschung noch immer viel zu wenig reflektiert (vgl. Maier, 2004, S. 250f.): Die im Alltagswissen so selbstverständliche und *vor* der theoretischen und empirischen Forschung stattfindende Sortierung zweier Geschlechter bestätigt und verfestigt die Verschiedenheit von Frauen und Männern immer wieder aufs Neue, statt sie zu hinterfragen. Genau das ist Reifizierung: In die Untersuchung wird hineingetragen, was man eigentlich erforschen möchte, nämlich die Bedeutung von Geschlecht im Alltag, in der Wissenschaft, bei der Arbeit und wo auch immer.[2] Hinter einer solchen Praxis steht ein grundlegendes Methodologieproblem, mit dem Wissenschaft in empirischer Absicht

---

[1] Für konstruktiv(istisch)e Kritik danke ich Dominique Schirmer und Bettina Wilke.
[2] Das ist keineswegs ein Spezifikum der Geschlechterforschung. Mit solchen Fragen hat beispielsweise auch die soziologische Modernisierungstheorie zu kämpfen (vgl. Knöbl, 2001; Degele & Dries, 2005). Denn was dort nun unter der Fahne „Vergleich" segelt, ist tatsächlich nichts anderes als Angleichung bzw. „Nostrifizierung" (Matthes, 1992) – eine Form der Reifizierung. Warum? In Modernisierungstheorien geschieht die „Operation des Vergleichens" auf der modellhaften Linie „evolutionärer gesellschaftlicher Entwicklung" mit der klassifizierenden Leitdifferenz von „traditional" und „modern". Die projektiv gewonnene „theoretische" Vergleichsgröße dieses Entwicklungsmodells wie auch die retrospektiv konstruierte Stufenleiter zu ihr werden dabei als Maße für anderes gesetzt. Und wenn man beginnt, über ein konkretes Phänomen nachzudenken, hat man es flugs entlang der Leitdifferenz traditional und modern geordnet. Konsequenz: „was als ‚Vergleichen' ausgegeben wird, vollzieht sich bereits als Identifikation des ‚Gleichen' nach eigenem Maß, bevor das ‚Ver-gleichen' als ausgewiesene Operation einsetzt." (Matthes, 1992, S. 83)

immer konfrontiert ist: Wie können ForscherInnen der Neigung begegnen, „Wahrnehmungs- und Denkkategorien als Erkenntnismittel zu verwenden", die Erkenntnisgegenstände sein sollten (Bourdieu, 1997, S. 153)? Um genau dies zu vermeiden, stelle ich im ersten Schritt einige methodologische Überlegungen zum Verhältnis von Konstruktivismus, Theorie, Methoden und Empirie als Reifizierungsproblem an, um dann mithilfe der funktionalen Analyse und eines multitheoretischen Vorgehens das Problem der Reifizierung auszuhebeln.

2 Theorie, Methoden und Empirie

Zunächst nehme ich hier die Forderung ernst, keine Vorannahmen unbesehen in die Forschung zu tragen, sondern diese ebenfalls einer rekonstruktiven (im Sinne einer Überprüfung der darin eingelassenen Vorannahmen) Analyse zu unterziehen. Damit bin ich bei konstruktivistischen Ansätzen und Forderungen (als Überblick vgl. Knorr Cetina, 1989). Diese zeichnen sich durch eine Umorientierung von Was- auf Wie-Fragen aus und beschreiben das Zustandekommen (Wie) von Sachverhalten als empirisch rekonstruierbare (oder auch funktionale) Prozesse ihrer Entstehung und Erzeugung. Dies will ich für *queeres* Forschen (das in meinen Augen immer konstruktivistisches Forschen sein muss) nutzen: Angesichts der immer lauernden Gefahr der Reifizierung von Geschlecht geht es mir hier darum, soziale Tatsache nicht aus ihrem singulären Sosein zu erklären, sondern erst durch ihre Position in einem kontextuellen Verweisungszusammenhang. So hat „Schminken" für sich genommen keine Bedeutung, sondern erst durch den Kontext, in dem es stattfindet (ich komme darauf zurück). Phänomene zu kontextualisieren ist freilich nicht ganz einfach. Denn Einheiten und Strukturen (Klassen, Männer, Frauen) sind gedanklich leichter zu bewältigen als Prozesse und Relationen (Ver- und Entgeschlechtlichung, Geschlechterverhältnisse). Gleichzeitig kann die Konstruktion des Objekts nicht von den Instrumenten seiner Konstruktion getrennt werden. Und das kann man nicht auf „technische" Aufgaben (Erstellung von Fragebögen, statistische Auswertungen) reduzieren. Umgekehrt steckt in jeder Entscheidung für eine Methode immer auch eine theoretische Konstruktion des Gegenstands (mit einer teilnehmenden Beobachtung oder einem narrativen Interview komme ich nicht zu statistisch relevanten Aussagen über eine Klasse von Menschen oder Gegenständen). Deshalb soll die Forderung nach wissenschaftstheoretischer Reflexivität – das ist Pierre Bourdieus Formulierung des Reifizierungsproblems – dazu beitragen, „Objekte zu produzieren, in die nicht unbewußt die Beziehung des Wissenschaftlers zu diesem Objekt hineinprojiziert wurde" (Bourdieu & Wacquant, 1996, S. 71). Aus diesem Grund dürfen Methodendiskussionen auch nie Selbstzweck werden, sondern müssen immer auf ihr Objekt bezogen bleiben. Dahinter steht ein pragmatisches Verständnis von Theorie als wissensproduzierende Tätigkeit, das Theorien und Begriffe als „Werkzeugkästen" begreift (vgl. Bourdieu & Wacquant, 1996, S. 197f.; Degele & Dries, 2005; Schimank, 1996, S. 14-17). Aus diesen Überlegungen nun ziehe ich erstens den Schluss, dass die unreflektierte Trennung von Theorie,

Methoden und Empirie den Kern des Reifizierungsproblems (nicht nur der Geschlechterforschung) darstellt: Methoden projizieren die empirische Realität der Zweigeschlechtlichkeit und auch Heterosexualität in den theoretischen Begriffsapparat, Theorien legitimieren heteronormativ strukturierte Theorien mit wissenschaftlich abgesicherter Beobachtung solcher Strukturen in der empirischen Welt (weil sie andere überhaupt nicht festzustellen in der Lage ist). Und die Empirie zeigt sich von all dem höchst unbeeindruckt: Dort erschaffen, reproduzieren und verfestigen Menschen die unterschiedlichsten Identifizierungen, Identitäten und Kontexte – als Heterosexuelle, Transgender, Schwule, Lesben, Multi- oder auch Asexuelle. Zweitens leite ich daraus die Forderung ab, dass Theorie Distanz üben soll, indem sie das Gesagte und Inszenierte nicht wörtlich, aber dennoch ernst nimmt – indem sie sich auf die Empirie einlässt, diese aber permanent relationiert. Wie kann das aussehen?

Methodisch bietet sich dafür die Analyse von Gruppendiskussionen an – weil dort gemeinsam geteilte Sinnhorizonte und Orientierungsmuster als genuin Soziales sichtbar werden (vgl. dazu Loos & Schäffer, 2001; Degele & Schirmer, 2004; Schirmer, 2005). Subjekt ist nicht ein Individuum, sondern die Gruppe als sinngenerierende, emergente Einheit. Sichtbar wird das beispielsweise beim profanen Sich-schön-Machen: Dabei geht es nicht um Schönheit, sondern um Schönheitshandeln als einem Akt der sozialen Positionierung. Schönheitshandeln ist ein Medium der Kommunikation, das der Inszenierung der eigenen Außenwirkung zur Erlangung von Aufmerksamkeit und Sicherung der eigenen Identität dient (Degele, 2004). Dabei versuchen Menschen, soziale (Anerkennungs-)Effekte zu erzielen.[3] Um mich hier auf die Empirie gleichzeitig einzulassen und auch wieder zu distanzieren, habe ich u.a. mit zwei Techniken gearbeitet, dem Zugzwang der Erzählung einerseits und gruppendynamischen Prozessen andererseits (Degele & Schirmer, 2004). Beide beruhen darauf, die Logik des Sozialen zu nutzen. Das bedeutet, dass sie die soziale Gebunden- und Abhängigkeit von Menschen nicht auf isolierte oder „autonome" Individuen reduziert. Beispielsweise – Stichwort Zugzwang – müssen AkteurInnen angefangene Geschichten zu einem plausiblen Ende bringen, und dabei Dinge „zugeben", die sie eigentlich vehement bestreiten. So etwa das Eingeständnis einer jungen Frau, sich für den Freund schön zu machen, den sie gleich vom Bahnhof abholt, obwohl sie doch hartnäckig bestreitet, sich für andere schön zu machen. Ein anderes Beispiel sind Widersprüche, in die sich die beteiligten DiskutantInnen verstricken – wo sie ein erwünschtes Bild (*queeres* statt *straight schwules*

---

3 An der Frage „was bedeutet es für Euch/Sie, sich schön zu machen?" haben sich einunddreißig Gruppen mit insgesamt 160 DiskutantInnen, zwischen 55 Minuten und zweieinhalb Stunden abgearbeitet (zur Zusammensetzung der Gruppen in Bezug auf Themen, Geschlecht, sexuelle Orientierung, Alter und soziale Lage, vgl. Degele, 2004). Die Auswahl war vom Prinzip des *theoretical sampling* geleitet: Wenn sich bestimmte Themen und Fragestellungen (wie etwa Professionalität von Inszenierungen, manipulierender Bezug auf den Körper, Bedeutung von Alter, sexuelle Orientierung oder Geschlecht, schichtspezifische Distinktionsmerkmale) bei Gruppendiskussionen herauskristallisierten, habe ich gezielt themenspezifische Gruppen gesucht und in das Sample aufgenommen. Die Auswertung des Materials folgte den Prinzipien und Interpretationsschritten der dokumentarischen Methode im Rahmen der rekonstruktiven Sozialforschung.

Auftreten auf einer SM-Party) von sich konstruieren, das der Dynamik der Diskussion („Warum hattest Du gestern den Rock nicht angezogen? Aber das wundert mich jetzt, also auf einer *queeren* SM-Party kommst du nicht auf die Idee, einen Rock anzuziehen?") nicht standhält (zur grundsätzlichen Bedeutung von Widersprüchen bei der Analyse von Gruppendiskussionen vgl. Schirmer, 2005).

AkteurInnen konstruieren von sich also sozial erwünschte Bilder (oder versuchen es zumindest), die mit dem Wertehorizont der für sie relevanten Bezugsgruppen übereinstimmen: Ist es für Burschenschafter cool, sich im Anzug in der Öffentlichkeit zu zeigen, wäre das einer Gruppe junger Linker peinlich. Zu den gruppen- und milieuspezifischen Erwartungen und Normen gehören auch Bilder von Männlichkeit und Weiblichkeit. Dabei halten es die meisten diskutierenden Gruppen für normal, dass sich Frauen schminken und Männer nicht, dass Frauen einen größeren Aufwand mit ihrer Garderobe betreiben und dass gutes Aussehen für Letztere wichtiger ist als für Männer. Die Konstruktionen von Weiblichkeit und Männlichkeit basieren – darin liegt die zentrale Gemeinsamkeit – auf einer als natürlich postulierten und immer wieder aufs Neue bekräftigten Differenz. Das ist der substanzielle Kern von Reifizierung in der Geschlechterforschung, nämlich die Naturalisierung der Zweigeschlechtlichkeit und von Heterosexualität: Für Frauen „ist" Schönheit wichtiger als für Männer, und „Frauen tun das für Männer". Statt solche langweiligen Klischees zu wiederholen und zu verfestigen, will ich die empirisch beobachteten Konstruktionen von Geschlecht daraufhin befragen, welches Problem sie lösen, d.h. allgemein, wie die Unterscheidung von Geschlecht selbst dazu verwendet wird, um soziale Ordnung herzustellen.

3 Funktional analysieren und multitheoretisch vorgehen

Beim Vergleich von Gruppendiskussionen ist es häufig nicht leicht, die verschiedenen thematischen Schwerpunktsetzungen der Gruppen zueinander in Beziehung zu setzen und miteinander zu vergleichen. Ein Vergleich ist aber häufig der Schlüssel, um Mechanismen der Reifizierung aufzudecken und zu vermeiden. Dafür eignet sich ein Verfahren, das den Zusammenhang von Problemen und Problemlösungen fokussiert, nämlich die systemtheoretische Technik der *funktionalen Analyse* (vgl. Luhmann, 1984, S. 83-87). Dabei geht es nicht so sehr um die Identifikation von Gründen für das Auftreten eines Phänomens, die Fragestellung ist vielmehr umgekehrt: Für welches Problem ist ein Phänomen die Lösung? Welche Funktionen erfüllt das Auftreten bestimmter Phänomene? Dahinter steht die Überlegung, dass ein Problem so oder auch anders gelöst werden kann, d.h., in der Regel würden andere Wege – funktionale Äquivalente – zur gleichen Lösung führen. Nach solchen funktionalen Äquivalenten fahndet die funktionale Analyse. Greift man etwa das Phänomen des Schminkens als Komponente von Schönheitshandeln heraus, so löst es ganz unterschiedliche Probleme der sozialen Positionierung: Für einige ist Schminken eine Möglichkeit, Konkurrenz auszuschalten. Daneben kann Schminken vieles andere bedeuten: nicht aufzufallen (wo erwartet wird, sich zu schminken),

aus der Menge hervorstechen oder Sicherheit für ein Vorstellungsgespräch zu bekommen. Schminken kann aber auch zur Provokation eingesetzt werden, wie im Fall eines schwulen Mannes, der mit dem Wunsch nach einem Kajal-Stift die Verkäuferin in einer Drogerie verunsichert. Weil sie nämlich „ganz hilflos guckt, wenn du jedes Mal nein sagst und ihr schlussendlich sagst, dass du es für dich selbst willst. Ich meine, ich mache das dann manchmal auch absichtlich, dass ich mir dann irgendeine Verkäuferin ausgucke, die mich noch nicht kennt."
Setzt man Problem und Lösungswege zueinander in Beziehung, kommen Konstellationen in den Blick, die eine geschlechterdifferenzierende Perspektive übersehen würde. Dazu schlage ich ein zweigleisiges Vorgehen vor: Deutungen werden ohne und mit Hinzunahme von Geschlecht als Erklärungsfaktoren nebeneinandergestellt und verglichen. Die Differenz zwischen den beiden Interpretationen markiert dann die Bedeutung von Geschlecht. Während etwa ein entspannendes Bad, ausreichend Schlaf und gesunde Ernährung als Komponenten des Schönheitshandelns auch ohne Berücksichtigung der Kategorie Geschlecht gedeutet werden könnten, sind es Schminken, Anzug und Stöckelschuhe definitiv nicht. Erforderlich ist also, ein Netz von Problemen und Problemlösungen zu konstruieren, bei dem Geschlecht als relevante Kategorie zwar potenziell relevant bleibt, aber immer kontextualisiert werden muss. Genau das meint Bourdieu (s.o.), wenn er für ein strikt relationales Denken plädiert, das jedes Element durch die Beziehungen zu anderen Elementen charakterisiert.
Eine ähnliche Funktion für die Erweiterung des gedanklichen Interpretationsraums (was Sinn der funktionalen Analyse wie auch *queeren* Forschens ist) hat der Abgleich von Thematisiertem und Nicht-Thematisiertem. Denn auch das Nicht-Ausgesprochene kann für eine Deutung wichtig sein, was sich freilich erst nach dem Vergleich einer Reihe von Gruppendiskussionen entscheiden lässt. Dazu filtert man aus der Gesamtheit des empirischen Materials relevante Phänome (wie z.B. Schminken) heraus, überprüft die unterschiedlichen Funktionen und vergleicht sie mit funktionalen Äquivalenten anderer Gruppen (die vielleicht ganz unterschiedliche thematische Schwerpunkte gesetzt haben). Wenn sich beispielsweise alle Befragten für das Schönheitshandeln als private Angelegenheit stark machen und damit den Kontext des unbeobachteten Alleinseins betonen, warum sprechen sie ausgerechnet *darüber* am wenigsten? Warum etwa thematisieren viele Essgestörte stattdessen vor allem den Kontext der anonymen Öffentlichkeit? Funktional analysiert lautet die Antwort: In diesem Kontext stellen die essgestörten Frauen über ihre Auseinandersetzung mit Schönheit, Wohlfühlen und Gesundheit die (heterosexuell geprägte) Identitäts- und Selbstwertfrage von Schönheitshandeln in den Vordergrund. Gleichzeitig blenden sie den Kontext von Arbeit und Beruf aus, dem sie sich in ihrer gegenwärtigen Situation offensichtlich nicht gewachsen fühlen und der den Eindruck eines mangelhaften Selbstbewusstseins hinterlässt. Bezieht man diese beiden Strategien der Thematisierung und Nicht-Thematisierung von Kontexten aufeinander, schält sich die Entwicklung eines positiven Selbstbilds als zentrales Thema heraus. Im Gegensatz dazu thematisieren die Bodybuilder berufliche Kontexte, in

welche sie die Kraft und Macht des Körpers zu verlängern versuchen; sie sprechen aber wenig über Aspekte der anonymen Öffentlichkeit oder auch des privaten Vergnügens. Sie tun damit das, was man von ihnen als Männer erwartet, nämlich sich im (beruflichen) Leben durchboxen. Und dafür instrumentalisieren sie Schönheitshandeln in Form eines zur Schau gestellten Muskelpanzers. Wiederum im Gegensatz dazu ist der Kontext des Ausgehens und Vergnügens ein Leitmotiv der tätowierten schwulen SM-Praktizierenden. Ihre Ausführungen lassen auf eine Bedeutungsverschiebung von der Kleidung zum Körper schließen, der im Rahmen einer Spaß-, Beziehungs- und Vergnügungskultur inszeniert wird. Berufliche Zusammenhänge spielen in der Diskussion keine Rolle; vielmehr bietet Schönheitshandeln für die schwulen SM-Praktizierenden eine Möglichkeit, sich auf dem Partnermarkt zu positionieren, indem sie in einer vom gesellschaftlichen Mainstream abweichenden Sexualität, mit der dazugehörigen Inszenierung von Verletzlichkeit und sexueller Aktivität nicht nur Toleranz, sondern auch Bestätigung finden. Die Gruppe der muslimischen Frauen schließlich differenziert zwischen verschiedenen Logiken von „schön reizend" für den Ehemann und „schön ordentlich" für die anonyme Öffentlichkeit. Dabei hat Letztere gerade keinen Zugriff auf das, was üblicherweise als schön inszeniert wird, nämlich explizite Weiblichkeit: „Ich finde, meine Schönheit gehört mir und nicht den Leuten." Diese Funktion des Verhüllens erfüllt die Verwendung des Kopftuchs – nicht in Zusammenhängen der Privatheit und Familie, sondern der Öffentlichkeit.

Auf diese Weise vervollständigt die Hinzunahme nicht-thematisierter Kontexte das Bild dessen, was den Gruppen wichtig ist. Darüber hinaus erleichtert sie den Schluss auf die Gemeinsamkeit der verschiedenen Gruppen: Diese produzieren von sich ein Bild von Autonomie und Selbstbewusstsein, das Unsicherheiten, Selbstzweifel und Abhängigkeiten verbirgt. Schönheitshandeln zielt dann darauf, nicht aus der Rolle zu fallen. Für die Gruppen von essgestörten Frauen etwa ist es wichtig, sich hinter einer Maske verstecken zu können, und dafür schminken sie sich. Ähnliche Funktionen des Verbergens sind bei muskelgepanzerten Bodybuildern zu beobachten, bei Menschen mit Ganzkörpertätowierungen, die auch dann, wenn sie nackt sind, nie wirklich nackt erscheinen, oder auch bei muslimischen Frauen in verhüllender Kleidung und Kopftuch. Wenn Schönheitshandeln ein Akt der sozialen Positionierung ist, liegt also der Schluss nahe, dass – funktional betrachtet – die Muskeln der Bodybuilder, die Tattoos der SM-Praktizierenden, die Schminke der Magersüchtigen und die Kopftücher der muslimischen Frauen etwas Ähnliches leisten können: die ProtagonistInnen des Geschehens nicht nackt und hilflos dastehen zu lassen.

Für solche Interpretationen und die Analyse damit verbundener heteronormativer Strukturen ist die Mobilisierung geschlechtertheoretischen Wissens erforderlich (aber allein eben nicht ausreichend): Warum provoziert ein Kajal-kaufender Mann in der Drogerie, nicht aber eine Frau? Hier hilft eine heteronormativitätskritische Perspektive (vgl. Degele, 2005) weiter: Eine Naturalisierung findet etwa statt, wenn Frauen qua Geschlecht darauf festgelegt werden, ein aufwändigeres Schönheitshandeln zu betreiben, wozu Schminken gehört. Dabei sind Institutionalisierungen zu beobachten, wenn eine geschminkte Frau zum „Normalitätsbestand" gesellschaftlicher Erscheinungen gehört, ein geschminkter Mann dagegen mit Sanktionen zu rechnen hat. Mit einer Reduktion von Komplexität sind solche Konstruktionen ebenfalls verbunden, wenn man sich darauf verlassen kann, dass diese Wissensbestände nicht erklärungsbedürftig sind. Die Funktionen des Schönheitshandelns sind also nicht von den AkteurInnen und den Situationen zu lösen. Denn verschiedene Gruppen und Subkulturen verwenden Körper, Kleidung, Schmuck oder eben Schminke in unterschiedlicher Weise, d.h. in Abhängigkeit von verschiedenen Identitätskonstruktionen (Lippenstift bei Männern als Aneignung von Weiblichkeit, Muskeln als Aneignung von Männlichkeit) und strukturellen Zusammenhängen (beispielsweise erfahren tuntig inszenierte, d.h. mit klassischen Weiblichkeitsinsignien versehene Männer gesamtgesellschaftlich wie auch in der schwulen Szene wenig Anerkennung).

Als Beispiel für die Notwendigkeit der Verwendung theoretischen Hintergrundwissens für eine zureichende Analyse komme ich auf die Gruppe kopftuchtragender muslimischer Frauen zurück. Auf den ersten Blick handelt es sich dabei lediglich um eine Variante der „Privatheitsideologie", also der Aussage, man mache sich für sich selbst, aber nicht für andere schön. Denn die „weiblichen Reize" werden unter Verschluss gehalten, „dass ich das so auf der Straße zeige, das ist nicht so unsere Strategie", so die Äußerung einer muslimischen, kopftuchtragenden Doktorandin. Zur Deutung dieser Form des Schönheitshandelns, die Geschlecht berücksichtigt, aber nicht reifiziert, möchte ich nun für ein multitheoretisches Vorgehen plädieren, das verschiedene Theoriekontexte berücksichtigt[4] und einen diskursiven Denkraum schafft, der Unterschiedliches zu Wort kommen lässt.[5] Während die *Queer Studies* heteronormative Strukturen kritisieren (Naturalisierung von Frauen als Verführerinnen von Männern und von Männern als unkontrollierte Triebwesen), dabei aber das Toleranzgebot und den Wert von Multikulturalität im Blick behalten, reduziert eine klassisch feministische Perspektive das Kopftuch auf ein Instrument patriarchaler Unterdrückung und wettert gegen eine „gönnerhafte Pseudotoleranz", die sich zum Handlanger eines reaktionären Sexismus macht (Alice Schwarzer im Spiegel 26/2003; vgl. Farahani, 2002). Dagegen würde eine religionswissenschaftlich orientierte

---

4   Was dabei einen systematischen Theorievergleich angeht, der Stärken und Schwächen gegeneinander abwägt und zu einer „Lösung" (der richtigen Theorie) kommt, sieht der Forschungsstand schlecht aus (Opp & Wippler, 1990). Das liegt daran, dass Theorien durch Daten meist unterbestimmt sind, d.h. dass es mehrere mit den Daten verträgliche Theorien gibt, aus denen dann meist eine einzige ausgewählt wird. In den Naturwissenschaften wird die Theoriewahl hauptsächlich durch das pragmatische Kriterium des Erfolgs von Prognosen bestimmt. In den Sozialwissenschaften gibt es gegenwärtig keine allgemeinen Theorien, die das pragmatische Kriterium erfüllen, und es erscheint auch nicht sinnvoll, derartige Theorien zu erwarten (Hesse, 1982). Vielversprechender ist ein Ansatz, der danach fragt, für welche Probleme welche Theorien aufgrund welcher Merkmale geeignet sind (Turner, 1991; Hondrich, 1978, S. 317-324; für Modernisierungstheorien vgl. Degele & Dries, 2005). Kriterien dafür sind etwa Gegenstandsbereich (für den vorliegenden Zusammenhang: die Bedeutung von Geschlecht), Problemhinsicht (Erklärungsbedürftigkeit von vermeintlich Natürlichem oder Problemlösung als Gemeinsamkeit von Kopftuch, Schminken, und Bodybuilding auf einer höheren Abstraktionsstufe).
5   Theoretischer Hintergrund dafür ist Karl Mannheims (1926) Betonung perspektivischen Sehens, in welchem sich soziale Gebundenheiten niederschlagen. Erkenntnis erfolgt immer von einem bestimmten Standpunkt aus – womit Mannheim Donna Haraways (1995) Überlegungen zum situierten Wissen ein Stück vorweg genommen hat.

Identitätstheorie die Bedeutung des Selbstschutzes von Frauen in den Vordergrund stellen, die nicht auf ihren Körper reduziert, sondern als ganzer Mensch wahrgenommen werden wollen (Weitz, 2003). Religionsvergleichend käme in den Blick, dass das Kopftuch bzw. der Schleier in Europa wie im Islam für Frauen die Möglichkeit bot, in die Öffentlichkeit zu treten und sich Freiräume zu schaffen. Entsprechend ist heute das von Musliminnen getragene Kopftuch auch ein Symbol für die Aneignung von Räumen (Hüwelmeier, 2000). Religionssoziologisch ist das Paradox zu beobachten, dass sich muslimische Frauen in normativer Hinsicht für etwas engagieren, das gemäß westlichen Emanzipationsvorstellungen ihre eigene Unterdrückung beinhaltet – dies aber strukturell betrachtet über eine Politisierung von Frauen und ihrem massenhaften Auftritt in der Öffentlichkeit geschieht (Riesebrodt, 2000, S. 119f.). Migrationssoziologisch würde die Abgrenzung vom Westen, von der konservativen Tradition der Mütter und die Konstruktion und Sicherung einer Minderheitenidentität im Vordergrund stehen (Göle 1995, S. 11-15), ebenso wie die Absage an das Konzept der Integration durch Assimilation, also die Reaktion auf die rechtliche, politische und soziale Ungleichbehandlung in der deutschen Gesellschaft (Karakasoglu-Aydin, 1998, S. 457-461).

Diese Perspektiven kann man miteinander konfrontieren und ins Gespräch bringen, indem man etwa nach funktionalen Äquivalenten der patriarchalen Unterdrückung sucht. Das könnten dann etwa orthopädisch fragwürdige, hochhackige Schuhe sein, die Schrittgröße verringernde Röcke und wenig funktionale Handtaschen, die – „objektiv" betrachtet – Frauen um mehr Bewegungsfreiheit bringen, als es Kopftücher tun. Rechnet man den Aufwand für das Herrichten der Haare hinzu, spart das Kopftuch sogar viel Zeit und Aufwand für die öffentliche Präsentation und Inszenierung des weiblichen Körpers. Der Unterschied liegt freilich darin, dass die Mehrheit der westlichen Frauen solche verinnerlichten Zwänge nicht als Einschränkungen und schon gleich gar nicht als Unterdrückung durch Männer wahrnimmt, das Tragen eines Kopftuchs aber schon. *Queer* forschen im Sinn von funktional analysieren heißt hier also, nicht beim Kopftuch stehen zu bleiben, sondern für die dahinter stehende *gleiche* heteronormative und sexistische Struktur funktionale Äquivalente zu identifizieren und zu benennen. Was etwa die vermeintlich stärkere Triebhaftigkeit von Männern angeht, vor der Frauen (und die Männer selbst) zu bewahren sind, unterscheiden sich die kulturellen Formen der „Triebabfuhr", nicht aber der zugrundeliegende Mechanismus: Pornos und Prostituierte bieten Männern im christianisierten Westen ein Ventil, ihren als problematisch konstruierten Testosteronhaushalt im Gleichgewicht zu halten. In islamischen Gesellschaften ist das streng verboten. Dort stehen Männern dafür in einigen Ländern bis zu vier Ehefrauen zur Verfügung oder das Schlupfloch der rechtlich institutionalisierten Ehe auf Zeit mit einer Dauer von einer Stunde bis 99 Jahre.

Die Bedeutung des Gesagten für die empirische Forschung will ich folgendermaßen zusammenfassen: Statt zu erklärende Phänomene vorab an die Existenz zweier Geschlechter zu binden und nach Unterschieden zu fahnden, erweitert *queeres* Forschen nicht nur den Horizont von Problemlösungen, sondern auch und vielleicht mehr noch von Problemformulierungen. Dazu ist ein multitheoretisches Vorgehen sinnvoll, das Standorte herausarbeitet und funktional auf ihre Problemlösungskompetenz befragt. Einige Verfahren habe ich in diesem Zusammenhang diskutiert: Erstens lohnt es sich, nach Inkonsistenzen und Widersprüchen in den Konstruktionen und Inszenierungen suchen, um dies für die Herauspräparierung sozial geteilter Werthorizonte zu nutzen. Zweitens lassen sich Reifizierungen vermeiden, wenn man Probleme und Lösungen variiert und kontextualisiert. Dazu ist es nötig, gedankenexperimentell a) Geschlechterdifferenzen zu setzen, b) darauf zu verzichten und c) die Ergebnisse miteinander zu vergleichen. Die geforderte Variation und Kontextualisierung von Problemlösungen betrifft auch drittens den Vergleich von Thematisiertem und Ausgespartem. Für alle diese Schritte – auch das gehört zu *queerem* Forschen – ist der situationsspezifische Einsatz theoretischen Wissens in Bezug auf Geschlecht, Klasse, Rasse, Religion, Generation erforderlich. *Queer* forschen ist dann mehr als dekonstruktivistische Literaturanalyse, nämlich der konstruktivistische Umgang mit empirischer Realität.

Literatur

Bourdieu, P. & Wacquan,t L.J.D. (1996). *Reflexive Anthropologie.* Frankfurt/Main: Suhrkamp.
Bourdieu, P. (1997). Die männliche Herrschaft. In I. Dölling & B. Krais (Hrsg.), *Ein alltägliches Spiel. Geschlechterkonstruktion in der sozialen Praxis* (S. 153-217). Frankfurt/Main: Suhrkamp.
Degele, N. (2004). *Sich schön machen. Zur Soziologie von Geschlecht und Schönheitshandeln.* Opladen: VS-Verlag.
Degele, N. (2005). Heteronormativität entselbstverständlichen: Zum verunsichernden Potenzial von Queer Studies. *Freiburger Frauen Studien* (Zur Veröffentlichung eingereicht).
Degele, N. & Dries, C. (2005). *Modernisierungstheorie. Eine Einführung.* München: Fink (Zur Veröffentlichung eingereicht)
Degele, N & Schirmer, D. (2004). Selbstverständlich heteronormativ: Zum Problem der Reifizierung in der Geschlechterforschung. In S. Buchen, C. Helfferich & M.S. Maier (Hrsg.), *Gender methodologisch. Empirische Forschung in der Informationsgesellschaft vor neuen Herausforderungen* (S. 107-122). Opladen: VS.
Farahani, F. (2002). Verschleierte Sexualität – Eine diskursive Analyse des Verschleierns. In Body Project (Hrsg.), *KorpoRealitäten. In(ter)ventionen zu einem omnipräsenten Thema* (S. 233-248). Königstein/Taunus: Ulrike Helmer.
Göle, N. (1995). *Schleier und Republik. Die muslimische Frau in der modernen Türkei.* Berlin: Babel Verlag Hund & van Uffelen.
Haraway, D. (1995). Situiertes Wissen. Die Wissenschaftsfrage im Feminismus und das Privileg einer partialen Perspektive. In D. Haraway, *Die Neuerfindung der Natur. Primaten, Cyborgs und Frauen* (S. 73-97). Frankfurt/Main, New York: Campus.
Hesse, M. (1982). Theorien und Werte in den Sozialwissenschaften. Handlung und Interpretation. In C. Hookway & P. Pettit (Hrsg.), *Studien zur Philosophie der Sozialwissenschaften* (S. 6-26). Berlin: de Gruyter.
Hondrich, K.O. (1978). Viele Ansätze – eine soziologische Theorie. In K.O. Hondrich & J. Matthes (Hrsg.), *Theorienvergleich in den Sozialwissenschaften* (S. 314-330). Darmstadt, Neuwied: Luchterhand.
Hüwelmeier, G. (2000). Die Macht der Ordenstracht. Transformationen von Körpergrenzen. In C. Koppetsch (Hrsg.), *Zur Soziologie der Attraktivität* (S. 189-209). Konstanz: UVK.
Karakasoglu-Aydin, Y. (1998). „Kopftuch-Studentinnen" türkischer Herkunft an deutschen Universitäten. Impliziter Islamismusvorwurf und Diskriminierungserfahrungen. In H. Bielefeldt & W. Heitmeyer (Hrsg.), *Politisierte Religion* (S. 450-473). Frankfurt/Main: Suhrkamp.

Knöbl, W. (2001). *Spielräume der Modernisierung. Das Ende der Eindeutigkeit.* Weilerswist: Velbrück.
Knorr Cetina, K. (1989). Spielarten des Konstruktivismus. *Soziale Welt, 40,* 86-96.
Loos, P. & Schäffer, B. (2001). *Das Gruppendiskussionsverfahren – Theoretische Grundlagen und empirische Anwendung.* Opladen: Leske + Budrich.
Luhmann, N. (1984). *Soziale Systeme.* Frankfurt/Main: Suhrkamp.
Maier, M.S. (2004). Zur Reproduktion von Zweigeschlechtlichkeit. Methodische Überlegungen zur Erforschung von homosexuellen Paarbeziehungen. In S. Buchen & C. Helfferich & M.S. Maier (Hrsg.), *Gender methodologisch. Empirische Forschung in der Informationsgesellschaft vor neuen Herausforderungen* (S. 249-265). Wiesbaden: VS Verlag.
Mannheim, K. (1952) *Ideologie und Utopie* (1926) (3. Aufl.). Frankfurt/Main: Schulte-Bulmke.
Matthes, J. (1992). The Operation Called „Vergleichen". In J. Matthes (Hrsg.), *Zwischen den Kulturen? Die Sozialwissenschaften vor dem Problem des Kulturvergleichs. Soziale Welt, Sonderband 8* (S. 75-99). Göttingen: Otto Schwartz.
Opp, K.D. & Wippler, R. (1990). *Empirischer Theorienvergleich.* Opladen: WDV.
Riesebrodt, M. (2000). *Die Rückkehr der Religionen. Fundamentalismus und der „Kampf der Kulturen".* München: Beck.
Schimank, U. (1996). *Theorien gesellschaftlicher Differenzierung.* Opladen: Leske + Budrich.
Schirmer, D. (2005). Konstruktive Widersprüche. Inkonsistenzen als qualitatives Analysewerkzeug am Beispiel von Gruppendiskussionen. *Freiburger Frauen Studien* (Zur Veröffentlichung eingereicht)
Turner, J. (1991). *The Structure of Sociological Theory* (S. 1-30). Belmont, CA: Wadsworth.
Weitz, R. (2003). Women and their Hair. Seeking Power Though Resistance and Accomodation. In R. Weitz (Ed.), *The Politics of Women's Bodies. Sexuality, Appearance, and Behavior* (S. 135-151). New York, Oxford: Oxford University Press.

INGRID BÄHR

Zur Differenzierung der Kategorie „Geschlecht" in der Frage nach Gleichheit und Differenz von Bewegung – Diskussion eines Untersuchungsdesigns zur Geschlechtstypik des Bewegungshandelns am Beispiel des Sportkletterns

Geschlechtervergleichende Forschungsarbeiten, die Eigenschaften oder Verhaltensmerkmale von „Frauen" denen von „Männern" gegenüberstellen, stehen latent in der Gefahr, qua Untersuchungsdesign einen naturalistischen Geschlechterdualismus zu reproduzieren, indem sie die unabhängige Variable „Geschlecht" implizit auf eine anatomisch-biologisch definierte Kategorie reduzieren. Will man diesen Bias im Untersuchungsdesign vermeiden, aber dennoch auf empirische Studien zum Zusammenhang von „Geschlecht" und Phänomenen sportbezogenen Bewegungshandelns nicht verzichten, stellt sich die Aufgabe, die Kategorie „Geschlecht" als unabhängige Variable alternativ zu definieren. Im vorliegenden Beitrag wird diesbezüglich vorgeschlagen, Geschlecht auf einer individuellen Ebene als „Existenzweise" zu fassen, die sich auf unterschiedlichen Ebenen entäußert (Punkt 1).
Zur Anwendung kommen diese Überlegungen in einer Studie zur Geschlechtstypik subjektiven Bewegungshandelns am Beispiel des Sportkletterns. Die Studie und deren Ergebnisse werden vorgestellt (Punkt 2) und nach einer inhaltlichen Interpretation darauf hin diskutiert, ob das vorgeschlagene Untersuchungsdesign geeignet erscheint, eine differenzierte Betrachtung der Frage nach Gleichheit oder Differenz der Geschlechter jenseits verkürzender Vereindeutigungen von Geschlecht zu ermöglichen (Punkt 3).

1 Differenzierungskriterien der empirischen Kategorie „Geschlecht"

Hagemann-White formulierte vor nun gut 10 Jahren im Rahmen eines viel beachteten Aufsatzes zur Problematik der Theorie und Praxis der Geschlechterforschung folgende Frage:

> „Gibt es überhaupt ein beschreibbares Substrat ‚Frau' mit positiv zu benennenden Eigenschaften, das Subjekt und Bezugsgröße von Frauenforschung sein kann?" (1993, S. 70)

Die Antwort auf diese Frage bleibt bis heute umstritten. Unumstritten dürfte jedoch sein, *dass* Geschlechterforschung auf eine beschreibbare Bezugsgröße „Geschlecht" angewiesen ist, um ihren Gegenstand benennen zu können. Für die quantitative wie qualitative Forschungspraxis der Geschlechterforschung bedeutet dies, dass Eigenschaften expliziert werden müssen, anhand derer Personen (qua individueller Eigenschaftsausprägung) einer so definierten Kategorie „Geschlecht" (als unabhängige Variable) zugewiesen werden können.

Am weitesten verbreitet ist als Lösung dieses Problems die Möglichkeit der Differenzierung von Personen in „Frauen" und „Männer" im biologisch-anatomischen Sinne. Aus Sicht der aktuellen Geschlechterforschung wird jedoch kritisiert, dass die Anwendung dieses Kriteriums zur Differenzierung der Geschlechter mit der Gefahr der Reifizierung und Naturalisierung *sozial hergestellter* Geschlechterdifferenzen verbunden ist. Angesprochen ist hier der von Gildemeister & Wetterer (1992, S. 243) kritisierte „Denkfehler auch wissenschaftlicher Untersuchungen", eine Klassifikation in Form von Geschlechterkategorien als Ausgangspunkt der Forschung zu setzen und dabei nicht zu sehen, „dass die Klassifikation selbst ein Ergebnis interaktiver Attributierungs- und Herstellungsprozesse darstellt". Weiter wird argumentiert, dass Differenzierungen nach der Kategorie des biologisch-anatomisch definierten Geschlechts einer ungerechtfertigten Betonung von Differenzen Vorschub leisteten, Ähnlichkeiten zwischen Frauen und Männern überdeckten und Differenzen innerhalb der Gruppe der Frauen bzw. Männer unbeachtet blieben (vgl. z.B. M.-L. Klein, 1997, S. 81; Hartmann-Tews & Rulofs, 1998, S. 78; G. Klein, 1997, S. 113).

Die Kritik an der „naiven" Verwendung dieses Differenzierungskriteriums wird in der aktuellen Geschlechterforschung auf breiter Basis geteilt. Es stellt sich im Anschluss daran jedoch die Frage: Wenn die biologisch-anatomisch definierte Geschlechterkategorisierung „Frau-Mann" aufgrund der genannten Kritik ungeeignet erscheint, nach welchem Kriterium soll dann in empirischen Studien unterschieden werden? Ist es überhaupt möglich, „Geschlecht" durch Eigenschaftszuweisungen im Sinne einer *empirischen Kategorie* zu beschreiben, ohne in eine ontologisierende Sichtweise zu verfallen?

Eine Möglichkeit zur alternativen Bestimmung einer empirischen Kategorie Geschlecht bietet die Konstruktion von Geschlecht auf mehreren, sich einander ergänzenden Ebenen, die jeweils durch unterschiedliche Differenzierungskriterien repräsentiert werden. Das biologisch-anatomische Geschlecht wäre in diesem Verständnis nur eine unter vielen denkbaren Ebenen, geschlechtlich zu sein. Andere denkbare Ebenen wären z.B. die Geschlechtsrollenidentität, die psychische Geschlechtsidentität oder die sexuelle Orientierung. Die Auswahl und insbesondere die alleinige Auswahl des Kriteriums des biologisch-anatomischen Geschlechts zur Operationalisierung des Geschlechts als unabhängiger Variable in empirischen Untersuchungen wäre demnach begründungsbedürftig. Geschlecht ließe sich so nicht mehr als eindimensional-statische, sondern vielmehr als mehrdimensional-prozessuale, sozial durchdrungene Kategorie verstehen, etwa im Sinne einer „historisch bestimmten Denk-, Gefühls- und Körperpraxis bzw. als gesellschaftlich-kulturelle Existenzweise", wie Maihofer in einer Verknüpfung phänomenologischer und zeichentheoretischer Ansätze vorschlägt (1995, S. 18).[1]

---

[1] Maihofers Ansatz wurde in der diesem Beitrag zugrundeliegenden Dissertationsschrift mit dem phänomenologischen Ansatz Merleau-Pontys (1966) und zeichentheoretischen Überlegungen Lindemanns (1992) verknüpft, um den Bezug zum Subjekt in (sportbezogener) Bewegung zu konkretisieren (ausf. Bähr, 2004, S. 27-35).

Im nachfolgenden Forschungsbeispiel werden auf der Basis dieses konstruktivistisch geprägten Begriffes von „Geschlecht als Existenzweise" zwei unterschiedliche Ebenen (im Sinne von Kategorisierungen) von Geschlecht als unabhängige Variablen ausgewählt. Die Auswahl folgt dem Hinweis Maihofers auf die Verwobenheit der „Immaterialität" *und* „Materialität" von Geschlecht (1995, S. 69ff.):

- Mit der Rede von der *Immaterialität* von Geschlecht knüpft Maihofer an das in der Geschlechterforschung aktuelle Konzept des „doing gender" an, also an die Annahme, dass Geschlecht situativ in der Interaktion von Personen hergestellt wird. An einer Vereinseitigung dieser Sichtweise wird jedoch seit gut 10 Jahren auch Kritik geübt, nämlich dass die individuell gelebte, gefühlte und geschlechtlich gedeutete Leiblichkeit, das geschlechtliche Sein in körperlicher Bewegung aus dem Blick gerät (vgl. Landweer, 1994; Lindemann, 1993; Abraham, 1998; Günter, 2000). Maihofer bemerkt zur Vereinseitigung dieser Sichtweise karikierend: „Wir werden zwar zu Geschlechtern gemacht; das heißt aber nicht, das wir es dann auch sind" (1995, S. 16).
- Mit der Rede von der *Materialität* von Geschlecht verweist Maihofer deshalb in Anlehnung an Gesa Lindemann auf die Persistenz der individuellen Deutung des eigenen (materialen) Geschlechtskörpers: Eine Person „realisiert sich als das Geschlecht, das ihr Körper bedeutet" (Lindemann 1992, S. 339). Im Akt des Wahrnehmens bzw. Darstellens von Geschlecht (bspw. qua Bewegung), im Interaktionsprozess von Individuen, gewinnt das Geschlecht also Materialität, wird es subjektive, *phänomenale* Wirklichkeit. Lindemann spricht von einem „Zusammenfallen von Zeichenrealität und Dinghaftigkeit" (1992, S. 338).

In Anerkennung dieser unterschiedlichen Ebenen, geschlechtlich zu sein schlägt Maihofer vor, das Verständnis von Geschlecht nicht entweder auf eine materialistische oder auf eine ideell-konstruktivistische Perspektive zu verkürzen, sondern vielmehr in einer Dialektik beider Sichtweisen zu verorten. Folgt man dieser Überlegung, hat in Konsequenz dessen eine empirische Untersuchung beide Seiten dieser Dialektik zu berücksichtigen und miteinander in Beziehung zu setzen. Aus diesen Überlegungen ergeben sich für das folgende Forschungsbeispiel zwei alternative Operationalisierungen der empirischen Kategorie Geschlecht:

- Zum Ersten soll die *Materialität* bzw. „Verleiblichung von Geschlecht" im Anschluss an Lindemann als *„objektiviertes Geschlecht"* abgebildet und über eine Selbstzuschreibung des Geschlechts zu den dichotomen Ausprägungen „Frau" oder „Mann" operationalisiert werden. Diese subjektive Deutung der eigenen Geschlechtlichkeit ist nach Lindemann wesentlich durch die Materialität des Körpers bestimmt im Sinne einer „Evidenz des eigenen Geschlechts" (1992, S. 344), das letztlich sowohl die subjektive Erfahrung als auch die soziale Semiotik von Geschlecht strukturiert und ihr spezifische körperliche Grenzen setzt.
- Zum Zweiten soll die im konstruktivistischen Ansatz hervorgehobene *Immaterialität* von Geschlecht durch die Geschlechtsrollenidentität als bisher am meisten untersuchte Facette des sozial-psychologischen Geschlechts mit der dreifach

gestuften Ausprägung „weiblich typisiert", „männlich typisiert" und „androgyn" erfasst werden. Diese Variable wird im weiteren Verlauf des Beitrages dem üblichen Sprachgebrauch in der Geschlechterforschung folgend verallgemeinernd als „*soziales Geschlecht*" bezeichnet und mit Hilfe des „Bem-Sexrole-Inventorys" (BSRI)[2] operationalisiert.

Damit sind der theoretische Rahmen zur Bestimmung von „Geschlecht" als empirischer Kategorie sowie die daraus resultierenden forschungspraktischen Konsequenzen bezüglich der Operationalisierung des Geschlechts als unabhängige Variable beschrieben. Im Folgenden soll in der gebotenen Kürze ein Forschungsbeispiel vorgestellt werden, das diese Überlegungen empirisch umsetzt, um über die Sinnhaftigkeit der bisherigen Ausführungen für die Forschungspraxis diskutieren zu können.

2 Empirische Studie zur Geschlechtstypik des Bewegungshandelns

Im Anschluß an die konstruktivistische Perspektive der Geschlechterforschung ist davon auszugehen, dass die Ausprägungen des objektivierten und des sozialen Geschlechts unabhängig voneinander sein können und damit auch die Möglichkeit komplexer Widerspruchskombinationen besteht (Maihofer, 1995, S. 97). Für die beiden Kategorisierungen von Geschlecht soll deshalb jeweils einzeln geprüft werden, ob sie Einfluß auf das Tun und Erleben von Personen im sportbezogenen Kontext haben.

2.1 Theoretische Modellierung des Bewegungshandelns

Zur Abbildung einer möglichen Typik oder Ähnlichkeit der Geschlechter im sportbezogenen Sich-Bewegen bedarf es einer theoretischen Modellierung des Bewegungshandelns, die einerseits anschlussfähig an den sozialwissenschaftlich geprägten Geschlechterdiskurs ist und neben dem Bewegungsvollzug vor allem auch das Erleben sportbezogener Bewegung fokussiert. Derartige Möglichkeiten werden in einem prozess-anthropologischen Handlungsmodell (Prohl, 1991; 2001) gesehen, aus welchem sich Variablen zu drei Dimensionen der Innensicht des Bewegungshandelns ableiten lassen: Erstens die Einstellung des Subjektes zur Bewegungssituation („Intentionalität"), zweitens die intentionale Strukturierung der Bewegungshandlung („Bewegungsvorentwurf") und drittens das Wert-Erleben des Subjektes im Bewegungsvollzug („Erlebnisqualität"). Ergänzend werden Daten zum „Bewegungsverhalten" aus der Außensicht auf die Versuchspersonen erhoben.

2.2 Hypothesenformulierung

Ein Einblick in die Fachliteratur zur Geschlechtstypik von Bewegung zeigt im Bereich bewegungswissenschaftlicher Studien zunächst widersprüchliche Befunde

---

2 Das BSRI wurde in der vorliegenden Studie in einer deutschsprachigen Kurzfassung nach Strauß et al. (1996) erhoben.

(ausf. vgl. Bähr, 2004, S. 120ff.). Demgegenüber stehen eine Reihe expliziter Hinweise auf eine Differenz der Geschlechter aus phänomenologisch orientierten Ansätzen der anthropologischen Philosophie (z.b. Young, 1993), aber auch eine Anzahl im hermeneutischen Sinne gedeuteter Annahmen aus dem aktuellen sportwissenschaftlichen Geschlechterdiskurs (z.b. Kugelmann, 1996; Alfermann, 1996; Klein, 1997; Pfister, 1993 & 2003).

Zusammenfassend wird in der untersuchten Literatur davon ausgegangen, dass geschlechtliches Existieren unter den Bedingungen unserer Gesellschaft nicht spurlos an Personen vorübergehe, sondern sich im Bewegungshandeln, -verhalten und -erleben als somatisches und psychisches Geschehen „verleibliche" – was letztlich zu einer Tendenz weiblich konnotierter Bewegungspraxen bei Frauen und männlich konnotierter Bewegungspraxen bei Männern führe. Derartige Annahmen über eine „Verleiblichung sozialer Zuweisungen" (Klein 1997, S. 109) können zu Unterschiedshypothesen für jede der vier unter Punkt 2.1 genannten abhängigen Variablen verdichtet werden.

Ergänzend zu dieser Hypothesenformulierung soll in explorativer Absicht untersucht werden, ob und wenn ja wie die hier operationalisierten unterschiedlichen Existenzweisen zusammenwirken. Dies soll durch einen Vergleich von Extremgruppen (als Teilstichproben) geprüft werden indem eine Gegenüberstellung von Frauen mit einer weiblichen Typisierung ihres sozialen Geschlechts mit Männern, die eine männliche Typisierung ihres sozialen Geschlechts aufweisen, erfolgt.[3]

2.3 Untersuchung

In der Untersuchung erstieg eine Stichprobe von 56 breitensportlich orientierten Sportkletterer/innen an einem Seil von oben gesichert eine ihrem Leistungsniveau adäquate Kletterroute an einer künstlichen Kletterwand und wurde dabei auf Video aufgenommen. Das Sportklettern bietet sich als Kriteriumsaufgabe für die Fragestellung der Untersuchung insofern an, als es einerseits eine klar definierte, ökovalide Bewegungsaufgabe darstellt (Ziel war das Erreichen des obersten Griffes der Kletterroute), die jedoch andererseits erhebliche Freiheitsgrade in der Wahl der Lösungswege beinhaltet und damit individuell unterschiedliches Tun und Erleben ermöglicht (vgl. z.B. Winter, 2000, S. 26).

Die Stichprobe wurde gemäß der genannten Geschlechterkategorisierungen parallelisiert und bezüglich ihres sportartspezifischen Leistungsniveaus homogenisiert (UIAA-Grad 6, SD: 0,3). Die Versuchspersonen waren im Mittel 33 Jahre alt (SD: 9 Jahre) und kletterten durchschnittlich seit 3,7 Jahren (SD: 3,4 Jahre) mit einer Häufigkeit von einer Trainingseinheit pro Woche (SD: 0,5 Trainingseinheiten).

Zur Operationalisierung der abhängigen Variable *Intentionalität* wurde exemplarisch aus der Vielfalt der Aspekte dieses Konstruktes das Fähigkeitsselbstkonzept ausgewählt, da sich zu diesem Teilaspekt der Art des Gerichtet-Seins auf die Bewegungsumwelt im sportwissenschaftlichen Geschlechterdiskurs besonders zahlreiche

---

[3] Zur detaillierten Herleitung und Formulierung der einzelnen Hypothesen sowie zur Strategie der Hypothesenprüfung s. Bähr (2004).

Differenzannahmen finden[4]. Die Variable wurde präaktional per standardisiertem Fragebogen erfasst[5]. Zur Dokumentation der intentionalen Handlungsstrukturierung im *Bewegungsvorentwurf* wurde postaktional ein halbstandardisiertes Kurzinterview (5-7 Min.) mit Video-Selbstkonfrontation geführt. Die Erhebung der *Erlebnisqualität* erfolgte unmittelbar im Anschluss an das Klettern mittels eines Semantischen Differentials (vgl. Gröben, 1995). Anhand der Videoaufnahmen wurden schließlich als Parameter des *Bewegungsverhaltens* drei Teilvariablen der Morphologie der Kletterbewegung ausgezählt und zu einem Summenscore zusammengefasst (Bewegungstempo, Bewegungsumfang, Stringenz der Bewegung).

2.4 Auswertung und Ergebnisse

Die Prüfung auf Merkmalsunterschiede zwischen ‚Frauen' und ‚Männern' bzw. zwischen den Typisierungen des sozialen Geschlechts erfolgte durch univariate Kovarianzanalysen. Dabei wurden als Kontrollvariablen solche Parameter berücksichtigt, von denen aus sachlogischen Überlegungen angenommen werden musste, dass sie mit einer oder mehreren der abhängigen und/oder unabhängigen Variablen korrelierten. Tabelle 1 zeigt die Ergebnisse der *hypothesenprüfenden Auswertung* der Daten.

Tab. 1. *Ergebnisse der Kovarianzanalysen zur Hypothesenprüfung.*

abhängige Variablen	objektiviertes Geschlecht: 'Frauen' vs. ‚Männer'				soziales Geschlecht: weibl. Typisierte vs. männl. Typisierte vs. Androgyne				
	Einfluss der unabhängig. Variablen		Einfluss der Kovariate(n)		Einfluss der unabhängig. Variablen		Einfluss der Kovariate(n)		
	p	eta^2	p	eta^2	p	eta^2		p	eta^2
Intentionalität	.860	.001	Größe	.038	.080	.087	.091	Größe	.005	.146
			Kraft**	.006	.137			Kraft**	.002	.177
Bewegungsvorentwurf	.280	.023	Gewicht*	.024	.098	.101	.089	Gewicht*	.018	.109
Erlebnisqualität	.059	.066	Gewicht*	.049	.071	.059	.103	Gewicht*	.028	.090
Bewegungsverhalten	.089	.060	Kraft**	.005	.153	.397	.039	Kraft**	<.001	.249

* Gewicht = Differenz zum Normalgewicht (nach Broca-Index); ** Kraft = relative Kraftausdauer der Arme (nach Beck, 1995)

Es zeigt sich, dass weder die Kategorie des objektivierten noch die des sozialen Geschlechts je für sich genommen einen signifikanten Einfluss auf die untersuchten Parameter des Bewegungshandelns zeigt und dementsprechend auch die Effektgrößen aller Hypothesenprüfungen äußerst gering ausfallen. Bezüglich der Annahme der „Verleiblichung sozialer Zuweisungen" ist damit festzuhalten, dass die Hypothesen zum Einfluss *einzelner* Geschlechterkategorien für diese Stichprobe zurückgewiesen werden müssen.

---

4 z.B. Pfister, 1993, S. 42 und 56f.; Alfermann, 1994, S. 218; Berndt & Menze, 1996, S. 378ff.; Bund, 2001, S. 117ff.; Hartmann-Tews & Luetkens, 2003, S. 310. Die Reduktion der komplexen Variable Intentionalität auf diesen Teilaspekt war aus untersuchungsökonomischen Gründen notwendig, hat jedoch zur Folge, dass die empirischen Befunde nicht als repräsentativ für Intentionalität angesehen werden können.
5 Zum Einsatz kamen dabei die Skala zum Selbstkonzept sportlicher Leistungsfähigkeit (SSL) von Alfermann et al. (1997), ein Item zur sportartspezifischen Selbsteinschätzung auf der UIAA-Skala sowie ein Instrument zur Erfassung der aufgabenspezifischen Selbstwirksamkeit nach Bund (2001).

Die Ergebnisse der *explorativen Auswertung* der Daten – des Vergleichs der Extremgruppen weiblich typisierter Frauen mit männlich typisierten Männern – zeigen dagegen ein anderes Bild: Wie Tabelle 2 zu entnehmen ist, finden sich hier signifikante Unterschiede für die Variablen der Innensicht des Bewegungshandelns bei mittleren bis hohen Effektstärken. Die untersuchten *männlich typisierten Männer* zeigen beim Sportklettern ein positiver ausgeprägtes Fähigkeitsselbstkonzept (Teilaspekt der Intentionalität), einen weiträumigeren und bezüglich seiner Bezogenheit auf den Bewegungsdialog deutlicher ausgeprägten Bewegungsvorentwurf sowie eine positivere Erlebnisqualität als die *weiblich typisierten Frauen*. Damit ist festzuhalten, dass in dieser Untersuchung eine Konvergenz der Ausprägungen der beiden zugrunde gelegten Geschlechterkategorisierungen im Sinne einer gleichen Ausrichtung zur Aufklärung von Varianzen in der Innensicht des Bewegungshandelns beim Klettern beiträgt.

Tab. 2. *Ergebnisse der Kovarianzanalysen zur explorativen Auswertung der Daten.*

abhängige Variablen	Extremgruppen: weiblich typisierte Frauen vs. männlich typisierte Männer				
	Einfluss der unabhängigen Variablen		Einfluss der Kovariate		
	p	eta^2		p	eta^2
Intentionalität	.003	.310	---		
Bewegungsvorentwurf	.012	.264	Gewicht*	.006	.303
Erlebnisqualität	<.001	.507	---		
Bewegungsverhalten	.303	.053	Kraft**	.003	.361

* Gewicht = Differenz zum Normalgewicht (nach Broca-Index); ** Kraft = relative Kraftausdauer der Arme (nach Beck, 1995)

3 Diskussion

3.1 Inhaltliche Diskussion der Ergebnisse

Als zentraler Befund der *hypothesenprüfenden Auswertung* der Daten bleibt festzuhalten, dass die untersuchten Geschlechterkategorien je für sich genommen keinen Beitrag zur Aufklärung von Varianzen des Bewegungshandelns beim Sportklettern liefern. Für diesen Befund sind zwei Deutungen denkbar:

– *Erste Deutung: Androgyne[6] Personen suchen ein ihnen gemäßes Bewegungsfeld auf (Stichprobeneffekt).* Möglicherweise unterscheiden sich die Geschlechter deshalb in ihrem Bewegungshandeln und -verhalten nicht voneinander, weil die gewählte Stichprobe selektiv im Sinne einer Selbstselektion ist. Es ist möglich, dass sich vom Sportklettern vor allem solche Personen angesprochen fühlen, die eine zu dieser Sportart „passende" Persönlichkeitsstruktur aufweisen. Innerhalb dieser speziellen Gruppe vergleichsweise androgyner Personen käme

---

6 Als androgyn werden hier Personen bezeichnet, die im Hinblick auf ihr soziales Geschlecht sowohl „weiblich" typisierte als auch „männlich" typisierte Eigenschaften auf sich vereinen. Vergleiche der Ausprägungen des sozialen Geschlechtes von Sportkletterer/innen mit Aktiven aus anderen Sportarten zeigen, dass erstere insgesamt eine deutlich ausgeprägte Tendenz zur Androgynität zeigen (ausf. s. Bähr, 2004, S. 114f. und S. 186f.).

dann weder dem objektivierten noch dem sozialen Geschlecht als Differenzkriterium besondere Bedeutsamkeit zu – wodurch sich in ihrem individuellen sportbezogenen Tun und Erleben keine geschlechtstypischen Unterschiede zeigen.
– *Zweite Deutung: Sportklettern begünstigt androgynes Handeln und Verhalten.* Die Geschlechter unterscheiden sich in ihrem Bewegungshandeln und -verhalten deshalb nicht voneinander, weil die untersuchten Geschlechterkategorien im speziellen Handlungsfeld des Sportkletterns nur noch von untergeordneter Bedeutung sind – und zwar weitestgehend *unabhängig* davon, welche Personengruppe diesen Sport betreibt. Folgt man diesem Deutungsmuster, stellen die Ergebnisse der Untersuchung einen Hinweis darauf dar, dass dem Sportklettern ein Potenzial zum *undoing gender* oder zumindest zur Überschreitung geschlechtsrollentypischer Handlungs- und Verhaltensweisen zugeschrieben werden kann.

Konsequenzen im Sinne dieser Deutungsmuster wären *erstens* die Eröffnung interessanter Forschungsperspektiven, nämlich vergleichbare Studien mit weniger selektiven Stichproben (z.B. Schulklassen) und in anderen Sportarten zu replizieren und mittels derartiger weiterführender Studien Aussagen zum „gendering" (Pfister, 1999, S. 49) auch anderer bewegungskultureller Felder zu machen. Es könnten so Bewegungsfelder identifiziert werden, die im pädagogischen Kontext eine Chance zur „Selbstbildung in sozialen Praktiken" (Bilden, 1991) durch die Emanzipation von Geschlechterstereotypen bieten. Eine *zweite* Konsequenz der Ergebnisse der Hypothesenprüfung ist in Verallgemeinerung der Befunde zum Sportklettern, dass zumindest im Hinblick auf geschlechtlich ambivalent konnotierte Sportarten Unterschiede im Bewegungshandeln und -verhalten der Geschlechter in der Fachliteratur überschätzt werden. Ein wesentlicher Ertrag der Ergebnisse der vorliegenden Arbeit liegt in diesem Sinne also darin, auf der Ebene scheinbar gesicherten Wissens der Fachliteratur die „Brille der Geschlechterkonstruktion" sichtbar zu machen, die Geschlechtsrollengrenzen möglicherweise auch dort noch festschreibt, wo die betreffenden Individuen sie bereits überschritten haben bzw. wo sie praktisch nicht (mehr) bedeutsam sind.

Die Auswertung der *explorativen Analyse* der Daten trägt dazu bei, die Ergebnisse der Hypothesenprüfung zu präzisieren bzw. zu differenzieren: Hier zeigt sich, dass die *gleichgerichtete* Ausprägung der untersuchten Kategorien des objektivierten und des sozialen Geschlechts durchaus einen Beitrag zur Aufklärung von Varianzen des Bewegungshandelns aus der Innensicht liefert. Eine „Verleiblichung sozialer Zuweisungen" im Rahmen bipolarer gesellschaftlicher Konstruktionsprozesse von Geschlecht kommt demnach vor allem bei Personen zum Tragen, bei denen eine „Vereindeutigung des Geschlechts" (Maihofer, 1995, S. 106) im Sinne einer Konvergenz der untersuchten geschlechtlichen Existenzweisen im Selbstkonzept vorliegt. Möglicherweise führt hier eine gegenseitige Bestärkung von Rollenerwartungen, die an das objektivierte Geschlecht gekoppelt sind und die mit dem sozialen Geschlecht verinnerlicht wurden, zu den in Tab. 2 dargestellten Differenzbefunden in der Innensicht des Bewegungshandelns.

3.2 Diskussion im Hinblick auf die Frage nach einer empirischen Kategorie „Geschlecht"

Unabhängig von der inhaltlichen Diskussion der Ergebnisse liefern die hier vorgestellten Befunde einen Hinweis darauf, dass die Selbstverständlichkeit der Differenzierung von Personen in ‚Frauen' und ‚Männer' – in der Regel unter Berufung auf deren „biologisches Geschlecht" – als universale Geschlechterkategorie in empirischen Studien in Zweifel zu ziehen ist. Dafür spricht die Tatsache, dass die Untersuchung zu unterschiedlichen Ergebnissen führt, je nachdem, welche bzw. wie viele Kategorisierungen von Geschlecht als unabhängige Variable zugrunde gelegt werden. Die durchgeführte Differenzierung unterschiedlicher geschlechtlicher Existenzweisen kann insofern einen Beitrag zur Präzisierung geschlechterbezogener Fragestellungen in der Sportwissenschaft liefern, als auf diese Weise die „Falle der Geschlechterforschung" umgangen werden kann. Diese besteht darin, dass bereits die Setzung einer universalen dichotomen Kategorie „Geschlecht" im Design von Forschungsarbeiten eine einseitige Reifizierung der Geschlechterdifferenz anbahnt (Hartmann-Tews, 2003, S. 26). Wird dagegen die Vielschichtigkeit geschlechtlicher Existenzweisen respektiert und reflektiert, und qua unterschiedlicher Variablen auch forschungspraktisch wirksam in empirische Studien eingebracht, kann auch auf dieser – forschungsmethodologischen – Ebene die Wirkmächtigkeit der Brille des Geschlechterdualismus gebrochen werden, ohne auf vergleichende empirische Befunde in der Geschlechterforschung verzichten zu müssen.

Literatur

Abraham, A. (1998). *Lebensspuren. Beiträge zur Geschlechterforschung und zu einer Soziologie des Körpers und der ästhetischen Erfahrung. Aufsätze und Vorträge 1995-1998.* Erfurt: Pädagogische Hochschule.
Alfermann, D. (1994). Geschlechterunterschiede im sozialen Handeln: Sozialpsychologische Anmerkungen zur Bedeutung des Geschlechts als soziale Kategorie. In U. Pühse (Hrsg.), *Soziales Handeln im Sport und Sportunterricht* (S. 210-225). Schorndorf: Hofmann.
Alfermann, D. (1996). *Geschlechterrollen und geschlechtstypisches Verhalten.* Stuttgart: Kohlhammer.
Alfermann, D., Saborowski, S. & Würth, S. (1997). *Soziale Einflüsse auf die Karriereübergänge bei jugendlichen Athletinnen und Athleten in Großbritannien.* Unveröff. Forschungsbericht, Universität Leipzig.
Bähr, I. (2004). *Erleben „Frauen" Sport anders als „Männer"? Zur Geschlechtstypik des Bewegungshandelns am Beispiel des Sportkletterns.* Dissertation, Universität Bremen.
Berndt, I. & Menze, A. (1996). Distanz und Nähe – Mädchen treiben ihren eigenen Sport. In D. Kurz, H.-G. Sack & K.-P. Brinkhoff (Hrsg.), *Kindheit, Jugend und Sport in NRW. Der Sportverein und seine Leistungen* (S. 361-438). Düsseldorf: Ministerium für Stadtentwicklung, Kultur und Sport des Landes Nordrhein-Westfalen.
Bilden, H. (1991). Geschlechtsspezifische Sozialisation. In K. Hurrelmann & D. Ulich (Hrsg.), *Neues Handbuch der Sozialisationsforschung* (S. 279-301). Weinheim, Basel: Beltz.
Bund, A. (2001). *Selbstvertrauen und Bewegungslernen.* Schorndorf: Hofmann.
Gildemeister, R. & Wetterer, A. (1992). Wie Geschlechter gemacht werden. Die soziale Konstruktion der Zweigeschlechtlichkeit und ihre Reifizierung in der Frauenforschung. In G.A. Knapp & A. Wetterer (Hrsg.), *Traditionen, Brüche – Entwicklungen feministischer Theorie* (S. 201-254). Freiburg: Kore.

Gröben, B. (1995). Handlungsregulation und Bewegungsqualität. In J. Nitsch & H. Allmer (Hrsg.), *Emotionen im Sport* (S. 73-81). Köln: bps.
Günter, S. (2000). Das Unbehagen der „Materie" im postmodernen feministischen Subjekt-Diskurs. In Projekt feministischer Theorien im Nordverbund (Hrsg.), *Subjekt und Erkenntnis: Einsichten in die feministische Theoriebildung* (S. 65-74). Opladen: Leske + Budrich.
Hagemann-White, C. (1993). Die Konstrukteure des Geschlechts auf frischer Tat ertappen? Methodische Konsequenzen einer theoretischen Einsicht. *Feministische Studien, 11*(2), 68-78.
Hartmann-Tews, I. (2003). Soziale Konstruktion von Geschlecht im Sport: Neue Perspektiven der Geschlechterforschung in der Sportwissenschaft. In I. Hartmann-Tews, P. Gieß-Stüber, M.-L. Klein, C. Kleindienst-Cachay & K. Petry (Hrsg.), *Soziale Konstruktion von Geschlecht im Sport* (S. 13-28). Opladen: Leske + Budrich.
Hartmann-Tews, I. & Luetkens, S.A. (2003). Jugendliche Sportpartizipation und somatische Kulturen aus Geschlechterperspektive. In W. Schmidt, I. Hartmann-Tews & W.-D. Brettschneider (Hrsg.), *Erster Deutscher Kinder- und Jugendsportbericht* (S. 297-318). Schorndorf: Hofmann.
Hartmann-Tews, I. & Rulofs, B. (1998). Entwicklung und Perspektiven der Frauen- und Geschlechterforschung im Sport. *Spectrum der Sportwissenschaften, 10*(2), 71-85.
Klein, G. (1997). Theoretische Prämissen der Geschlechterforschung in der Sportwissenschaft. In U. Henkel & S. Kröner (Hrsg.), *Und sie bewegt sich doch! Sportwissenschaftliche Frauenforschung – Bilanz und Perspektiven* (S. 103-123). Pfaffenweiler: Centaurus.
Klein, M.-L. (1997). Frauenforschung in der Sportwissenschaft. In U. Henkel & G. Pfister (Hrsg.), *Für eine andere Sportkultur: Festschrift anläßlich der Emeritierung von Sabine Kröner* (S. 77-95). Pfaffenweiler: Centaurus.
Kugelmann, C. (1996). *Starke Mädchen – Schöne Frauen? Weiblichkeitszwang und Sport im Alltag.* Butzbach-Griedel: Afra.
Landweer, H. (1994). Generativität und Geschlecht. Ein blinder Fleck in der Sex-Gender-Debatte. In T. Wobbe & G. Lindemann (Hrsg.), *Denkachsen. Zur theoretischen und instutionellen Rede vom Geschlecht* (S. 147-176). Frankfurt/Main: Suhrkamp.
Lindemann, G. (1992). Die leiblich-affektive Konstruktion des Geschlechts. Für eine Mikrosoziologie des Geschlechts unter der Haut. *Zeitschrift für Soziologie, 21*(5), 330-346.
Lindemann, G. (1993). Wider die Verdrängung des Leibes aus der Geschlechtskonstruktion. *Feministische Studien, 11*(2), 44-54.
Maihofer, A. (1995). *Geschlecht als Existenzweise. Macht, Moral, Recht und Geschlechterdifferenz.* Frankfurt/Main: Helmer.
Merleau-Ponty, M. (1966). *Phänomenologie der Wahrnehmung.* Berlin: de Gruyter.
Pfister, G. (1993). Spiel- und Bewegungserfahrungen von Mädchen. Zum Zusammenhang von Körperkarrieren, Raumaneigung und Persönlichkeitsentwicklung. In A. Flade & B. Kustor-Hüttl (Hrsg.), *Mädchen in der Stadtplanung: Bolzplätze – und was sonst?* (S. 41-69). Weinheim: Deutsche Studien Verlag.
Pfister, G. (1999). *Sport im Lebenszusammenhang von Frauen: Ausgewählte Themen.* Schorndorf: Hofmann.
Pfister, G. (2003). Geschlecht (Gender). In P. Röthig & R. Prohl (Hrsg.), *Sportwissenschaftliches Lexikon* (S. 216-218). Schorndorf: Hofmann.
Prohl, R. (1991). *Sportwissenschaft und Sportpädagogik. Ein anthropologischer Aufriß.* Schorndorf: Hofmann.
Prohl, R. (2001). *Bewegungsqualität als Re-Präsentation der Zeitlichkeit des Bewegungshandelns – ein sportpädagogischer Forschungsansatz.* Zugriff am 10. Dezember 2003 unter http://www.bewegung-und-training.de.
Strauß, B., Köhler, O. & Möller, J. (1996). Geschlechtsrollentypologien – eine empirische Prüfung des additiven und des balancierten Modells. *Zeitschrift für Differentielle und Diagnostische Psychologie, 17*(2), 67-83.
Winter, S. (2000). *Sportklettern mit Kindern und Jugendlichen in Freizeit, Schule und Verein.* München: BLV.
Young, I.M. (1993). Werfen wie ein Mädchen? Eine Phänomenologie weiblichen Körperverhaltens, weiblicher Motilität und Räumlichkeit. *Deutsche Zeitschrift für Philosophie, 41*(4), 707-725.

PETRA GIEß-STÜBER & ANJA VOSS

Methodenintegration – Ein Ausweg aus der Reifizierungsfalle?

1 Einleitung

In der sportwissenschaftlichen Frauen- und Geschlechterforschung hat sich bei der Frage nach sozialen Konstruktionsprozessen von Geschlecht der Einsatz quantitativer sowie qualitativer Forschungsmethoden schon seit einigen Jahren etabliert. Dennoch lässt sich immer wieder auch eine „relative Unbekümmertheit über die Konstruktivität der in der Forschung eingesetzten Methoden" (Kelle, 2000, S. 117) festmachen. Nicht nur quantitative Studien mit kategorialer Auswertung bergen die Gefahr der Tradierung von Stereotypen, sondern unter Umständen auch der Einsatz qualitativer Methoden. Eine mögliche Lösung stellt ein methodenplurales Vorgehen dar, womit nicht nur die Verbindung von quantitativen und qualitativen Methoden gemeint ist, sondern auch die Verknüpfung unterschiedlicher qualitativer Verfahren (vgl. Kelle & Erzberger, 2003).

Im Folgenden soll nach allgemeinen Ausführungen zur Methodenintegration das methodenplurale Vorgehen in dem Forschungsprojekt „Geschlechteralltag im Eltern-Kind-Turnen" dargestellt und einer kritischen Reflexion unterzogen werden. Anschließend wird der methodologische Gewinn für die sportwissenschaftliche Frauen- und Geschlechterforschung skizziert.

2 Methodenintegration

Die methodologische Diskussion um Methodenintegration – häufig auch als Methodenmix, - pluralismus oder hybride Methodologie bezeichnet – dreht sich um zwei unterschiedliche Konzepte: Zum einen wird – zumeist von quantitativ forschenden MethodikerInnen – ein Phasenmodell favorisiert, wonach qualitative Methoden zur Hypothesengenerierung und quantitative Verfahren der Hypothesenprüfung dienen sollen. Aus qualitativ orientierter Perspektive, die auch dem skizzierten Forschungsprojekt zugrunde lag, wird durch die Verbindung qualitativer und quantitativer Methoden derselbe Gegenstand aus unterschiedlichen Richtungen auf unterschiedliche Weise beleuchtet. Das Ziel dieser Triangulation liegt in der Überschreitung der Erkenntnismöglichkeiten von Einzelmethoden (vgl. Flick, 1995, S. 250). Neben einem valideren soll ein umfassenderes Bild des Forschungsgegenstandes erzielt werden, das „die Breite, Tiefe und Konsequenz im methodischen Vorgehen erhöht" (Flick, 1998, S. 230; vgl. auch Kelle & Erzberger, 2003, S. 300). Methodenintegratives Vorgehen hat sich inzwischen auch in großen Untersuchungen wie z.B. der Shell-Studie etabliert. Dennoch wird die Triangulation auch kritisch diskutiert, da wenn sie auf den Aspekt der Validierung verkürzt wird, zu wenig berücksichtigt wird, dass jede Methode denjenigen Gegenstand, den sie erforscht, auch auf spezifische Weise konstituiert. Den Anspruch ‚objektiver' Interpretation kann auch die Triangulation nicht erfüllen, wohl aber den Zweck, der Analyse mehr Breite und Tiefe zu verleihen (vgl. Flick, 2003, S. 310f.).

In dem skizzierten Forschungsprozess werden verschiedene Formen der Triangulation berücksichtigt, die vor allem dem Versuch dienen, der Komplexität des Geschlechteralltags in der frühkindlichen Bewegungsförderung gerecht zu werden. Die Darstellung folgt der Differenzierung „methodenangemessener Kriterien" für die Geltungsbegründung prozesshafter und qualitativer Forschung von Flick (1995 unter Bezugnahme auf Denzin): a) Theorien-Triangulation (Ausgang der empirischen Studien ist ein theoretischer Bezugsrahmen, der unterschiedliche Hypothesen und Sichtweisen nahe legt. Dadurch sollen Erkenntnismöglichkeiten fundiert und verbreitert werden), b) Daten-Triangulation (gezielt werden unterschiedliche Datenquellen einbezogen. Das Phänomen wird zu verschiedenen Zeitpunkten, an verschiedenen Orten und an verschiedenen Personen(-gruppen) untersucht), c) Untersucher-Triangulation (Das Feld-Forschungsteam besteht aus drei kontinuierlich in dem Projekt arbeitenden Personen (zwei Frauen, ein Mann) sowie zusätzlichen studentischen Mitarbeiter/-innen, die zeitweise einbezogen wurden und deren ‚Unerfahrenheit' im Feld der Frauen- und Geschlechterforschung gezielt eingesetzt wird), d) Methodologische Triangulation (Fragebogen, Interview, Videographie, Experiment). Im Folgenden stehen die Erfahrungen mit Letzterem im Mittelpunkt.

3 Geschlechteralltag in der frühkindlichen Bewegungsförderung – Skizze eines Forschungsprozesses

In dem vorliegenden Forschungsprojekt stand die Frage im Mittelpunkt, ob und wie KursleiterInnen, Eltern und Kinder in spezifischen Situationen des sportlichen Miteinanders Geschlecht und Geschlechterverhältnisse vermitteln, bestätigen, (re-) produzieren oder auch verwerfen (Gieß-Stüber, Voss & Petry, 2003).

3.1 Theoretischer Rahmen

Für die empirischen Studien wurden Differenzansätze und konstruktivistische Theorien zugrunde gelegt, um die faktische Unausweichlichkeit der Geschlechterkonstruktion in einem System der Zweigeschlechtlichkeit zu verbinden mit der möglichen Loslösung sozialer Phänomene von der Geschlechterkategorie. Darüber hinaus sollte auch theoretisch der Blick geschärft werden für die Beziehungen zwischen AkteurInnen unter Berücksichtigung von Dominanz- und Machtverhältnissen (vgl. Hagemann-White, 1993). Konkret fiel die Wahl auf drei Zugänge: Erstens wird aus einer sozialisationstheoretischen Perspektive das Eltern-Kind-Turnen als Sozialisationsinstanz beleuchtet. Im Kontext einer Neugestaltung der Geschlechterverhältnisse wird zweitens geschlechtsbezogene Identitätsentwicklung ein zentrales Thema (Keupp, 1999). Besonders bezogen auf das frühe Kleinkindalter kann demnach angenommen werden, dass sich Interessen und Vorlieben – nicht zuletzt geschlechtsbezogen – im dialogischen Prozess zwischen Anerkennung und Nicht-Anerkennung entfalten. Mechanismen, Prozesse und Zeichen, über die Eltern, KursleiterInnen und Kinder Geschlecht konstruieren oder auch dekonstruieren, sollen drittens mit Hilfe der interaktionistisch-konstruktivistischen Geschlechtertheorie von Hirschauer (1993; 1994; 1996; 2001) aufgespürt werden. Dieser dreigliedrige Zugang mündet in Fragestellungen, die einmal nach Geschlechterunterschieden fragen (z.B. Geschlechtervergleich bzgl. der Nutzung von Kleingeräten) und zum anderen nach der Praxis der Geschlechterunterscheidungen (z.b. wie unterscheiden Eltern Jungen und Mädchen durch lobende Rückmeldungen?).

3.2 Untersuchungsdesign

Im Zentrum des Projektes steht die Erforschung von Eltern-Kind-Kursen in ihrer natürlichen Umgebung über einen längeren Zeitraum. Das Untersuchungsdesign sieht die interaktive und situationsspezifische Analyse der sozialen Konstruktion der Zweigeschlechtlichkeit vor und eröffnet die Untersuchung von Möglichkeiten einer Dekonstruktion (vgl. Forderung von Gildemeister & Wetterer, 1992, S. 213). So wird der theoretischen Einsicht in die soziale Konstruktion von Geschlecht durch den Prozesscharakter der sukzessiv aufeinander folgenden Studien und die Kontextabhängigkeit Rechnung getragen (Abb. 1).

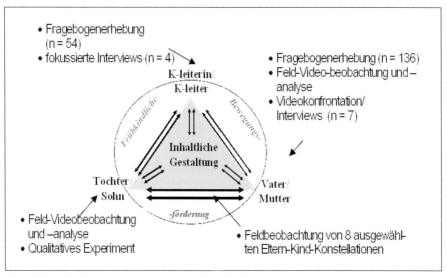

Abb. 1. Übersicht über Ansatzpunkte und methodische Zugänge der empirischen Studien.

Das Untersuchungsdesign, das – ausgehend von einer breiten Basispopulation – auf eine zunehmende Fokussierung und Fallorientierung angelegt ist, kann auch als Pyramide dargestellt werden (Abb. 2).

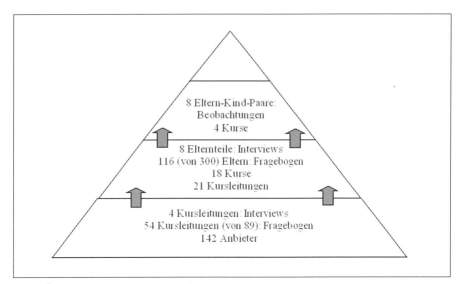

Abb. 2. Übersicht über das Untersuchungsdesign. Die Reduktion der Fälle erfolgt aufgrund theoriegeleiteter Kriterien.

3.3 Methoden

Das Anliegen betont den engen Anwendungs- und Feldbezug und ist gleichzeitig theoriegeleitet. Um Induktion und Deduktion, Exploration und prüfendes Vorgehen, Makro- und Mikroebene sowie unterschiedliche AkteurInnen berücksichtigen zu können, wurde der Gegenstand durch mehrere, miteinander verzahnte quantitative und qualitative Teilstudien gefasst. Gemäß der o.g. Forderung nach Methodenpluralismus wurden im Laufe des Forschungsprozesses unterschiedliche Methoden eingesetzt. Im Folgenden wird die Intention des jeweiligen Einsatzes skizziert.

3.3.1 Fragebogen

In einem ersten Schritt erfolgte eine Fragebogenerhebung für ÜbungsleiterInnen und Eltern zur Erhebung geschlechtsbezogener Haltungen, Erfahrungen, Wertungen und Erwartungen. Der quantitative Zugang diente außerdem als Screening-Instrument für die gezielte Auswahl von Eltern-Kind (E-K)-Kursen, InterviewpartnerInnen und zu beobachtende E-K-Konstellationen.

Der Fragebogen wurde auf der Grundlage der theoretischen Vorannahmen und erster unstrukturierter Beobachtungen entwickelt. Es wurde möglichst vermieden, Geschlechter vergleichende Fragen zu stellen. Einschätzungen sollten sich z.B. auf „Ihr Kind" beziehen. Die schriftliche Befragung ermöglichte einen deskriptiven Blick auf geschlechtsbezogene Haltungen, Erfahrungen, Wertungen und Erwartungen der am E-K-T beteiligten Erwachsenen.

3.3.2 Nichtteilnehmende unstrukturierte und strukturierte Beobachtung

Der Zugang zum Feld erfolgte über unstrukturierte Kursbeobachtungen, die in der Projektgruppe diskutiert und systematisiert wurden. Zur Ermittlung der Ressourcen, über die das Geschlecht der Kinder dargestellt und zugeschrieben wird, wurde in 18 Kursen ein Beobachtungsleitfaden eingesetzt.

3.3.3 Teilnehmende Beobachtung

Den Kern der ethnographisch ausgerichteten Untersuchung macht die teilnehmend unstrukturierte Beobachtung aus. Das Forschungsteam nahm über einen längeren Zeitraum an der E-K-T-Praxis teil. Ein zentrales Anliegen der Mikroanalyse war die Untersuchung von Interaktionsformen zwischen Eltern und Kindern im E-K-T. Das Ziel der Interaktionsanalysen liegt darin, die strukturellen Prinzipien von Alltagsinteraktionen zu beleuchten. Gerade für die interaktiven und situationsspezifischen Konstruktionsprozesse von Geschlecht der Beteiligten in dem untersuchten Feld gilt die Annahme, dass diesen alltägliches und unbewusstes Verhalten zugrunde liegt.

Die Videoaufnahmen von systematisch ausgewählten Eltern-Kind-Konstellationen wurden detailliert deskribiert und inhaltsanalytisch ausgewertet.

3.3.4 Videographie

Durch Videoaufnahmen kann das Verhalten der beobachteten Personen festgehalten und somit beliebig oft angesehen werden. So werden auch flüchtige Phänomene analysierbar, was für Mikroanalysen unumgänglich ist. Durch den Einsatz mehrerer Kameras kann der Kontext der Fallbeobachtung rekonstruiert werden. Da Videographie noch sehr selten in der interventionsorientierten Forschung systematisch eingesetzt wird und somit keine etablierten Auswertungsstrategien vorliegen, wurde für die Analyse des Videomaterials gegenstandsnah Projekt begleitend eine Strategie entwickelt. Leitend für alle Entscheidungen war der Versuch, eigenes theoretisches Vorwissen und Vorannahmen so weit wie möglich auszublenden und subjektive Einflüsse bei der qualitativen Analyse zu kontrollieren. Dies führte – kurz gefasst – zu folgendem Vorgehen: zwei vorher nicht am Projekt beteiligte studentische Mitarbeiter/-innen bekamen die Aufgabe, sehr präzise das Geschehen zu deskribieren. Auch kleinste und anfangs u.U. „unwichtig" erscheinende Aktionen sollten aufgenommen werden. Die möglichst wertfreie Transkription wurde an Beispielsequenzen geprobt. Eine Projektmitarbeiterin fertigte aus den Protokollen Texte an aus der Perspektive der Kinder und aus der der erwachsenen Begleitpersonen. So konnten acht „Eltern-Kind-Fälle" z.T. hermeneutisch analysiert werden. Das Textmaterial wurde zudem von den projektexternen Mitarbeiter/-innen inhaltsanalytisch ausgewertet (EDV-gestütztes Analysesystem MaxQDA). Es wird also in diesem Fall nicht nachvollziehend verstanden, sondern methodisch ‚befremdet': es wird auf Distanz zum Beobachter gebracht" (Amman & Hirschauer, 1997, 12). Das Alltagshandeln wird zunächst ‚auseinander genommen' und zerlegt. Die Interpretation erfolgt im Projektteam und in Workshops mit Studierenden.

3.3.5 Videokonfrontation

Um geschlechtsbezogenen Deutungen der Eltern nachgehen zu können, wurde ein Verfahren eingesetzt, das in der Sportpsychologie z.b. genutzt wird, um ex post in einer spezifischen Situation relevante Kognitionen nachzuzeichnen. Für die Videokonfrontation mit den Eltern wurden Szenen zusammengestellt (10 bis 20 Minuten lang), die als „Anker" bzw. Erzählaufforderung dienten. Im Mittelpunkt des problemzentrierten Interviews stand das Alltagserleben der Eltern mit dem eigenen Kind. Einstellungen, Zuschreibungen und Darstellungen der Eltern in den Interaktionen mit ihren Kindern in der sportiven Praxis des E-K-T sollten in Erfahrung gebracht werden. Geschlechtsbezogene Fragen wurden ggf. am Ende des Interviews angesprochen. Nachdem die Interviewpartner/innen der Erzählaufforderung gefolgt waren, fand eine vorsichtige Konfrontation mit der Deutung des Forschungsteams statt. In diesem Sinne dient die Videokonfrontation auch als Validierungsstrategie.

3.3.6 Qualitatives Experiment

Nach Kleining (1995, S. 264) handelt es sich hierbei um einen nach wissenschaftlichen Regeln vorgenommenen „Eingriff in eine (soziale, psychische) Gegebenheit zur Erforschung ihrer Struktur. Es ist die explorative, heuristische Form des Experiments". Anliegen ist die Überprüfung verbreiteter Thesen zu geschlechtsbezogenem Verhalten kleiner Kinder, die z.T. auch durch sozialisationstheoretische Befunde gestützt werden. Für das Experiment wurden gezielt arrangierte Bewegungssituationen entworfen, aus denen Interessen, Vorlieben und ggf. geschlechtsbezogene Verhaltenstendenzen erkennbar werden sollen. In zwei Kursen wurden je 2 Praxiseinheiten videographiert. Die Auswertung war eine neuerliche Herausforderung an die Kreativität der Forschenden. Wie die Vielfalt, Gleichzeitigkeit, Kurzfristigkeit der Geschehnisse systematisch ordnen? Die Videos wurden letztlich wie folgt analysiert: Je zwei Forscher/-innen konzentrieren sich beim Abspielen des Videos auf einzelne Kinder, die sie durchnummerieren (Junge 1, Mädchen 3 etc.). Sie beschreiben verbal präzise die Aktivitäten der einzelnen Kinder. Die Beschreibung durch zwei Personen soll gewährleisten, dass sich die Protokollant/-innen gegenseitig in ihren subjektiven Wertungen kontrollieren und die Aktivitäten der Kinder möglichst detailliert und umfassend wiedergegeben werden. Die resultierenden digitalen Audiodaten werden anschließend so geschnitten, dass für jedes Kind ein zusammenhängendes Tondokument entsteht. Im nächsten Verfahrensschritt werden die Audiodateien so zusammengestellt, dass die Gerätenutzung der Kinder in den Mittelpunkt rückt. So entsteht ein umfassendes Bild von dem Verhalten der Jungen und Mädchen an den einzelnen Groß- bzw. Kleingeräten. Die Ergebnisdarstellung und Interpretation erfolgt auf der Folie der qualitativen Beobachtung und der quantifizierenden Auswertung.

4 Reflexion und methodologischer Gewinn für die sportwissenschaftliche Frauen- und Geschlechterforschung

Das methodenplurale Vorgehen hat sich im vorliegenden Forschungsprojekt in vielerlei Hinsicht als gewinnbringend erwiesen, bringt aber auch Probleme und offene Fragen mit sich.

Die Triangulation hat zu der erwarteten Ergänzung von Perspektiven geführt, die eine umfassende, komplementäre Beschreibung und Erklärung des Forschungsgegenstandes E-K-T ermöglichen. Durch die quantitativen Teilstudien konnten Ergebnisse auf der Makroebene gewonnen werden, wie z.b. über den strukturellen Rahmen des E-K-T als Frauenterrain. Zugleich hat sich der quantitative Zugang als praktikables Screening-Instrument für die gezielte Auswahl von Stichproben für die qualitativen Studien (z.b. Interviewpartner/-innen und zu beobachtende E-K-Konstellationen) erwiesen.

Während über die quantitativen Teilstudien eher Handlungsstrukturen aufgedeckt werden konnten, lag der Gewinn der qualitativen Verfahren primär in Ergebnissen auf der Mikroebene. Das empirische Material brachte subjektive Sinnsetzungen und Deutungsmuster sowie Handlungsorientierungen (Kelle & Erzberger, 2003) im Hinblick auf Geschlecht ans Licht.

Durch die Komplementarität der qualitativen Verfahren von Interview und Beobachtung zeigte sich, dass das Interview einerseits die Möglichkeit bietet, rekonstruktive Erzählungen (biographischer) Erlebnisse, subjektive Interpretationen und Wissensbestände zu erheben. Der Modus des Machens, des Doing Gender wird eher durch die Beobachtungsinstrumentarien aufgenommen, die mit Goffman auf die Rekonstruktion der Regeln der Interaktionsordnung zielen. Hierbei bleiben die lebensgeschichtlichen Selbstinterpretationen der Subjekte außen vor. Die Verbindung der unterschiedlichen qualitativen Methoden brachte sowohl verbale als auch nonverbale, offensichtliche wie verdeckte Konstruktionsmechanismen von Geschlecht ans Tageslicht. Zudem konnten alle Beteiligungsgruppen der Kursleitungen, Eltern und Kinder fokussiert werden. Insbesondere durch den in der qualitativen Forschung noch recht neuen Einsatz des „qualitativen Experiments" konnte auch die aktive Selbsteinbindung schon der kleinen Kinder in sex categories sichtbar gemacht werden. Auch wenn bei der Suche nach Unterscheidungsmodalitäten eine Reihe von Geschlechterunterschieden thematisiert werden, zeigt vor allem das Ergebnis des qualitativen Experiments doch auch, dass einige der sozialisationstheoretisch ableitbaren Thesen für die vorliegende (kleine, zufällig ausgewählte) Kinderpopulation nicht gültig sind. So muss zumindest die Allgemeingültigkeit von Wissensbeständen zur frühkindlichen – vermeintlich geschlechtsspezifischen – Sozialisation in Frage gestellt werden.[1]

---

[1] Die Beobachtungen zeigen, wie Kinder Vorgefundenes (selektiv) aufnehmen, sich handelnd auseinander setzen, den Umgang mit dem Material u.U. auch für sich neu definieren und damit geschlechtsbezogene Bedeutung *rezipieren, tradieren und modifizieren*. Der Körper ist dabei Erzeugnis und Produzent kultureller Reproduktion. Körper, Bewegung und Sozialität sind besonders in diesem jungen Alter sehr eng miteinander verwoben. Aus diesem Grunde ist anzunehmen, dass geschlechtsbezogene Erfahrungen nachhaltig und unbewusst wirksam werden.

Ein Problem bei methodenpluralem Vorgehen stellen Divergenzen zwischen den quantitativen und qualitativen Ergebnissen dar. So auch in dem vorliegenden Projekt: Einerseits verweist der quantitative Zugang auf eine grundlegende Überzeugung der Geschlechtsneutralität im E-K-T. Die qualitativen Mikroanalysen hingegen geben Einblicke in Geschlechterkonstruktionen, die erst durch die Benennbarkeit problematisiert und ggf. verändert werden können. Es stellt sich die Frage, wie mit widersprüchlichen Ergebnissen der Teilstudien umzugehen ist. Kelle und Erzberger (2003, S. 307) sehen in ihnen eine Chance „zur Revision und Modifikation theoretischer Vorannahmen oder sogar zur Entwicklung neuer theoretischer Konzepte".[2] Für das vorliegende Projekt zeigte sich, dass die theoretische Sättigung noch nicht erreicht ist. Um einer Reifizierung von Geschlecht entgegen zu wirken, kann hier z. B. eine Weiterentwicklung der theoretischen Grundlage von Hirschauer sinnvoll sein. Diese müsste weniger nach der Fortpflanzung der Zweigeschlechtlichkeit fragen, sondern vielmehr den Aspekt des Undoing Gender oder auch Ansätze einer Geschlechterverhältnisforschung fokussieren.

Eine offene Frage bei der Integration von Methoden ist insbesondere die nach dem Verhältnis der durch unterschiedliche Zugänge gewonnenen Daten im Prozess der Auswertung. In der Regel – und so auch im vorliegenden Projekt – werden die einzelnen quantitativen und qualitativen Erhebungs- und Auswertungsschritte mit jeweils eigenem Datenmaterial durchgeführt, um dann die Forschungsergebnisse aufeinander zu beziehen (Engler, 1997, S. 129). Bei diesem Vorgehen muss stets geprüft werden, ob sie mit den ausgewählten Theorien harmonieren und welche der Theorien sich für welche Erhebungs- und Auswertungsschritte eignen.

Unter forschungspraktischen Aspekten erfordert das von uns angewandte komplexe methodische Vorgehen einen gut kalkulierten und sehr gut strukturierten Zeitplan sowie umfangreiches technisches Equipment sowohl hinsichtlich der Erhebungsinstrumente als auch bzgl. der Software.

Das methodenplurale Vorgehen wurde im GenderKids-Projekt als Weg zu zusätzlicher Erkenntnis über Geschlechterkonstruktionen im E-K-T eingeschlagen. Es wurden sowohl Handlungsstrukturen als auch Deutungsmuster, sowohl Unterschiede als auch Unterscheidungen bei der Konstruktion von Geschlechterdifferenzen, aber auch Dekonstruktionsperspektiven erkennbar. Reifizierungen von Geschlecht schließen sich durch ein solches Vorgehen, das unterschiedliche Perspektiven aufgreift, vermutlich eher aus als ein eindimensionales Forschungsdesign. Ein weiterer Schritt, Reifizierungen entgegen zu wirken, liegt sicherlich darin, die gewonnenen dekonstruktivistischen Perspektiven aufzugreifen und im Sinne Lorber (2004, S. 9f.) ein Degendering, eine „Entgeschlechtlichung" anzustreben. Hierzu müsste die sportwissenschaftliche Frauen- und Geschlechterforschung stärker als bisher feministische Theorien aus den Mutterwissenschaften aufgreifen und einen interdis-

---

2   Es sollte allerdings vermieden werden, dass bestehende theoretische Annahmen durch ad hoc eingeführte Hilfsannahmen immunisiert werden. Das bedeutet nach Kelle & Erzberger (2003, S. 307), dass die aufgrund der Divergenzen zwischen qualitativen und quantitativen Ergebnissen neu entwickelten Konzepte erst nach einer zusätzlichen empirischen Prüfung als vertrauenswürdig gelten können.

ziplinären Diskurs z.B. zu den Gender und Queer Studies (vgl. z.B. Degele, in diesem Band) suchen.

Ob und wie Strukturen, Angebote und Interaktionen im Eltern-Kind-Turnen aus der Perspektive einer geschlechtergerechten Sportpädagogik gestaltet werden sollten, ist nun eine argumentativ zu entwickelnde und didaktisch zu gestaltende Frage.

Literatur

Amann, K. & Hirschauer, S. (Hrsg.). (1997). *Die Befremdung der eigenen Kultur. Zur ethnographischen Herausforderung soziologischer Empirie.* Frankfurt/Main: Suhrkamp.
Engler, S. (1997). Zur Kombination von qualitativen und quantitativen Methoden. In B. Friebertshäuser & A. Prengel (Hrsg.), *Handbuch Qualitative Forschungsmethoden in der Erziehungswissenschaft* (S. 118-130). Weinheim, München: Juventa.
Flick, U. et al. (Hrsg.). (1995). *Handbuch Qualitative Sozialforschung.* Weinheim: Beltz.
Flick, U. (1998). Triangulation – Geltungsbegründung und Erkenntniszuwachs. *Zeitschrift für Soziologie der Erziehung und Sozialisation, 18,* 443-447.
Flick, U. (2003). Triangulation. In R. Bohnsack, W. Marotzki & M. Meuser (Hrsg.), *Grundbegriffe Qualitativer Forschung* (S. 309-318). Opladen: Leske + Budrich.
Gieß-Stüber, P., Voss, A. & Petry, K. (2003). GenderKids – Geschlechteralltag in der frühkindlichen Bewegungsförderung. In I. Hartmann-Tews, P. Gieß-Stüber, M.-L. Klein, C. Kleindienst-Cachay & K. Petry (Hrsg.), *Soziale Konstruktion von Geschlecht im Sport* (S. 69-108). Opladen: Leske + Budrich.
Gildemeister, R. & Wetterer, A. (1992). Wie Geschlechter gemacht werden – Die soziale Konstruktion der Zweigeschlechtlichkeit und ihre Reifizierung in der Frauenforschung. In G.A. Knapp & A. Wetterer (Hrsg.), *Traditionen, Brüche – Entwicklungen feministischer Theorie* (S. 201-254). Freiburg: Kore.
Hagemann-White, C. (1993). Die Konstrukteure des Geschlechts auf frischer Tat ertappen? Methodische Konsequenzen einer theoretischen Einsicht. *Feministische Studien, 11*(2), 68-78.
Hirschauer, S. (1993). *Die soziale Konstruktion der Transsexualität.* Frankfurt/Main: Suhrkamp.
Hirschauer, S. (1994). Die soziale Fortpflanzung der Zweigeschlechtlichkeit. *Kölner Zeitschrift für Soziologie und Sozialpsychologie, 46*(4), 668-692.
Hirschauer, S. (1996). Wie sind Frauen, wie sind Männer? In C. Eifert, A. Epple, M. Kessel, M. Michaelis, C. Nowak, K. Schicke & D. Weltecke (Hrsg.), *Was sind Frauen, was sind Männer?* (S. 240-256). Frankfurt/Main: Suhrkamp.
Hirschauer, S. (2001). Das Vergessen des Geschlechts. Zur Praxeologie einer Kategorie sozialer Ordnung. In B. Heintz (Hrsg.), *Geschlechtersoziologie* (Kölner Zeitschrift für Soziologie und Sozialpsychologie, Sonderheft, S. 208-235). Wiesbaden: Westdeutscher Verlag.
Kelle, H. (2000). Das ethnomethodologische Verständnis der sozialen Konstruktion der Geschlechterdifferenz. In D. Lemmermöhle, D. Fischer, D. Kilka & A. Schlüter (Hrsg.), *Lesarten des Geschlechts. Zur De-Konstruktionsdebatte in der erziehungswissenschaftlichen Geschlechterforschung* (S. 116-132). Opladen: Leske & Budrich.
Kelle, U. & Erzberger, C. (2003). Qualitative und quantitative Methoden: kein Gegensatz. In U. Flick, E. von Kardorff & I. Steinke (Hrsg.), *Qualitative Forschung. Ein Handbuch* (S. 299-309). Reinbek: Rowohlt.
Keupp, H. (1999). *Identitätskonstruktionen. Das Patchwork der Identitäten in der Spätmoderne.* Reinbek: Rowohlt.
Kleining, G. (1995). Methodologie und Geschichte qualitativer Sozialforschung. In U. Flick et al. (Hrsg.), *Handbuch Qualitative Sozialforschung* (S. 11-22). Weinheim: Beltz.
Lorber, J. (2004). Man muss bei Gender ansetzen, um Gender zu demontieren: Feministische Theorie und Degendering. *Zeitschrift für Frauenforschung und Geschlechterstudien, 22*(2 & 3), 9-24.

NINA FELTZ

Das Bewegte Interview als Zugang zum Alltag in Bewegung – Zum Zusammenhang geschlechtlicher Körperlichkeit, Räumlichkeit und Bewegung

Ausgangspunkt dieses Beitrages ist die Frage nach der Entstehung alltäglicher Bewegungsräume und dem Zusammenhang zu Herstellungsprozessen von Geschlecht. Dabei steht der Moment der körperlichen Bewegung als geschlechtliche und räumliche Äußerung im Mittelpunkt des alltäglichen Umgangs miteinander. Aber was passiert genau in Bewegung? Was bedingt die Konstituierung alltäglicher Bewegungsräume?[1]
In der Diskussion um den Zusammenhang von (Bewegungs-)Raum und Geschlecht in den letzten Jahren wurde der Umgang von Mädchen und Frauen mit öffentlichen Räumen problematisiert – sie galten als weniger präsent in bestimmten Bewegungsräumen, als weniger partizipierend an öffentlichen Entscheidungsprozessen und als mehr gefährdet durch sexualisierte Gewalt (vgl. Nissen, 1998; McDowell, 1999; Schön, 1999). Kontrovers dazu warnten ForscherInnen vor einem Defizite unterstellenden Forschungsblick in punkto Raum und Geschlecht: Wenn Frau-Sein von vornherein als (Raum-)Problem gehandelt wird, werde damit die Geschlechterdifferenz eher manifestiert als in Frage gestellt (vgl. Löw, 2001; Massey, 2000; Ruhne, 2003). Unbestritten scheint die Tatsache, dass es innerhalb der sozialen Ordnung offene und verdeckte Regeln gibt, wer sich wo wie bewegt und wie diese Bewegungen verstanden werden: Das Geschlecht ist dabei eine der zuverlässigsten gesellschaftlichen Ordnungskategorien[2] und bei der Hervorbringung und dem Verstehen alltäglicher Bewegungsräume von hoher Relevanz – das wissen soziale Akteure. Ziel empirischer Untersuchungen sollte es sein, bei diesem Wissen anzusetzen und einen methodischen Zugang zum subjektiven Umgang mit Bewegungsräumen zu finden, der individuelle, zeitgeschichtlich-biografische und gesellschaftspolitische Dimensionen integriert. Die Entwicklung einer solchen Methode wird im Folgenden nachgezeichnet.

---

1 Dieser Beitrag bezieht sich auf eine empirische Studie zu öffentlichen Bewegungsräumen und Geschlecht. Dieser Studie ging eine Untersuchung zu einer öffentlichen Freifläche für Mädchen in Hamburg voraus, in der durch Beobachtungen, Fragebögen und Interviews erhoben wurde, ob und wie Mädchen sich öffentliche Räume aneignen (vgl. Feltz & Martinez, 2001). Dabei stellte sich heraus, dass sich mit diesen Methoden zwar einiges über Alltagsroutinen und Sichtweisen der Beteiligten zeigt, sich damit aber die subjektiven Beweggründe der Einzelnen nicht erschließen lassen. Es blieb die Frage, wie sich gesellschaftliche Diskurse und soziale Übertragungsprozesse auf die Hervorbringung eigener Bewegungsräume auswirken.
2 Das Geschlecht ist wie keine andere soziale Kategorie in allen Dimensionen stets präsent und eng an körperliche Darstellungen und Zuschreibungen gebunden. Es verortet sich genau an der Schnittstelle zwischen sozialer Struktur und individueller Identität (vgl. Villa, 2001).

1 Wo bitte geht es zur richtigen Methodologie?

Die Beschäftigung mit alltäglichen Bewegungsräumen bringt vielschichtige Definitionsprobleme mit sich – bestimmte Sport- und Bewegungsvorstellungen erscheinen nötig, um Bewegungsräume als Untersuchungsfelder fixieren bzw. untersuchen zu können. Neben differierenden Körperkonzepten[3] stellt sich jedoch die Frage der Unterscheidung von Bewegungsräumen und sozialen Räumen, von sportiven Praxen und anderen Formen des Sich-Bewegens, von öffentlichen und privaten Räumen. Wo verlaufen die Grenzen, die das Eine und das Andere bestimmen? Wer situiert sich wo und wo situiert sich das Wissen darüber?

Neben Aspekten wie der sozialen Herkunft, dem Alter, der Ethnizität etc., ist die Zuordnung zu einem Geschlecht das wohl dominanteste übergreifende gesellschaftliche Deutungsmuster des Körpers – dem Körper wird von Anbeginn an ein Geschlecht zugesprochen – diese Deutung durchzieht die Biografie[4], die Bewusstseinsbildungsprozesse sowie körperliche Einschreibungen und eben auch die Vorstellungen von und den Umgang mit Räumen. Positionierungen in Bewegungsräumen hängen mit dem Geschlecht zusammen. Dies führt zu der Frage, wie ein Zugang zur Bedeutung von Bewegungsräumen im Alltag von Menschen möglich ist, der die Kategorie Geschlecht berücksichtigt, ohne gängige Vorstellungen von Geschlechterdifferenz zu reproduzieren?

Das Gefüge von Körpern, Geschlechtern, Bewegung und Raum ist kein Gegenstand – es ist dynamisch und in ständiger Veränderung. Diesem Gefüge können wir nur näher kommen, wenn wir die Aufmerksamkeit auf dessen zentralen Moment legen: auf die körperliche Bewegung. Welche Methodologie[5] und welche Methoden erscheinen geeignet, wenn körperliche Bewegung als essentielles, individuelles Merkmal verstanden wird, aber gleichzeitig inkorporierte zeitgeschichtlich-biografische und gesellschaftspolitische Dimensionen v. a. bezogen auf das Geschlecht aufweist?

Erinnerungen an eine Kaufhaus-Szenerie: Menschen, die dicht gedrängt vor der Fahrstuhltür stehen mit der Erwartung, *dies* ist der Fahrstuhl, der sie zum Ziel bringt anstatt einen Schritt zurück zu tun und zu sehen, dass es noch vier weitere, sie zum selben Ziel führende Fahrstühle, daneben gibt.

---

3   Die Sport- und Bewegungswissenschaft ist immer auch eine Wissenschaft des Körpers und als solche bewegt sie sich im Grenzland natur-, geistes- und sozialwissenschaftlicher Gebiete. Der Körper steht im Mittelpunkt aller theoretischen und praktischen Maßnahmen – wir forschen und lehren mit dem Körper, den wir spüren und sehen, unbewusst empfinden und reflektieren zugleich (vgl. Franke, 2001). Ob wir ihn als natürliche Gegebenheit oder als Konstruktion verstehen, sprich: welches Konzept wir von ihm haben, ist für den methodologischen Zugang entscheidend.

4   Bewegung, Raum und Zeit sind konstitutiv für die Biografie – die Gestaltung dieses Verhältnisses braucht einen reflexiven Zugang und einen kontinuierlichen Bezug darauf. Die Biografie wird auf bestimmte Art und Weise konstruiert, sie ist nicht nur etwas im Nachhinein vollziehendes, sondern auch etwas Vorzeichnendes im Sinne einer Biografie nach vorne, einer Lebensvorstellung oder -planung.

5   Die Methodologie ist theoretisch-analytischer Hintergedanke des gesamten Forschungsprozesses. Mit ihr einher geht die Wahl und Anwendung von Methoden als Techniken, um Erkenntnisse zu generieren. Beide, Methode und die dahinter stehende Methodologie sind als Wechselspiel zwischen methodologisch fundiertem theoretischen Blick und methodischer (Forschungs-)Praxis auf der gleichen Reflektionsebene anzusehen. Sie prägen das Untersuchungsdesign (vgl. Harding, 1987).

Ein Schritt zurück ...

... zur Frage nach dem Werden eines Menschen, seiner Standpunkte und Ansichten. Zu den grundsätzlichsten Selbstvorstellungen gehört die Biografie als darstellbares konstruiertes Kontinuum des bisherigen Lebenslaufes. Die Biografie gilt als sicheres Geländer eines z. T. höchst widersprüchlichen Umgangs mit der Moderne. Auch Konzepte der Biografie haben sich in den letzten Jahren verändert, so hat sich beispielsweise die Vorstellung der Subjektkonstituierung etabliert, die davon ausgeht, dass es ein ständiges bewusstes und unbewusstes Zusammenbringen vergangener und gegenwärtiger gesellschaftlicher Positionierungen gibt (vgl. Liebsch, 2001).

Und noch ein Schritt zurück ...

... zur empirischen Frage nach der Weitergabe von (Selbst-)Erfahrungen. Zu den grundsätzlichsten dieser Erfahrungen gehört die Zuordnung zu einem Geschlecht. Geschlechter werden zwar sozial hergestellt, aber dabei auch körperlich erfahren, sie sind Folge von Übertragungsprozessen und Generativitäten.[6] Das macht diese Herstellungsprozesse komplex und widersprüchlich: Wir wissen, dass Körper wissen, aber wir wissen nicht genau, was sie wissen. Entscheidend für empirische Vorgehensweisen ist der Umgang der sozialen Akteure mit diesem Wissen bzw. ihren sozialen und körperlichen Erfahrungen: Sprache, Gesten, Körper, Kleidung etc. sind Ausdrücke dafür, dass jede Person eine sinnvolle Erscheinung in einer Welt mit zwei Geschlechtern ist. Bei diesem reflexiven Bezug auf den allgemeinen kulturellen Rahmen, in dem Zweigeschlechtlichkeit eine der grundlegenden Ordnungskategorien ist, können aber in eine Darstellung auch Elemente eingehen, die typischerweise der Erscheinung des anderen Geschlechts zugeordnet werden. Der Sinn der Darstellung wird dadurch nicht tangiert (vgl. Lindemann, 1993a).

Es heißt also, Widersprüche zuzulassen: Wir haben es mit Menschen zu tun, die um ihr Geschlecht wissen und sich entsprechend zuordnen, die eine Biografie haben, die Erfahrungen tragen und diese ständigen Prozesse inkorporiert haben (vgl. Jäger, 2004). Wir haben es gleichzeitig mit Menschen zu tun, die den gesellschaftlichen Strukturen entsprechend handeln, deren Erfahrungen und Denkweisen durchzogen sind von gesellschaftlichen Prämissen und Erwartungen. Die Grenzen sind fließender geworden und das erschwert die Suche nach heutigen Realitäten (vgl. Lorey, 1996). Methodisch ist es daher zentral, die vielfältigen und durchaus widersprüchlichen Prozesse der Herstellungs-, Darstellungs- und Zuordnungsweisen von Geschlecht im Zusammenhang mit Körperlichkeit, Räumlichkeit und Bewegung zu fokussieren. Theoretisch wird es nötig, gängige Körper- und Bewegungskonzepte

---

6 Das Wissen um das körperliche Geschlecht und um die Darstellungen und Zuschreibungen dieses Geschlechts beeinflusst unser leibliches Erleben. Sowohl der sichtbare und erst recht der durch wissenschaftliche Verfahren sichtbar gemachte Körper als auch das Spüren und Erleben des eigenen Leibes ist eine soziale Konstruktion. *„Die Frage, ob die Geschlechter wirklich sind, wird damit uninteressant, da es um die Frage geht, wie die Wirklichkeit, daß es zwei anatomisch unterschiedene Geschlechter gibt, wirklich ist"* (Lindemann, 1993b, S. 46). Die Wirklichkeit zweier körperlicher Geschlechter ist existenziell, sie gilt von Anbeginn des Lebens an und wird zum unverrückbaren Bezugspunkt der Biografie. Sie wird zu einer körperlichen Logik.

und Vorstellungen von Geschlecht und Räumen infrage zu stellen. Theoretische Reisen fühlen sich häufig heimatlos an, weil man weiß, dass man nicht mehr dorthin zurückkommen wird, wo man hergekommen ist. Für den hier vorzustellenden methodischen Zugang wurde das Verständnis von körperlicher Bewegung zum Ausgangspunkt der Analyse von Bewegungsraum. Bisherige Erkenntnisse des Zusammenhangs von Körper, Bewegung, Raum und Geschlecht wurden in drei unterschiedlichen Dimensionen zusammengetragen: Der individuellen Dimension (hier v. a. anschließend an Lindemann, 1993a), der zeitgeschichtlich-biografischen Dimension (hier v. a. anschließend an Abraham, 2002; Lindemann, 1999) und der Dimension des Körpers gesellschaftlicher Zuschreibungen und Diskurse (hier v. a. anschließend an Bourdieu, 1993; Krais, 2002).

Der schwierigste Moment ist die Frage, wie der Körper als etwas Gesellschaftliches und Soziales gedacht werden kann, ohne seine spürbare Materialität und die an diese geknüpfte essentialistische Erfahrung zu ignorieren? Und wie mit der Annahme eines eigenen Wissens von Körpern (und Bewegungen), das sich nicht sprachlich artikulieren lässt und trotzdem als reflexiver Bildungsprozess begriffen wird (vgl. Franke, 2001) umgegangen werden kann?

Bewegung wird in diesem Kontext als körperlich und räumlich wahrnehmbare Bewegung und als konstituierend für biografische Bewegungen (d.h. individuellhistorisch, Aktuelles und Geschichte verbindend) verstanden. *„Wie sich Menschen bewegen, hängt eng damit zusammen, was sie bewegt"* (Klein, 1997, S. 116).

Bewegung spielt als Symbolsystem eine besondere Rolle, denn sie ist Andeutung und Vollzug in einem. Bewegung kann verstanden werden als ein System symbolischer Handlungen, die dazu geeignet sind, die Symbolik des Körpers zu transportieren. Sie kann als eine Form von Sprechhandlungen verstanden werden, die wie diese einer bestimmten Grammatik folgen: Sprechen ist wie Handeln, Worte sind wie Bewegungen, Aussagen sind wie Handlungen, Sätze sind wie Aktionen (vgl. Dietrich, 1992; 1999). Bewegung bringt Sozialität hervor.[7]

Diese verschiedenen Blickrichtungen auf die Hintergründe alltäglicher Bewegungspraktiken und -räume zu verbinden, ist v. a. bezogen auf die soziale Konstruktion von Geschlecht fruchtbar, denn genau hier zeigt sich die Chance, individuell körperliche, zeitgeschichtlich-biografische und gesellschaftliche Dimensionen von Bewegung in ihrem Zusammenhang zu untersuchen und Erkenntnisse der feministischen Theorie anlegen zu können.

---

7 Für die Frage, wie dies geschieht, bieten sowohl die Ökologische Bewegungstheorie als auch sozialkonstruktivistische Ansätze Anknüpfungspunkte. Die Ökologische Bewegungstheorie geht von einer Wechselbeziehung zwischen Körpern und Räumen/ Orten aus (vgl. Dietrich & Landau, 1999). In der Auseinandersetzung mit der Umwelt entstehen spezielle Bewegungsbezüge, die mit dem dialogischen Konzept erklärt werden und Bewegung als Medium zwischen Subjekt und Umwelt begreift (vgl. Tamboer, 1979). In sozialkonstruktivistischen Ansätzen wird ebenfalls von einer Wechselbeziehung zwischen Körper, Bewegung und Raum ausgegangen. Der Körper wird hier aber nicht mehr als essentielle Basis begriffen, sondern selbst als Ort sozialen Handelns, der als Träger gesellschaftlicher Normen und Erwartungen fungiert. Subjektive Sichtweisen beinhalten damit immer auch gesellschaftliche Deutungsmuster, der Körper ist nicht nur Essenz, er ist v. a. Konstrukt und immer auch Ausdruck unbewusster körperlicher Einschreibungen (vgl. Bourdieu, 1993).

Wie aber lassen sich diese Ansätze in ein methodisches Instrumentarium für die Suche nach alltäglichen Bewegungsräumen umsetzen? Wie kann Bewegungsraum als etwas biografisch Bedeutsames gedacht werden, dass gleichzeitig ständig neu hergestellt wird? Auch das Verständnis fixierbarer Räume steht zur Disposition, wie Gabriele Sturm betont:

> „Es kann nicht den Raum geben, da verschiedene menschliche Relevanzsysteme zumindest unterschiedliche Blicke auf Raum zulassen bzw. wir kontextabhängig unterschiedliches intersubjektiv entwickeltes Wissen über Raum generieren" (Sturm, 2000, S. 10).

2 Die Entstehung des Bewegten Interviews

In der Konsequenz wurde eine empirische Herangehensweise entwickelt, die Bewegung als sozialwissenschaftliche Kategorie nutzt und es ermöglicht, alltägliche Bewegungspraktiken als Zusammenspiel verschiedener Ebenen körperlicher Bewegung zu verstehen und den Interviewpartnerinnen die Möglichkeit eröffnet, diese Ebenen zu nutzen und Bezüge herzustellen zu aktuellen und biografischen Aspekten. Verschiedene Bewegungsmomente ermöglichen es uns, verschiedene Facetten, Arten und Weisen unserer Handlungen und Gedanken hervorzubringen. Nicht nur durch das gesprochene Wort, sondern auch durch Körpersprachen, Bewegungsweisen, -fantasien, -bilder. Bewegung bietet darüber hinaus verschiedene Möglichkeiten der Kommunikation, weil verschiedene Sprachebenen genutzt werden können. Es geht um ganz alltägliche Prozesse von Wahrnehmungen und Erlebnissen, Erinnerungen und Vorausschauungen, also dem Wechselspiel von vergangenen (Bewegungs-)Erlebnissen, aktueller (Bewegungs-)Erfahrung und zukünftigen (Bewegungs-)Szenarien. Bewegung ist ein ständiger Prozess der Veränderung und Neuausrichtung. Sie stellt Räume her und lässt dadurch auch auf Räume schließen. Situationen sind daher sehr ernst zu nehmen – Orte sind hier wichtig und notwendig.[8]

Nahe liegend war daher ein Verfahren *in Bewegung*, das verschiedene Ebenen dokumentiert, um Lesarten für die Fragen zu entwickeln: Wie wird die eigene sprachliche Logik von Bewegung verstehbar? Wie kann das Wissen über Bewegungsräume expliziert werden, das oftmals nicht zur Sprache kommt, weil es als selbstverständlich gegeben erscheint? Was sagt das Gefüge von Körper, Bewegungen und Räumen über die gesellschaftliche Ordnung aus? Und wie lassen sich solche Fragen forschungsethisch und -methodologisch mit einem subjektivistisch-feministischen Ansatz verbinden?

Es entstand die Idee, einen Weg als Ausdruck einer subjektiven Bewegungsbiografie zu verstehen und ihn gleichzeitig als *Einweihung* in heutige Konstituierungsprozesse zu lesen. Das ‚Bewegte Interview' (B.I.) soll es ermöglichen, individuelle Bewegungspraktiken im Alltag als Zusammenspiel verschiedener Ebenen von Bewegung zu verstehen. Die Konzeption basiert auf der Idee, ein vertrautes Setting und

---

8 Vergleichbare Verfahren, die danach ausgerichtet sind, waren hilfreich, z. B. Wahrnehmungsspaziergänge (vgl. Breckner & Sturm, 1997), die Gesellschaftsanalyse des Raumes (vgl. Sturm, 2000), die szenische Beschreibung (vgl. Nagböl, 1993), das Walk through-Verfahren sowie die Subjektive Landkarte.

die körperliche Bewegung zur Reflektion alltäglicher und biografischer Umgangsweisen mit Bewegungsräumen zu nutzen. Diese Reflektion soll Lebensentwürfe und Lebensverläufe nicht infrage stellen. Vielmehr ist sie Hilfsmittel, die Aufmerksamkeit auf den subjektiven Umgang mit Körper, Bewegung und Raum zu lenken. Die Bewegung ist ein Verweis und gleichzeitig wird in jedem Moment des Interviews durch die anderen Ebenen (Sprache und Weg) auf sie verwiesen. Sie ist *Anlass*, Körperlichkeit und Räumlichkeit in Verbindung zu setzen und *Folge* dieser Verbindung zugleich.

Die Idee des B.I. ist vergleichbar mit dem Auftrag an die Interviewpartnerinnen, mir ein Drehbuch mit dem Arbeitstitel: Zeig mir den Weg! zu schreiben. Der methodische Weg führt dann von diesem Auftrag zu seiner Ausführung – sie spielen ihr Drehbuch und führen mich durch ihren alltäglichen 'Film'. Dabei müssen sie im Spielen über das Spielen nachdenken. Ich schreibe den Film auf, bzw. 'übersetze' und interpretiere das Drehbuch. Ich führe somit keine Methode nach festgelegten Regeln durch, sondern initiiere eine Inszenierung der Interviewpartnerinnen am „Set" bzw. Aufführungsort. Das bietet allen Beteiligten die Chance, neue Zusammenhänge während des Interviews zu erkennen.

Die Wege der Interviewpartnerinnen werden als performative Akte verstanden (vgl. Wulf, 2001).[9] Der gewählte Raum ist Anlass, Kohärenz für sich selbst im Umgang mit Bewegungsräumen herzustellen. Das Zeigen des eigenen Weges ermöglicht einen anderen Blick auf sich selbst und den Zusammenhang zwischen der eigenen Körperlichkeit und den Bewegungsräumen, die durch die Begleitung entstehende Sozialität ist dafür von entscheidender Bedeutung.

Die ausgewählten Wege der Interviewpartnerinnen enthüllen das praktische (habituelle) Wissen, dass alle Beteiligten zu öffentlichen Bewegungsräumen mitbringen.[10] Die Unterschiedlichkeit der Wege entsteht durch den individuellen körperlichen Umgang mit den gesellschaftlichen Kontexten. Mit der Verstehensweise des Weges als performativen Akt werden Spuren dieser Kontexte freigelegt, re- und dekonstruiert. Fokussiert werden

> „das (Zusammen-)Spiel, die Bewegungen, den Austausch, den Wechsel von Körpern, Haltungen, Gesten und Blicken in ihren rhythmischen, szenischen, simultanen, konsekutiven und inszenatorischen Momenten ebenso wie die sich dadurch ergebenden Stimmungen und deren Transformationen, Variationen, Positionen und Oppositionen" (Wulf, 2001, S. 340f.).

Der Weg bietet demnach eine Fläche für den Dialog zwischen Interviewenden und der jeweiligen Interviewpartnerin und gleichzeitig zwischen ihr und dem Raum, den sie konstituiert. Wege sind Transit-Situationen (vgl. Augé, 1995), sie stehen für räumliche Veränderungen, Anfangs- und Endpunkte sind Teil von subjektiven Entscheidungsprozessen im Vorwege, unterwegs und nach der Bewegung. Im B.I. verbindet

---

9   Die Theorie des Performativen ermöglicht es, die Dimensionen der Körperlichkeit und Räumlichkeit als sich gegenseitig bedingende ständig ablaufende Herstellungsprozesse zu verstehen und die Wege als deren Ausdruck zu begreifen (vgl. Wulf et. al., 2001; Alkemeyer, 2001).
10 Das Konzept des Erwerbs mimetischen Wissens knüpft an dieser Frage an und eignet sich als Ergänzung zu Sozialisationstheorien insbesondere bzgl. der Frage, wie es zu (körperlichen) Übertragungen von bewegungsräumlichem Wissen und Körperpraxen kommen kann.

Bewegung verschiedene Wegespunkte, an denen die Interviewpartnerin auf Momente im Lebenslauf oder konkret erlebte Momente auf dem Weg, an diesem Ort, selbst, rekurriert. Durch die bewusste Aufführung werden selbstverständlich gewordene Rituale und Routinen hinterfragt. Es geht nicht mehr um Wahrheiten, sondern darum, wie Wahrheit hergestellt wird.

In der Auswertung gilt es, sowohl die Momentaufnahme körper-räumlicher Konstituierungsprozesse nachzuzeichnen, als auch der Retrospektive und der subjektiven Sichtweisen der einzelnen Interviewpartnerinnen zu folgen und sichtbar zu machen, um hier Zusammenhänge aufzuzeigen.[11] Das B.I. bringt die Beziehung verschiedener aktueller und biografischer Umgangsweisen mit Bewegungsräumen aus heutiger Sicht hervor. Es lässt Texte auf mehreren Ebenen entstehen und braucht ein Auswertungsverfahren, das diese Ebenen und ihren prozessualen Charakter berücksichtigt.

3   Ein beispielhafter Weg

Als ein Beispiel für erste Eindrücke zeigt die schematische Skizze (Abb. 1) den Ausgangs- und Endpunkt des Weges einer Interviewpartnerin und den Bewegungsverlauf mit topografischen Merkmalen.

Die ‚Wegespunkte' zeigen Momente, in denen die Interviewpartnerin direkt auf den Weg rekurriert. Sie werden zu ‚Themenauslösern' und dienen neben den direkten Bezügen zum Weg selbst als Ausdruck der eigenen körperlichen und räumlichen Konstitution, der Herstellung und Sicherung der zeiträumlichen Abfolge. Anhand der Wegespunkte zeigen sich die Aneignung des topografischen Systems, die räumliche Realisierung der Orte und die Herstellung von Beziehungen, v. a. der kontinuierlichen Beziehung zur Interviewenden (vgl. De Certeau, 1995). Die Wegespunkte werden auch zum Anlass für Richtungsänderungen der Bewegung und damit zu Veränderungen der Erzählschwerpunkte.

Die ‚Biografischen Denkmäler' zeigen Momente, in denen die Interviewpartnerin sich in der Vergangenheit beschreibt. Sie sind symbolische Erinnerungspunkte, die vergangenen Erlebnissen Bedeutung verleihen. Der Bezug zur eigenen Biografie wird in der Auswahl des Weges und auf dem Weg selbst hergestellt. Das geschieht sowohl durch die konkrete Benennung von Wegespunkten, als auch durch die sprachliche Postulierung biografischer Denkmäler in bestimmten Momenten. Sie sind dabei nur selten manifeste Objekte oder materielle Gestalten, sondern ihre Benennung und Erinnerung erfolgt in der eigenen Vorstellung, sie fungieren als Symbole.

---

11   Die ausführlichen Erzählungen und Gespräche während des Bewegten Interviews wurden einer vielschichtigen Analyse in Anlehnung an die Grounded Theory (vgl. Strauss & Corbin, 1996) unterzogen, um Kategorien heutiger Konstituierungsprozesse herauszuarbeiten. Diese kategoriale Auswertung ermöglichte eine Schwerpunktbildung der subjektiven Sichtweisen auf Bewegungsräume und weist auf relevante Einflussfaktoren hin, mit denen später alle 'Bewegten Interviews' konfrontiert wurden.

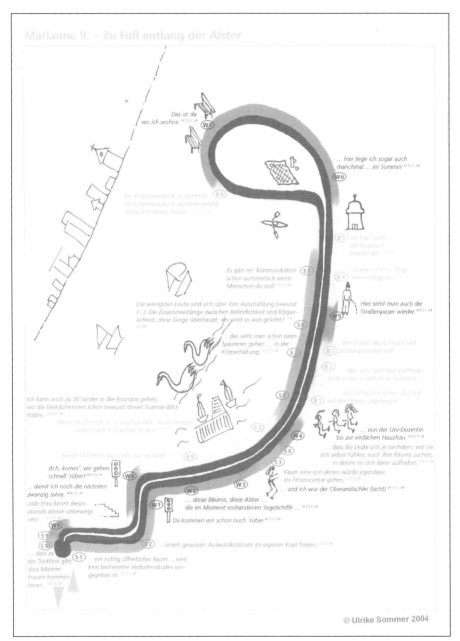

Abb. 1. Schematische Skizze eines bewegten Interviews.

Die biografischen Denkmäler werden retrospektiv zur Begründung heutiger Umgangsweisen mit Bewegungsräumen beschrieben – es gibt somit immer einen Zusammenhang zwischen biografischer Retrospektive und den Momenten der heutigen subjektiven Sicht auf Bewegungsräume. Erzählphasen, in denen die Interviewpartnerinnen ihre ‚*subjektive Sichtweise*' auf Themen im Zusammenhang mit Bewegungsräumen formuliert, finden sich immer wieder zwischen den Wegespunkten und den Biografischen Denkmälern. Sie zeigen einen fokussierten Blick auf sich selbst durch die Brille anderer, denn meine Anwesenheit führt zur Reflektion der Frage: *Wer bin ich, wie gehe ich eigentlich mit Bewegungsräumen um und welchen Eindruck will ich darüber vermitteln?*

Die eigenen Wegspunkte, die biografischen Denkmäler und die subjektiven Sichtweisen werden bei einer einzelnen Interviewpartnerin in Beziehung gesetzt und thematisch zu Schwerpunkten verdichtet. Die subjektiven Sichtweisen brauchen die Anwesenheit einer signifikanten anderen Person und sie brauchen die Wegspunkte und biografische Denkmäler um sich dieser Anderen möglichst glaubwürdig und kohärent darstellen zu können.

4 Überraschungen und Grenzen beim Einsatz einer neuen Methode

In den Bewegten Interviews nehmen die Interaktionen *zwischen* den Beteiligten, genauso wie die Interaktionen der Beteiligten mit der (materiellen) umgebenden Räumlichkeit ganz eigene, z. T. überraschende Verläufe. Hier spielt die Sozialität von Bewegung die zentrale Rolle – das Sich-Einlassen auf die gemeinsame szenische Erfahrung ermöglicht Bewegung und gleichzeitige Reflektion (die jeweilige Interviewpartnerin wird Agierende und Zuschauende zugleich).

Beeindruckend war das körper- und sozialräumliche Wissen, das die bewegten Interviews freisetzten. Es kam zu Momentaufnahmen *ständig* stattfindender Prozesse, Räumlichkeit und geschlechtliche Körperlichkeit einander anzupassen.

Es zeigte sich, wie sehr dem 'sichtbaren' bewegten Umgang mit Räumen reflexive und verinnerlichte Prozesse unterliegen, die das Beziehungsgefüge von Räumlichkeit und Geschlechtlichkeit immer neu über körperliche Bewegung konfiguriert. Bewegungsmomente verweisen so auf Bewegungspraktiken und -routinen, ohne dass sie dem reflexiven Bewusstsein zugänglich sein müssen.

Dieses einverleibte Bewegungswissen ist keine naturgegebene Tatsache, sondern Ausdruck mimetischer Prozesse, die Spuren hinterlassen – Spuren dessen, was die Einzelne im wahren Sinne des Wortes alltäglich ‚bewegt'. Hier finden sich aber auch Grenzen der Methode, denn das Erkennen und Verstehen dieser Momente ist auch für Forschende nur zu einem gewissen Maße möglich.

Jedes Bewegte Interview bildet subjektive Konstituierungsprozesse in Bezug auf Körper, Bewegung und Räumlichkeit ab, die sich im Sich-Bewegen, an der entstehenden Wegesgestalt (als räumlicher Figur, die auch als Aussage für sich steht) und am gesprochenen Wort nachvollziehen lassen. Das Wechselspiel zwischen der Erinnerung an vergangene Erlebnisse und den aktuellen Erfahrungen auf dem Weg hat einen je eigenen Verlauf. Als selbst ausgesuchter Weg spiegelt er bereits einen Moment der Konstituierung und Feststellung von Räumlichkeit wider, gleichzeitig verweist er metaphorisch auf einen subjektiven Bezug – ein Weg wird zu einem *eigenen* Weg und geht in der Bedeutung weit über seine bloße Streckenführung hinaus.

Die verschiedenen Wege zeigen aber auch gemeinsame biografische Bezüge und gesellschaftliche Diskurse, die im komplexen Zusammenspiel alltäglich handlungsleitend wirken wie z.b. anhand der Kategorie Beweglichkeit deutlich wird.

Die Begründung der Wahl des Weges impliziert zumeist bereits eine polarisierende Beurteilung der eigenen Beweglichkeit (z. B. schnell sein-langsam sein, geschicktungeschickt, sportlich-unsportlich sein) und rechtfertigt die eigenen Zugänglichkeiten zu Bewegungsräumen. Biografische Denkmäler für (frühere) Bewegungsaktivitäten begründen oftmals diese Zugänglichkeiten.

Beweglichkeit wird gesellschaftlich als soziales Kapital begriffen, das Zugänge zu sozialen Räumen eröffnet und zum Auswahlkriterium von (materiellen) Bewegungsräumen wird.

Überraschend waren die Bereitschaft und der hohe Grad an Selbstreflexion der Teilnehmerinnen nicht zuletzt durch die Mitbestimmung und Kontrolle, die sie haben. Bewegung kann hier als empirischen Forschungsmoment genutzt werden, der neue Zugänge des Verstehens von Biografie erschließt bzw. ermöglicht.

Literatur

Abraham, A. (2002). *Der Körper im biographischen Kontext. Ein wissenssoziologischer Beitrag.* Wiesbaden: Westdeutscher Verlag.
Alheit, P., Dausien, B. & Fischer-Rosenthal, W. et. al. (Hrsg.). (1999). *Biographie und Leib.* Gießen: Psychosozial-Verlag.
Alkemeyer, T. (2001). *Körper, Bewegung und Gesellschaft. Aufführung und ästhetische Erfahrung der sozialen Erfahrung im Spiel.* Vortrag auf dem Symposion „Ästhetische Erfahrung und kulturelle Praxis", Universität Dortmund.
Augé, M. (1995). *Orte und Nicht-Orte. Vorüberlegungen zu einer Ethnologie der Einsamkeit* (aus dem Französischen von Michael Bischoff). Frankfurt/Main: Suhrkamp.
Bourdieu, P. (1993). *Sozialer Sinn. Kritik der theoretischen Vernunft.* Frankfurt/Main: Suhrkamp.
Breckner, I. & Sturm, G. (1997). Raum-Bildung: Übungen zu einem gesellschaftlich begründeten Raum-Verstehen. In J. Ecarius & M. Löw (Hrsg.), *Raumbildung – Bildungsräume. Über die Verräumlichung sozialer Prozesse* (S. 213-236). Opladen: Leske + Budrich.
Certeau, M. de. (1999). Die Kunst des Handelns: Gehen in der Stadt. In K. Hörning & R. Winter (Hrsg.), *Widerspenstige Kulturen* (S. 264-291). Frankfurt/Main: Suhrkamp.
Dietrich, K. & Landau, G. (1999). *Sportpädagogik: Grundlagen, Positionen, Tendenzen* (2. unveränderte Aufl.). Butzbach-Griedel: Afra.
Feltz, N. & Martinez, M. (2001). Die MädchenArena. In K. Dietrich & K. Moegling (Hrsg.), *Spiel- und Bewegungsräume im Leben der Stadt. Sozial- und erziehungswissenschaftliche Untersuchungen und Projekte* (S. 170-180). Butzbach-Griedel: Afra.
Franke, E. (2001): Erkenntnis durch Bewegung. In V. Schürmann (Hrsg.), *Menschliche Körper in Bewegung. Philosophische Modelle und Konzepte der Sportwissenschaft* (S. 307-332). Frankfurt/Main: Campus.
Harding, S. (1987). *Feminism and Methodology. Social Science Issues.* Bloomington: Indiana University Press.
Jäger, U. (2004). *Der Körper, der Leib und die Soziologie. Entwurf einer Theorie der Inkorporierung.* Königstein/Taunus: Ulrike Helmer.

Klein, G. (1997). Theoretische Prämissen einer Geschlechterforschung in der Sportwissenschaft. In S. Kröner & G. Pfister (Hrsg.), *Frauen-Räume. Körper und Identität im Sport* (2. Aufl.) (S. 146-159). Pfaffenweiler: Centaurus.
Krais, B. & Gebauer, G. (2002). *Habitus*. Bielefeld: transcript.
Liebsch, K. (2001). Soziologien des Selbst. Zur theoretischen Unterscheidung von „Sozialisation" und „Subjekt-Konstitution". In B. Hoeltje et. al. (Hrsg.), *Stationen des Wandels: Rückblicke und Fragestellungen zu dreißig Jahren Bildungs- und Geschlechterforschung* (S. 151-168). Münster, Hamburg: Lit.
Lindemann, G. (1993a). *Das paradoxe Geschlecht. Transsexualität im Spannungsfeld von Körper, Leib und Gefühl*. München: Fischer.
Lindemann, G. (1993b). Wider die Verdrängung des Leibes aus der Geschlechtskonstruktion. *Feministische Studien, 11*(2), 44-54.
Lindemann, G. (1999). Bewußtsein, Leib und Biographie. Biographische Kommunikation und die Verkörperung doppelter Kontingenz. In P. Alheit, B. Dausien & W. Fischer-Rosenthal et. al. (Hrsg.), *Biographie und Leib* (S. 44-72). Gießen: Psychosozial-Verlag.
Löw, M. (2001): *Raumsoziologie*. Frankfurt/Main: Suhrkamp.
Lorey, I. (1996). *Immer Ärger mit dem Subjekt. Theoretische und politische Konsequenzen eines juridischen Machtmodells: Judith Butler*. Tübingen: edition discord.
Massey, D. (2000). Space, Place, Gender. In J. Rendell, B. Penner & I. Borden (Eds.), *Gender Space Architecture. An interdisciplinary introduction* (S. 128-133). London, New York: Routledge.
McDowell, L. (1999). *Gender Identity and place. Understanding feminist geographies*. Minneapolis: University of Minnesota Press.
Nagböl, S. (1993). Enlivening and deadening shadows. *International Review for Sociology of Sport, 28*(2+3), 265-279.
Nissen, U. (1998). *Kindheit, Geschlecht und Raum. Sozialisationstheoretische Zusammenhänge geschlechtsspezifischer Raumaneignung*. Weinheim: Juventa.
Ruhne, R. (2003). *Raum Macht Geschlecht Zur Soziologie eines Wirkungsgefüges am Beispiel von (Un)Sicherheiten im öffentlichen Raum*. Opladen: Leske + Budrich.
Schön, E. (1999). *„...da nehm' ich meine Rollschuh' und fahr' hin...". Mädchen als Expertinnen ihrer sozialräumlichen Lebenswelt. Zur Bedeutung der Sicht- und Erfahrungsweisen 8- bis 15-jähriger Mädchen eines Stadtgebiets für die Mädchenforschung und die Mädchenpolitik.* Bielefeld: Kleine.
Strauss, A. & Corbin, J. (1996). *Grounded Theory. Grundlagen qualitativer Sozialforschung*. Weinheim: Juventa.
Sturm, G. (2000). *Wege zum Raum. Methodologische Annäherungen an ein Basiskonzept raumbezogener Wissenschaften*. Opladen: Leske + Budrich.
Villa, P.-I. (2001). *Sexy Bodies: eine soziologische Reise durch den Geschlechtskörper* (2. Aufl.). Opladen: Leske + Budrich.
Wulf, C. (2001). Mimesis und performatives Handeln. In C. Wulf, M. Göhlich & J. Zirfas (Hrsg.), *Grundlagen des Performativen. Eine Einführung in die Zusammenhänge von Sprache, Macht und Handeln* (S. 253-272). Weinheim, München: Juventa.

HELGA KOTTHOFF

Körper, Komik und Konversation.
Gender als soziale Semiotik und der Fall „Anke Late Night"

1   Gender als soziale Semiotik

Das Thema des vorliegenden Bandes ist „Gleichheit und Differenz in Bewegung" und es geht hauptsächlich um Perspektiven der Geschlechterforschung in der Sportwissenschaft. Gender ist somit die Identitätskategorie, die in diesem Buch beleuchtet wird. Da dieser Kategorie auf unterschiedlichen Ebenen der Kommunikation Relevanz zugeschrieben werden kann, ist auch eine sprach- und kommunikationswissenschaftliche Sicht gefragt. Gender wird auf unterschiedlichen Ebenen alltäglicher Praxis inszeniert und symbolisiert; mit der Frage nach Symbolisierungen sind wir im Bereich der Semiotik, dem in diesem Artikel nachgegangen wird.
Die im Buch repräsentierten Fächer der Sport- und Sprachwissenschaft sehen ihre Gegenstandsbereiche, Bewegung und Sprechen, als Aktivitäten, die innerhalb einer Sozialstruktur platziert und bewertet werden. Aktivitäten, wie beispielsweise Fußball-Spielen oder beim Mittagessen Geschichten Erzählen oder Politiker Parodieren können mit mehr oder weniger Prestige versehen werden, sie sind kontextgebunden, sie verlangen soziale Praxis, man kann damit Beachtung und unterschiedliche Professionalitätsgrade erzielen; sie werden zu Facetten von Identitäten. Die Aktivitäten sind in unterschiedlichem Ausmaß leiblich. Sport ist Körperarbeit par excellence, beim Sprechen verkörpern Prosodie und Stimmgestaltung Somatizität (Ohara, 1999).
In beiden Fächern ist die theoretische Fassung von „gender" heute so konturiert, dass wir uns fragen, welches Tun an der Ausweisung von Männlichkeiten und Weiblichkeiten beteiligt ist und was für eine Sozialstruktur damit erzeugt wird. Wie wird dem Tun Bewertung zugeschrieben? Ist die Bewertung genderisiert? Welches Tun stellt primär genderisierte Differenzen her und welches andere Differenzen? Welches Tun bestätigt und welches unterläuft herkömmliche, mit dem Geschlecht assoziierte Zuschreibungen?
Heutige Geschlechterforschung sollte sowohl erklären können, warum gender so ein stabiler Faktor der Gesellschaftsordung ist, als auch, wie Veränderungen aussehen und zustande kamen. Als Diskursanalytikerin würde ich die paradoxe Situation der Gegenwart so charakterisieren: Es gibt Veränderungen in der Geschlechterordnung westlicher Gesellschaften, aber gender ist nach wie vor eine sehr relevante soziale Kategorie.
Ich gehe an die Relevanzsetzung von Geschlecht rekonstruktiv heran und begebe mich damit in ein sozialwissenschaftlich-hermeneutisches Feld.

Garfinkel und Goffman, die beiden Meister der empirisch-soziologischen Beobachtungskunst, sollen Pate stehen, wenn ich im zweiten Teil des Artikels Komik als ein Feld der Kommunikation diskutiere, in dem Körperformation, Sprache und Interaktion zusammentreffen. In der Ethnomethodologie (Garfinkel, 1967) und der Goffmanschen Kommunikationssoziologie (1977/1994; 1976/1981) ging man nie davon aus, das biologische Geschlecht ziehe eine bestimmte Ausformung von kulturellem Geschlecht zwangsläufig nach sich. Von Anfang an stand bei Garfinkel und Goffman die performance von gender im Vordergrund der Beschäftigung und wurde in einer mehrdimensionalen Relation zum Körper gesehen. Geschlecht darbieten und anzeigen („display" bei Goffman) verweist darauf, dass der Körper es nicht bei seinem So-Sein bewenden lässt. Er wird bearbeitet, genormt, ideologisiert und zum Geschäft gemacht.

Die folgenden Thesen bilden den Hintergrund meiner Argumentation:

1. die These, dass gender ein sozialsymbolisches Gestaltphänomen ist, dass auf Typisierung abzielt,
2. dass die sozialen Typisierungen flexibel, überschreitbar und unterlaufbar sind,
3. dass gender „unvermeidlich leiblich" (Sobiech, 2004) ist und „sex" einbezieht,
4. dass sich „Felder" (im Sinne von Bourdieu) unterschiedlich zu diesen typisierten Wissensbeständen verhalten,
5. dass Männlichkeit nicht schlicht mit Macht und Weiblichkeit nicht nur mit Ohnmacht assoziiert werden sollte.

Komik spielt mit Typisierung, verlässt sich auf sie und kann sie deshalb überschreiten. Komik kommuniziert insofern eine Souveränität, die weiblichen Wesen historisch weniger erlaubt war (Kotthoff, 2006a, b). Noch nie hatte eine Komikerin im massenmedialen Geschehen der deutschsprachigen Länder eine so herausgehobene Position wie Anke Engelke 2004 im prestigeträchtigen Genre des Late Night Talk. An dem konkreten Fall (Anke Engelkes Late Night Show auf SAT.1 im Jahre 2004) will ich überblickshaft zeigen, wie im massenmedialen Feld ein Bedingungsgefüge aussehen kann, dass einerseits von einer Frau die Überschreitung vieler traditionell weiblicher Verhaltensstandards verlangt, sie dann aber doch im gender-Gestrüpp hängen und scheitern lässt.

Am Beispiel des medialen Verbundes in und um die Sendung „Anke Late Night" herum (von Redaktion bis Rezeption) will ich u.a. die These verfolgen, dass Fragen von Gleichheit und Differenz nicht auf Individuen beschränkt sein dürfen, sondern sich auf „Felder" im Sinne von Bourdieu beziehen müssen (1987; 1990).

1.1 Gender – ein soziales Gestaltphänomen

Die Semiotik ist die hauptsächlich von der Sprachwissenschaft quasi mitbetriebene Lehre von der Bedeutung der Zeichen (Nöth, 2000). Sie geht davon aus, dass menschliche Ausdrucksformen auf unterschiedliche Art informativ sind.
Unser symbolisches Leben bringt Unterschiede zwischen Frauen und Männern nachhaltig hervor und setzt diesen Unterschied in den meisten Kontexten relevant.

Erwachsene „tun gender" auch für Kinder, indem sie ihnen kulturell akzeptierte Namen geben. Namen, Anredeformen, Sprechstile, Stimmen, Haartrachten, Körperpflege, Kleidung; Körperpräsentationen symbolisieren Unterschiede zwischen „male" und „female". Kaum eine Darstellung allein reicht ob ihrer Mehrdeutigkeit jedoch aus, um soziale Beziehungen und Identitäten zu charakterisieren. Die Darstellungen begegnen uns im Alltag in unterschiedlichem Verdichtungsgrad.

Ich verweise hier auf den amerikanischen Soziologen Goffman, weil er schon in den siebziger Jahren (hauptsächlich in seinem Buch *Gender Advertisement)* (1976, dt. *Geschlecht und Werbung* 1981) und in seinem Aufsatz *The Arrangement between the Sexes* (1977, dt. 1997) auf die Methoden der Geschlechterstilisierung eingegangen ist und die differente Inszenierung von Weiblichkeit und Männlichkeit in verschiedenen Ausdrucksgestalten beschrieben hat, von der Selbstpräsentation des Körpers (der weibliche Körper zeigt sich in wertvolle, feine Stoffe und Spitzen gekleidet selbst als wertvoll und fein, der des Mannes präsentiert sich als robuster und nüchterner) bis zu parallelen Anordnungen (Herren- und Damentoiletten, Herren- und Damendüfte, Herren- und Damentaschen, Herren- und Damenbekleidung etc.), in denen die Relevanz von gender gesellschaftlich so inszeniert wird, dass es als natürliche Unterscheidung hingenommen werden kann. Gender arrangements umgeben uns einfach. In Goffmans Beschreibungen wird gender als soziale Semiotik deutlich. Er hatte gender als ein Gestaltphänomen im Blick, das von der Stilisierung des Äußeren über Gesprächsstile bis zu Raumarrangements reicht. Er hat auch betont, dass niemand zur Darstellung seiner Identität die volle Palette der semiotischen Möglichkeiten ausschöpfen *muss*. Außerdem sind die genderisierten Darstellungen einem Wandel unterworfen. Sie bedürfen alle eines historischen Verständnisses. Hosen indizieren heute keine Männlichkeit mehr, Röcke, Spitzenunterwäsche, Seidenstrümpfe, spitze Absätze und viele Formen der Ornamentierung des Körpers aber nach wie vor Weiblichkeit. Die Auszeichnung des weiblichen Körpers als delikat, kostbar und erotiktauglich scheint mir ein unbestreitbares Zentralstück in der Kommunikation von gender zu sein. Große Industrien leben davon (Kosmetik, Pornografie, Kleidung etc.). Wenn in der Interaktionssoziologie die Vokabeln verwendet werden, Geschlecht, Alter oder Krankheit seien „sozial konstruiert", heißt das nicht, dass sie nur diskursiv erzeugt wurden oder gar durch veränderte Diskurskonventionen einfach aus der Welt geschafft werden könnten (ein Missverständnis, das in der Geschlechterforschung tatsächlich auftaucht).

Mit Goffmans Studien zur Interaktionsordnung ist die Theorie von Bourdieu verbindbar, die aber andere Akzente setzt, und zwar stärker gesellschaftsanalytische (Willems, 1997). Bourdieu hat zum einen mit seinem Begriff des Habitus, zum anderen mit der Idee unterschiedlicher Kapitale zur Analyse von gender-Arrangements beigetragen (Behnke & Meuser, 2002; Sobiech, 2004). Willems (1997, S. 21) vertritt die These, dass die in Goffmans Analysen implizierte Version von Praxis und Subjektivität (Kompetenzen, Orientierungen, Stile) auf eine Habitustheorie verweisen.

Mein Fach, die Soziolinguistik und Gesprächsanalyse, ist bislang hinter Goffmans soziologischer Semiotik zurückgeblieben, weil Gesprächsverhalten als Forschungsgegenstand in der Regel von anderen Arten der Selbstpräsentation isoliert wird. Heute zeigt sich immer mehr, dass es für gender-Fragen nicht sinnvoll ist, die verbale und paraverbale Dimension der Kommunikation von der nonverbalen zu trennen (Kotthoff, 2006b).
Goffman sah im Arrangement der Geschlechter immer mehr die einfache Herstellung von Macht und Unterordnung. So drehen sich die Ritualsierungen des Weiblichen nach wie vor um Feinheit, Pflege und Ornamentierung und es ist auch auf Seiten der Frauen mit Distinktionsgewinnen (im Sinne Bourdieus) zu rechnen (was große Teile der gender studies ausblenden).

1.2 Einblicke in die Sozialisation

Einblicke in die Sozialisation sollen verdeutlichen, wie die zeichenhaften Gestaltphänomene für Kinder bedeutsam werden.
Cahill (1986) hat in Kindergartenstudien herausgearbeitet, über welche Aktivitäten und Zuschreibungen Kinder kulturelle Geschlechterzuschreibungen „lesen" lernen und aktiv annehmen. Die Erkenntnis dessen, dass es nicht egal ist, ob man Junge oder Mädchen ist und dass dafür Verhaltensstandards gelten, erstreckt sich in der Sozialisation über einen langen Zeitraum. Für Kinder zwischen dem ersten und dem zweiten Lebensjahr stellt es eine Entdeckung dar, dass Mama und Papa sozusagen eine Zweiteilung repräsentieren, die sich in der Welt fortsetzt. Kinder experimentieren oft auch sprachlich damit, ihre Umwelt in Mama- und Papa-Typen zu unterteilen. Dabei läuft die Zuordnung zunächst über die äußere Gestalt. Größere Spielzeughunde werden zum Papa-Wauwau erklärt und kleinere zum Mama-Wauwau. Das Kind begibt sich auf die Suche nach Kriterien für eine Typisierung, deren Relevanz es schon bemerkt hat.
Kleine Jungen von etwa drei Jahren wissen, dass Jungenhaftigkeit darin besteht, dass sie die Umwelt offen manipulieren können und dass das eigene Äußere für sie nicht so wichtig ist. Jungen und Mädchen lernen auch, dass die Ornamentierung des Körpers mädchenhaft ist. Der Umgang mit dem eigenen Äußeren und die Art des Einwirkens auf andere sind erste gender-Performanzen.
Die Kinder in Cahills Studie spielten gern „Superhero" und „Haus". Sie lernten dabei zunächst, ihre Rollen äußerlich anzuzeigen. Wir erwarten von den Mitgliedern unserer Kultur eine Übereinstimmung von Äußerem und Verhalten. Kinder agieren diesen Zusammenhang im Spiel aus. So legten Mädchen sich beim Mütter-Spielen Schmuck an. Man vergegenwärtige sich, was das bereits für eine imponierende Umweltbeobachtung der Kinder zeigt. Die Ornamentierung des Körpers spielt eine zentrale Rolle im semiotischen Anzeigen von Weiblichkeit. Cahill beschreibt, wie zuerst für das Kind das Sich-Absetzen vom Baby-Status dominant wurde und dann die Mädchen/Junge-Klassifikation im Zusammenhang damit erfolgte. („Du bist ja noch ein Baby" als Diskriminierung, „Du bist ja schon ein großer Junge/ein großes Mädchen" als Kompliment). Beim Spielen erkennen die Kinder zunächst den fun-

damentalen Zusammenhang von sozialer Identität und Demonstration der Identität. Dann merken sie, dass sie nicht beliebigen Zugang zu Identitäten haben. Sie werden auf vielfache Weise durch Verhaltensweisen der Erwachsenen entmutigt, sich Ausdrucksformen des anderen Geschlechts zu bedienen.

Mit vier bis fünf Jahren haben sie die geschlechtsdifferente Selbstwahrnehmung und den entsprechenden Verhaltensstil in der Regel erworben. Das heißt aber nicht, dass diese nun wie Pech und Schwefel an ihnen kleben. Typisierungen sind flexibel und man kann sie zuspitzen, außer Acht lassen und unterlaufen.

Wenn Mädchen in Cahills Kindergartenstudie Jungen spielten, zogen sie sich schmutzige Socken an. Wenn Jungen Mädchen oder Frauen spielten, hängten sie sich ein Kettchen um. Clever vollziehen die Kleinen unsere lebensweltliche gender-Typisierung nach. Der letzte Schritt im kindlichen Durchschauen der Geschlechterordnung besteht darin, den biologischen Unterschied der Geschlechtsteile mit diesen Performanzen zu verknüpfen. Die Aneignung von gender geht nicht vom Körper aus, sondern von der sichtbaren Performanz, aber sie holt den Körper in die Performanz mit hinein.

Weitere Stil-Phänomene bewirken gender-Typisierungen. Dass die Buben in vielen Studien durch ein Sprechen mit vielen Imperativen auffallen, hat sicher damit zu tun, dass diese in der Familie eine große Rolle spielen und mit dem Sprechen des Vaters assoziiert werden. Gleasons (1987) Analysen zum Gesprächsverhalten von Müttern und Vätern zeigen, dass Väter sehr viel mehr Befehle geben (doppelt so viele), vor allem an ihre Söhne, als Mütter dies tun. 38% aller väterlichen Äußerungen am Familientisch an die Kinder fanden in Befehlsform statt. Die Mütter verstanden ihre Kinder generell besser und interagierten vielfältiger mit ihnen, da sie auch mehr Kontakt mit ihnen hatten. Sie verwendeten ihnen gegenüber ein reichhaltigeres Vokabular. Väter adressieren ihre Söhne häufiger als ihre Töchter mit groben Anredeformen wie „nutcake" oder „Hosenscheißer".

Typisierte Aktivitäten errichten soziale Ordnung. Ochs und Taylor (1992) haben Gespräche zwischen Eltern und Kindern bei gemeinsamen Mahlzeiten analysiert. Dabei ist ein Ritual dominant, das sie „telling your day" nennen. Sehr oft fordern Mütter ihre Kinder auf, dem Vater zu erzählen, was sie am Tag erlebt haben. Die Väter fragen die Kinder interessanterweise kaum selbst. Nachdem die Kinder erzählt haben, was ihnen widerfuhr, reagieren die Väter meist mit Bewertungen der Handlungen und Gefühle der Kinder. Die ganze Konstellation der Erzählsituation am Tisch konstruiert für alle den Eindruck: „Father knows best", wodurch dem Vater die Rolle der Autorität zugeschrieben wird. Für die Mütter wird in der Interaktion eher die Rolle einer Mittlerin zwischen Vater und Kind konstruiert.

Neben dem Elternhaus ist vor allem die Kinderclique entscheidend für den konversationellen Stil, der sich bei Kindern ausbildet. Kinder erwerben ein mehr oder weniger weit gefächertes Stil-Repertoire und ich werde nachher zeigen, wie das im Bereich der Scherzkommunikation aussieht.

Im Unterschied zu Goffman sahen West und Zimmerman (1991) und Fenstermaker und West (1995) „doing gender" als permanente, individuelle Inszenierung für unausweichlich an, während sich nach Goffman das gender-System auch mal auf seine Institutionalisiertheit verlassen kann (Kotthoff, 2002). Die Menschen können sich in vielen Formen als männlich oder weiblich ausweisen. Sie müssen aber das unendliche semiotische Repertoire keinesfalls ausschöpfen und sie müssen es vor allem nicht fortlaufend. West und Zimmermann gehen von weniger Flexibilität des Systems aus als Goffman und sie gehen weiterhin davon aus, dass immer eine Macht-Asymmetrie das zentrale Differenz-Merkmal konstituiert. Sie zitieren z.B. die Studie von Pamela Fishman, die bei einigen Paaren herausgefunden hatte, dass die Frauen mehr Fragen stellten und ihre Ehemänner thematisch mehr unterstützten als umgekehrt. Das sei „doing gender". In ihrem Artikel von 1989 bleiben ihre Annahmen über das Ausmaß an Verpflichtung, dass auf Menschen lastet, sich in dieser Weise als normale Frauen und Männer zu inszenieren, unklar. Sie legen jedoch Interaktionsformen von Macht und Unterordnung zwischen den Geschlechtern als kontextübergreifend unausweichlich nahe.

Im Bereich der kommunikativen Verhaltensweisen der Geschlechter sind die reichhaltigen Forschungsergebnisse uneinheitlich. In den achtziger Jahren hatte man Befunde, die für viele Gesprächstypen darauf hindeuteten, Männer würden Frauen mehr unterbrechen, Männer nähmen sich mehr Redezeit, spielten sich stärker als Experten auf und würden somit zu Dominanz neigen. Inzwischen zeigen Untersuchungen verschiedenster Art, die ich in einem Lexikonartikel zusammengefasst habe (Kotthoff, 2006b), dass es im Westen kaum kontextübergreifende Unterschiede im Gesprächsverhalten der Geschlechter gibt. Es gibt durchaus genderisierte Schlagseiten im Sinne eines mehr oder weniger starken Auftretens bestimmter Phänomene, kaum aber exklusive Zuordnungen. Das muss nicht verwundern. In der Wissenssoziologie geht man sowieso nicht davon aus, dass die intersubjektive Orientierung an Normen und Typisierungen Festlegung bedeutet. Typisierungen ermöglichen wechselseitige Orientierung, die aber durchaus Kreativität aushält (Berger & Luckmann, 1966/1977). Das wird oft unterschätzt.

Fußballspieler gelten heute sicher als medial inszenierte Prototypen von Männlichkeit und Models als Prototypen von Weiblichkeit. Zu der Gesamtinszenierung solcher Typen gehört auch ein rauhbeinig-geschäftlicher Interaktionsstil auf Seiten der Fußballer vs. ein euphorischer Gesprächsstil mit Kindlichkeitsanleihen auf Seiten der Models. Ich will solche Gegenüberstellungen hier nicht überstrapazieren und weise darauf hin, dass Geschlechtertypisierung nicht unbedingt auf der Ebene des konversationellen Stils geleistet werden muss. Aber *Stil* scheint mir eine außerordentlich bedeutsame Kategorie zu sein. Geschlechtertypisierung kann sich sogar auf die Stilisierung des Äußeren beschränken (geht aber oft darüber hinaus). Sie hat immer mit der Auswahl von Praxisfeldern zu tun. Ein Fußballer begibt sich nicht nur im räumlichen Sinne in ein anderes „Feld" als ein Model. Im Feld rekreieren Menschen ihre Körperdarbietungen, Identitätszuschreibungen, Positionierungen und Stile der Lebensgestaltung. Im Bereich des Sprachverhaltens gibt es durchaus Anzeichen für einen Wandel traditioneller Geschlechtermuster. Wenn man z.B. heute Fernsehdiskussionen analysiert, stellt man fest, dass viele Frauen im öffentlichen

Feld den traditionell weiblichen Stil der netten Zurückhaltung ad acta gelegt haben (Gräßel, 1991). Sie setzen sich, sofern sie allerdings vom Sender überhaupt eingeladen wurden, in der Gesprächsrunde genauso durch wie ihre männlichen Kollegen. Die geringe Repräsentation von Frauen in den prestigeträchtigen Fernsehdiskussionen weist sie als das Besondere im Feld aus. Was daneben auch erhalten geblieben ist bzw. verstärkt wurde, ist die Arbeit an der geschlechtsbetonten Körperpräsentation (Degele, 2004) und die Beachtung dessen durch die Massenmedien.

Die performative Inszenierung von Geschlecht leisten Individuen auch auf der Ebene der Gestaltung ihres Äußeren und auf der Ebene der Körpersprache. Beispielsweise lassen Mode-Analysen keinen Zweifel daran, dass in Haartracht, Schmuck, Kosmetik und Kleidung u.a. Ritualisierungen von Geschlecht weiterhin betrieben werden (Barnard, 1996; Richard, 1998; Posch, 1999; Degele, 2004). Im Bereich der Körpersprache reichen die geschlechtstypisierten Unterschiede vom breitbeinigeren Sitzen der Männer bis zu einer schrägen Kopfhaltung der Frauen (Henley, 1977; Wex, 1980; Mühlen-Achs, 1993). Im Bereich der Sportkleidung fällt z.B. auf, dass Schnellläuferinnen sich bauchfrei präsentieren, Schnellläufer aber nicht. In den Sommermonaten scheint die weibliche Jugend des Westens geradezu unablässig auf die Relevanz von Bauch und Taille hinzuweisen. Kleine, sichtbare Slips und tief sitzende Hosen zeigen an, dass beim Kauf der Unterwäsche Erotikgesichtspunkte bedeutsam waren. Junge Frauen ritualisieren sich als erotiktauglich. Auch das gute alte Decolleté erlebt ein Revival. In der Männerkleidung sind Verweise auf die eigene Erotisierbarkeit in der Regel seltener und viel indirekter.

Trotzdem herrscht selbst im Kleidungsbereich keine einfache, binäre Normierung. Und dort, wo sie herrscht, hat sie oft mit der Vermarktung von Sexualität zu tun. Männer und Frauen betonen die Differenzen, die der Körper hergibt. Gegenläufiges ist selten.

2 Humor, Komik, Geschlechterformation

2.1 Humor und Gender

Auch Humor, Lachen und Komik sind beteiligt an der Ausformung von Geschlechterverhältnissen. Traditionell genossen Männer auf diesem Gebiet viel größere Freiheiten als Frauen. Das Spiel mit Deformation, Doppelbödigkeit und der Umkehr von Normen setzt ein Subjekt voraus, das sich über die Verhältnisse erhebt. Die mit ihm lachen, schwingen sich gleichfalls auf die Meta-Ebene der Distanz und des Amüsements, die Komik bereitstellt. Für Frauen war ein solches Ausmaß an Subjekthaftigkeit nicht vorgesehen. Die Einschränkung der weiblichen Komik und des weiblichen Gelächters reichte von der Abwertung und Nichtbeachtung ihrer Komikpraktiken, von ihrer Verbannung in den privaten Raum bis hin zur negativen Stereotypisierung in der Humorforschung selbst (Kotthoff, 1988/1996; Crawford, 1995; Kotthoff, 2006b).

In der Erforschung kindlicher Interaktionen traten noch in den achtziger Jahren genderisierte Unterschiede in der Art des Humors krass hervor. In gemischten

Gruppen lachten die Mädchen mehr als in den reinen Mädchengruppen. In einer Kindergartenstudie stellt Haas (1979) fest, dass die Jungen in den gemischten Gruppen verstärkt Späße machten und die Mädchen darauf reagierten. Die Mädchen fingen an, die Knaben in ihren dominanten Rollen zu bestätigen. Sowohl die Jungen als auch die Mädchen passten ihr Verhalten einander an - die Mädchen aber mehr. Sie hätten unter sich nur halb so viel gelacht.

Im Kindergartenalter waren die Unterschiede im Scherzverhalten zwischen Mädchen und Jungen schon schwach ausgebildet. Zwischen drei und sechs tat sich die Schere aber bereits auf und weitete sich noch einmal um den Schuleintritt herum (McGhee, 1979). Über die Ursachen herrscht noch keine völlige Klarheit und es gibt sicher verschiedene Faktoren, die in der Herstellung einer gender-differenten Humorstilistik zusammenwirkten. Es mag sein, dass Verrücktspielen, Faxen machen, Herumalbern usw. schon früh von den Erwachsenen bei Mädchen eher eingeschränkt wurde, da es als jungenhaft empfunden wurde. Mit etwa sechs Jahren sind Kinder intellektuell fähig, sprachliche Doppeldeutigkeit wahrzunehmen, was eine Voraussetzung darstellt für viele Arten verbalen Humors (McGhee, 1980). In diesem Alter zeigten Jungen mehr „silly rhyming, naughty words, (playful) untrue or incongrues statements, and so forth" (McGhee, 1980, S. 209) und sie übten sich mehr als Mädchen im Witzeerzählen.

Jungen konkurrieren untereinander mit Witzen, in späterem Alter auch mit sexuellen Witzen (Fine, 1990). Auch nonverbale Späße wie Verrücktspielen und Clown spielen kamen in McGhees Studien signifikant mehr von Jungen. Auf der Feindseligkeitsskala rangierte der Humor der Jungen ebenfalls im Durchschnitt höher (Oswald, Krappmann, Chowdhuri & von Salisch 1986 bestätigen diesen Trend).

Im Humor der Jungen wird oftmals eine Hackordnung reproduziert. Die kleinen Bosse amüsieren sich mittels Frotzelei und Sarkasmus über weniger populäre Kinder.

Humor ist in unterschiedlichen Dimensionen genderisiert, denen ich hier nicht im Einzelnen nachgehen kann. Geschlechterrelevante Themen und Attributionen sind auch in den scherzhaften Interaktionsformen manchmal im Vordergrund der Interaktion, z.B. bei witzelnder, sexueller Anmache (Alberts, 1992), bei sexistischen Witzen (Mulkay, 1988), bei sexistischen und spaßig gemeinten Zwischenrufen zu den Reden von Parlamentarierinnen (Burckhard, 1992) oder auch bei mokant-abwertender Berichterstattung über Politikerinnen (Bendix & Bendix, 1992) in den Massenmedien. Oft bleiben sie als Habitus-Phänomene im Hintergrund der Interaktion.

In den westlichen Gesellschaften gibt es verschiedene Anzeichen für einen Wandel in der Geschlechterpolitik des Humors. Die historisch überlieferte generelle Inkompatibilität der Inszenierung von Weiblichkeit mit aktivem und gar aggressivem Scherzen beginnt sich allmählich aufzulösen. Das heißt nicht, dass gender gar keine Größe von Relevanz mehr ist für Scherzaktivitäten, es heißt nur, dass Geschlechterordnungen kontextuell unterschiedlich hergestellt werden. Die Krassheit des alten Musters vom aktiv scherzenden Mann und der rezeptiv lächelnden Frau findet sich in der westlichen Welt nur noch selten (Kotthoff, 2004; 2006b). Wir verwenden allerdings heute auch andere Methoden in der Humorforschung, die besser

geeignet sind, subtile Arten des Witzelns und Scherzens zu erfassen. Die diskursanalytischen Methoden der Analyse von Humor werden seiner Dialogizität eher gerecht als frühere Laborstudien oder impressionistische Wiedergabe von Beobachtungen oder Beschränkungen auf schriftliche Repräsentationen von Witzen.
Im Rahmen von Scherzkommunikation wird sich nicht nur amüsiert, sondern es wird auch Imagearbeit betrieben, soziale Ordnung hergestellt und vieles mehr. Wir können verfolgen, dass humoristische Stilisierungen als sehr spezielle Wissensgrundlagen verwendet werden, um sich selbst als einen bestimmten Typus zu präsentieren. Junge Männer können das so oft für Frauen belegte Scherzen auf eigene Kosten nutzen, um ein Macho-Image von sich zu weisen (Lampert & Ervin-Tripp, 2006), brave Mittelschichtsmädchen können in ihrer Pflege von sehr kooperativen Formen des Scherzens indexikalisieren, dass sie tatsächlich „die netten Mädchen von nebenan" sind (Ardington, 2006; Branner, 2003).
Vor allem in Spielfilmen werden die Kapazitäten des Humors für die Kreation spezifisch genderisierter Figuren genutzt (Davies, 2006). Humor im Gespräch kann die herrschende Asymmetrie einer Situation sowohl bestätigen als auch unterlaufen (Holmes, 2003; 2006), er kann sexistisch sein (Mulkay, 1988), traditionellen Sexismus aber auch karikieren (Kotthoff, 2004). Holmes und Stubbe (2003) weisen durchaus auf erhebliche Unterschiede im Scherzverhalten der Geschlechter an geschlechtsseparaten Arbeitsplätzen hin. Die vor dreißig Jahren oft belegte humoristische Zurückhaltung der Frauen finden sie in der heutigen Arbeitswelt Neuseelands allerdings nicht mehr.
Neuere Studien zeigen heute insgesamt schwächere Unterschiede im Scherzverhalten von Mädchen und Jungen unter ihresgleichen (Bönsch-Kauke, 1999) als noch vor 20 Jahren und die humorstilistische Anpassung aneinander ist im gemischtgeschlechtlichen Kontext eher wechselseitig (Lampert & Ervin-Tripp, 1998; 2006). In gemischter Gesellschaft frotzeln amerikanische Mädchen mehr als unter sich und Jungen zeigen mehr Scherzformen auf eigene Kosten. Bei beiden Geschlechtern nehmen also Verhaltensweisen zu, die in gleichgeschlechtlichen Gruppen eher typisch für das jeweils andere Geschlecht sind.
Betrachten wir Anke Engelkes Aufstieg und Fall als Late Night Moderatorin exemplarisch im Lichte einer sozialen Semiotik.

2.2 Der Fall „Anke Late Night"

Der Aufstieg und Fall der Komikerin Anke Engelke zur ersten Moderatorin einer deutschen Late Night Show hat in den Medien für enormes Aufsehen gesorgt. Die Late Night Show ist ein äußerst prestigeträchtiges TV-Genre. Sie unterhält, indem sie tagesaktuelle Themen persifliert, komisiert und ironisiert. Sie setzt einen Schlusspunkt unter den Tag, indem sie ausgewählte Ereignisse bewitzelt und damit bewertet. Der Fall Engelke spiegelt heutige Möglichkeiten und Unmöglichkeiten, als Frau auf massenmedialem Terrain von hohem Einfluss und großem Prestige erfolgreich zu werden.

Anke Engelke ist die bis dato erfolgreichste deutsche Fernsehkomikerin. Generell sind Frauen in der Fernsehkomik zwar nach wie vor unterrepräsentiert, haben aber in den letzten Jahren aufgeholt. Seit etwa 15 Jahren hat selbst männerkritischer Witz im Fernsehen seinen Platz (Kotthoff, 2004). Dieser wurde u.a. von Missfits, den „Golden Girls", von Maren Kroymann und auch von Hella von Sinnen geboten. Anke Engelke hatte seit ihrem Mitwirken in dem Magazin „Die Wochenshow" (SAT.1) eine durchgängig geradezu euphorische Presse. Sie schien sich in allen Schichten und Altersgruppen großer Beliebtheit zu erfreuen. Die positive Berichterstattung blieb auch bei den Sendungen „Ladykracher" und „Anke" (SAT.1) erhalten.

Trotzdem wurde die Sendung „Anke Late Night" nach knapp 5 Monaten von SAT.1 abgesetzt, weil sie den Quotenanforderungen nicht genügte und die Presse schlecht war. Meiner Meinung nach hängt das Scheitern der ersten Late-Night-Moderatorin auch mit Widersprüchen in heutigen gender-Anforderungen zusammen, in denen sie und ihr Team (Produktionsfirma Brainpool) sich verstrickt haben.

Anke Engelke galt in der Presse als eine hochtalentierte Parodistin und witzig-schlagfertige Frau, die auch gut aussieht (siehe als Beispiele kritisch-reflektierender Einschätzungen Nolte, 2004, im Tagesspiegel, Pfeifer, 2004, im Magazin der Süddeutschen Zeitung, FAZ-Dossier, 2004, Kuzmany, 2004, in der TAZ). Dieses Zusammengehen von Komik und Attraktivität wurde in der Tagespresse immer wieder betont. Ähnliches ist für männliche Komiker unbekannt. Es interessiert die Medien nicht, wie gut oder schlecht beispielsweise Woody Allen oder Gerhard Polt aussehen.

Als Engelke das vom US-Fernsehen entlehnte Format im Mai 2004 von Harald Schmidt übernahm, kommentierten alle, vom Spiegel über Stern, FAZ und TAZ bis hin zur Schweriner Volkszeitung die Wahl von Anke Engelke als Late Night Talkerin, nachdem das große Bedauern von Harald Schmidts unverhofften Abgang allmählich verklang. Roger Schawinski, Leiter des Privatsenders SAT.1, galt als mutig, weil er das geschätzte Genre einer Frau angeboten hatte („Sonntagszeitung", Schweiz, 15. August 2004). „Cicero", ein modisches Journal betont gehobenen Reflektierens wusste gleich, dass Engelke weder geistreich noch gebildet genug wäre, um an Schmidt je heranzureichen. Auch Rudi Carrell, der selbst von 1981-1987 bei der ARD „Rudis Tagesshow" dargeboten hatte, warnte von Anfang an: Engelke sei ein „sensationelles Talent", eine tolle Sketch-Schauspielerin, aber einer täglichen Late Night Show sei sie nicht gewachsen. Der Philosoph Peter Sloterdijk nahm in der Schweizerischen Weltwoche (Gächter, 2004) Engelkes baldiges Ende ins Visier. Sein Interviewer Gächter schickte Sloterdijk in das „frivole Gedankenexperiment", Engelke könnte Sloterdijk in ihre Show bitten. Aber Sloterdijk wusste schon im Juli 2004, dass die Show nicht mehr lange laufen würde. Harald Schmidt hingegen bescheinigte der Philosoph, der in den Niederungen des Fernsehens ein gleichfalls wenig erfolgreiches philosophisches Quartett betreibt, dass dieser, wie neben ihm nur noch Bazon Brock und Christof Schlingensief, mit dem „intellektuellen Plasma" seiner „Kritik der zynischen Vernunft" umgehen könnte. Herr Sloterdijk, so konnte man erfahren, schätzt Herrn Schmidt seit dem Tag, als letzterer ihn auf der Bühne zitierte. Das soll als ein Beispiel dafür genügen, wie ein Komiker von einem Philosophen geadelt und eine Komikerin abgewertet werden kann und wie sich im deutschsprachigen Feuilleton die Herren gegenseitig hofieren. Die Schauspielerin und Komikerin Maren Kroymann sagte in einem EMMA-Gespräch, dass ihrer Erfahrung nach die jungen männlichen Feuilletonisten gern und oft Zitate von Harald Schmidt zum Besten gegeben hätten. Aber die Sprüche einer Frau seien als Bonmot nicht zitierfähig in diesen tonangebenden Kreisen (EMMA, Nr. 1/2005). Schon deshalb war es schlecht, eine Late Night Moderatorin zu haben.

Engelke hatte die stärksten Einbrüche beim männlichen, 20-35 jährigen Publikum mit Abitur, das bei Harald Schmidt im Studio die Mehrheit bildete. Das weibliche Publikum blieb hingegen im Laufe der Sendung stabil.

Harald Schmidts Erbe war auch ohne Sloterdijks Adelung außerordentlich schwierig. Er konnte sich im Lauf der Jahre seine Sendung und das Publikum auf den Leib schneiden (Sokolowsky, 2003). Nachdem jahrelang zynische Sprüche, Sarkasmus, doppelbödige Interviews und Witzeln auf Kosten anderer sein Markenzeichen gewesen waren (in „Schmidteinander" machte Feuerstein ihm den Fußabtreter), wurde seine Late Night Show später dialogischer, die Interviews freundlicher, die Weltbeobachtung schärfer und der Humor variationsreicher. Er lud zwar weiterhin auch schöne Models ein und zeigte sich zu euphorisch über deren New Yorker Wohnung „direkt am Hudson" oder ähnlich bewegende Dinge. Das Publikum wusste aber das dünne Eis zwischen Anteilnahme und Ironie, das oft vom Gast selbst nicht bemerkt wurde, zu geniessen. Schmidt spielte gekonnt mit solchen Doppelbödigkeiten und konnte sich darauf verlassen, dass sein Publikum mitzog.

Später nahm er die Gesetze des Mediums selbst immer stärker auf die Schippe, indem er beispielsweise minutenlang nichts sagte. Er sprach eine ganze Sendung lang französisch, er spielte mit seinem Team den Saarbrücker „Tatort" nach und erlaubte sich weitere Späße, die den Rahmen der Talk-Show überdehnten. Der Spannungsfaktor lag nicht mehr nur in Bonmot, Schlagfertigkeit und guter Parodie der Typen, mit deren Stimmen er sprach. Man war gespannt darauf, was Schmidt sich heute herausnehmen würde. Der Austausch mit Helmut Zerlett, Manuel Andrack und anderen Mitarbeiter/innen aus seinem Team hatte spontanen Witz und ließ die hochritualisierten amerikanischen Sendungen von Jay Leno und David Letterman hinter sich.

Je blöder Schmidts Witzeln, umso bereitwilliger schwang sich sein Publikum auf die Meta-Ebene. Harald Schmidt hat es geschafft, dass seine Holländer-, Polen-, Frauen- und sonstigen Witze von den Intellektuellen als Witze über solche Witze verstanden wurden. Gemeinsam amüsierte man sich über den gemeinen Volkshumor und auch über die Niederungen des eigenen. Spät in der Nacht waren Harald Schmidts lästerliche Spitzen gegen die deutsche und die internationale Politik und das Mediengeschäft mit seinen kurzlebigen Stars und Sternchen einen kurzen Ablacher wert. Auf eine Einschätzung seiner 2005 von der ARD produzierten Late Night Show muss hier verzichtet werden.

Schmidt hatte sich die „Deutungsmacht" (FAZ) genommen, die der Komik innewohnen kann. Dieter Hildebrandts Satire hat trotzdem mehr analytische Schärfe, aber damit bekommt man bei den Privatsendern keinen Late Night Talk angeboten. Wer sich im Fußball nicht auskennt, hat allerdings bei Schmidt Pech, denn eine gute Portion seiner Scherze spielt auf diesem Terrain.

Anke Engelke hatte bis zur Late Night Sendung große Erfolge als Parodistin, zuerst im Satire-Magazin „Die Wochenshow", dann in „Ladykracher", „Anke" und bei vielen Weihnachts- und anderen Shows (meist SAT.1). In Hirn und Herz vieler Fans hat sich Engelke mit der naivelnden „Ricky mit dem Popsofa" eingeschrieben, einer girlie-Moderatorin, die zunächst eine Parodie auf eine Ex-Rapperin der Gruppe Tic-TacToe darstellen sollte, aber vor allem das hilflose Gestammel der Video-Clip-Sender MTV und VIVA auf die Schippe nahm. Nicht nur für diese Figur wurde Anke Engelke verehrt, auch für die auf blonde Mieze gemachte Wetteransagerin, die stark Ruhrdeutsch spricht und die Himmelsrichtungen durcheinander wirft, die Psychotherapeutin Frau Dr. Benölken mit ihrer „Therapeutek", die ihre Klienten gnadenlos ausbeutet, die Ansagerin witziger Nachrichten, die nach Verlesen ihrer Meldungen vom Publikum des Kölner Thalia-Theaters mit „Danke, Anke" verabschiedet wurde, die bekenntnisstarke Lesbe Petra in der Emotio-Talk-Show-Runde, eine übereifrige Reporterin, eine schnoddrige Ruhrpott-Hausfrau in Tigerleggins, eine für Schnellgerichte namens „Mamifix" werbende Hausfrau (die Gerichte sind z.B. gebratene Puffer namens „Holzsplitti", bei deren Genuss dem Ehemann das Blut aus dem Mund läuft) und eine für „Tiere suchen Menschen" werbende bigotte Moderatorin, die für ihre gesamte Sprechzeit ohne Rücksicht auf Stimmigkeit mit den Inhalten eine hyperenthusiastische Intonation durchhält. Jede dieser Rollen hat Engelke auf mehreren Ebenen überzeichnet. Jede ist eine parodistische Höchstleistung.

Diese Leistung lebte in der Late Night Show in den „Engelkes" fort. Dafür erntet Anke Engelke in der Presse die meisten Lorbeeren. Sie inszenierte eine reiche Dame, die dumme Blondine, eine barsche Politikerin und eine Alternative mit Rasta-Frisur. Die Alternative mit der Rasta-Frisur am 5.8.2004:

> „Also Olympia, ne? Das ist auch so ne Sache für sich. Ne? Das ist wieder so ne Fascho-Kiste, wo der perfekte Körper massentauglich glorifiziert werden soll. Ja? Aber die Kranken und Behinderten, die werden da ausgeschlossen. So Leute. Und jetzt sag' ich euch mal was. Wie wär's denn mal mit ner Olympiade für Behinderte? Ja. Da kommt ihr jetzt nicht mit klar. Ich hätt' nämlich auch schon 'en Namen. Behindi-Spiele. (HAHAHAHA) Oder: Freakiade. Nee. Warte, jetzt hab ich's. Paralympiks. (Pause) Was guckst'n so behindert?"

Die Alternative verstrickte sich meist in ihrer Gesellschaftskritik, genauso wie die Reiche sich in ihrer Affirmation verheddere; alle Figuren wurden stilistisch witzig überzeichnet.

Anke Engelkes Interviews waren sehr unterschiedlich. Im Prinzip war sie sehr präsent, ließ sich stark auf Tonfall und Themen der Gäste ein und erzeugt mit ihnen zusammen mehr oder weniger feinsinnigen Humor. Vorher gab sie sich nicht immer cool, sondern auch mal aufgeregt, wie z.B. bei Thomas Kausch, dem neuen Chef der SAT.1 News. Sie teilt ostentativ seine Sorgen um die achtjährige Tochter, die in fünf oder sechs Jahren mit einem durchtätowierten und durchgepiercten ersten

Freund daherkommen könnte. Sie schlägt Mädcheninternat als Abhilfe vor, müht sich um einen differenzierten Blick auf die Durchgepiercten und gibt sich dann geschlagen. Seine Darstellung des Kameraflugs über Fabrikgebäuden untermalen beide durch Kreisbewegungen mit dem Oberkörper. Wenn der Gast den humoristischen Ton mitträgt, wie es bei Kausch der Fall ist, ergibt sich ein launiger und amüsanter Plausch, bei dem sie nicht zwanghaft die Oberhand behalten muss. War der Gast pseudoselbstironisch wie Beckenbauer („I sog halt immer, hätt' i wos kscheits klernt, dann würd' ich mir die Zeit anders einteilen können"), dann verstrich die Chance, aus einer bescheidenen Frage wie „Und wieviel schläfst du pro Nacht?" einen Knaller zu entwickeln. Dann war das Interview beliebig und könnte in jeder x-beliebigen Sendung genauso stattfinden.

Engelkes Gäste waren zum großen Teil selbst aus der Film- und Fernsehbranche und nutzten, wie üblich, auch ihre Sendung für Werbung. Privatsender sind nun mal Werbeveranstalter. Das Genre, so wie es sich auf SAT.1 darstellt, fügt sich gut zwischen die Werbeblöcke. Die Scherz-Häppchen, Interviews und Sketche sind fast so knapp wie die Werbeszenen und werben ständig selbst für andere Sendungen, wie z.b. eine neue Improvisier-Comedy „Schillerstraße" auf RTL mit Georg Uecker oder Elton oder einem gewissen Reiner Calmus, der mit Fußball zu tun hat. Engelke verlangte ihrem Publikum ein ähnlich intensives Verfolgen der Fußballszene ab wie Schmidt.

Interessanter war es, als Anke Engelke zusammen mit Elli (der deutsche „Superstar") sang. Es hätte nichts dagegen gesprochen, von diesem musikalischen Talent öfters etwas einfließen zu lassen. Das hat der Sender aber verpasst.

Anke Engelke bemühte sich um klassische und weniger klassische Frauenthemen. Auf eine leicht verdauliche Art bewitzelte sie Stehpinkeln, das Gehen auf hohen Hacken und gab Männern tapfer Kurse in weiblicher Organkunde (z.B. zum Drüsenläppchen).

Wie stand es aber mit der „Deutungsmacht"? Wie mit der satirischen Begleitung des Zeitgeschehens? In dieser Hinsicht herrschte Zurückhaltung. Sie nahm sich die Deutungsmacht nicht.

Zeitbezüge blinkten nur im Trailer auf, etwa wenn es hieß „und jetzt live aus der alten Eierschmeißerei in Leipzig" oder zur Zeit des Parteitags der Republikaner in New York „aus der alten Arschkriecherei von Arnold Schwarzenegger". Das ist aber bestenfalls eine Andeutung, keine Deutung. Thematisch ging es beispielsweise um Alko-Pops als größte Bedrohung für die Menschheit, Olympia, Hartz IV (ein Harz für Kinder), die Bundeswehr (die Bundeswehr soll irakische Soldaten ausbilden, damit der Irak nie wieder gefährlich werden kann. Die Piloten werden weiterhin an der Uni Hamburg unterrichtet) oder um die Flaute in der Möbelindustrie (bei IKEA brechen die Preise ein. Das kannte man bislang nur von ihren Regalen). Selten gab es gewagtere Scherze, z.B. am 4. August:

> „Die Armold-Schwarzenegger-Action-Puppe darf seit neuestem nicht mehr mit den bislang gelieferten Pumpguns verkauft werden. Die Amerikaner sind da ja blitzgescheit und hellwach. Die Lindy-England-Action-Puppe darf jetzt auch nicht mehr mit Fotoapparat und Hundeleine verkauft werden."

Pointen wurden oft wiederholt, als bräuchten sie noch eine Spätzündung. Engelke improvisierte wenig, was sich in der Interaktion mit dem Publikum ungünstig auswirkte.

Vielleicht hielt der Sender Engelkes polit-satirische Zurückhaltung für mehrheitstauglich. Sie gab aber für „Anke Late Night" keine Kontur her. Sie passte zum Image des netten Mädchens, das viel lacht, juchzt und auf der Bühne herumhüpft. Und das tat Engelke in der Sendung fortlaufend. Insofern reproduzierte sie dann doch standardisierte Weiblichkeitsanforderungen.

TV-Komik ist ein riesiger Topf, in dem sich von Ulk über Verarschung bis hin zu humoristischer Zeitkritik im Prinzip alles findet. Ein Stefan Raab, der überhaupt kein komisches Talent hat, kann sich mit einfachen Unverschämtheiten am Bildschirm halten. Wer Spontanität und Spott mag, schaut sich lieber „Blond am Freitag" (ZDF) an und wer es gern politischer und satirischer hat, ist beim „Scheibenwischer" (ARD) besser aufgehoben.

Von den vielen Fähigkeiten, die in der Fernsehkomik zusammenlaufen, besitzt Engelke viele, von der Kunst der Parodie über Situationskomik, die Fähigkeit, Redestile und Dialekte mehrstimmig einfließen zu lassen, bis hin zum Spiel mit Widerspruch und Kontrast.

Eine Komikerin in der Position zu sehen, war ein weltgeschichtliches Novum. Ihre gesamte Selbstdarstellung strahlte aber für das Genre des Late Night Talks zu wenig Souveränität aus und setzte zu stark auf die Faktoren „ich bin zwar komisch, aber auch hübsch und nett". Im Vorfeld der Late Night Show hatte Engelkes Team Fotos von ihr in Umlauf gesetzt, die bei aller Ironisierung doch den Erotikfaktor hochspielten. Sie prangte in einem merkwürdigen Erotik-Look mit ondulierten Locken und geöffneten, rosa geschminkten Lippen auf allen möglichen Fernsehzeitungen.

Die Selbststilisierung ging schon vor der Sendung nicht in Richtung „ich nehme mir Deutungsmacht", sondern „schaut her, ich bin zwar komisch, aber doch auch sehr erotisch".

Nach der Sommerpause startete die Sendung mit dem Wahlspruch „klein, weiblich, gut." Engelke selbst persiflierte diese Peinlichkeit zwar nach Kräften, aber der Sender versuchte, die Quote durch vermeintlichen Zuschnitt auf ein weibliches Publikum zu stärken. Anke gab sich weiterhin kindlich, juchzte viel vor Freude und interviewte Menschen wie z.B. Dana Schweiger zu ihrer Sendung „Pampers-TV".

Mit dem Ausspielen von Attraktivität, Erotiktauglichkeit und Nettigkeit sind Engelke und ihr Team auf traditionelle und massenmediale Ansprüche an die Frauenrolle eingegangen. Aber die vertragen sich nicht gut mit einem Subjekt von Satire. Dazu kommt, dass es dem deutschen Feuilleton von Anfang an nicht passte, diese Position von einer Frau besetzt zu sehen.

3 Schluss

Ich gehe zwar nicht davon aus, dass Geschlecht Kontext übergreifend immer auf dieselbe Weise symbolisiert und indexikalisiert wird. Trotzdem wird in spezifischen Sprechaktivitäten und Kommunikationsstilen, die in der Gesellschaft schon mit festen Assoziationen verbunden sind, u.a. eine besondere Ausprägung von gender indexikalisiert („Indexing gender" im Sinne von Ochs, 1992). Gender fasse ich als sozialen Typisierungsprozess, bei dem individuelle Performanz untergeordnet ist. Die Performanz kann intersubjektive Typisierungen (re-) produzieren und dekonstruieren. Diese Erwartungen sind innerhalb einer Kultur mehr oder weniger (un)stabil. Gender ist stärker eine soziale als eine individuelle Kategorie, denn die individuelle Kontrolle darüber, wie stark gender zum Anschlag gebracht wird, ist zwar vorhanden, aber eingeschränkt. Andere können das Handeln und Auftreten einer Person auch gegen deren Willen im Rahmen traditioneller Geschlechterordnungen bewerten. In der Gestaltung des Körpers spielt auch die Hervorhebung körperlicher Unterschiede eine Rolle. Trotzdem liegen große Spielräume für Kreativität darin, auf welche Weise und wie stark sich jemand in einer spezifischen Weiblichkeit oder Männlichkeit inszeniert und wie relevant diese Distinktion überhaupt kommunikativ gemacht wird. Deshalb sprechen wir seit geraumer Zeit von Männlichkeiten und Weiblichkeiten (Connell, 1995) und gehen auch davon aus, dass manche sich gar nicht zuordnen lassen.
Anke Engelke befand sich 2004 in der Spitzenposition der massenmedialen Komik. Sie moderierte die am stärksten beachtete Late Night Show des deutsprachigen Fernsehens. Sie trat in die Fußstapfen des Top-Moderators Harald Schmidt, der als außerordentliches Komik-Talent gilt und die Late Night Show sehr erfolgreich jahrelang betrieben hatte. Engelke ist die eigene Konturierung im Vergleich zu Schmidt nicht gelungen. Dabei spielt die Machart ihrer Komik nur eine Rolle unter vielen. Sicher hat sie sich zu sehr auf einen fröhlich-kindlichen Komikstil kapriziert, aber Produktionsteam und Sender haben die Symbolisierung traditioneller Weiblichkeit in der und um die Sendung herum verstärkt, nicht überschritten oder unterlaufen. Im Geflecht der deutschsprachigen Massenmedien wurde Engelke von Anfang an mit Schmidt verglichen, wobei Schmidt als Maßstab fungierte. Ein Teil des Publikums sprang frühzeitig ab. Der Sender entwickelte Engelkes Potentiale wenig, sie selbst kopierte ein wenig den Stil von Harald Schmidt, brachte viel Parodie ein und unterstrich herkömmliche weibliche Attribute. Im Rahmen dieses Artikels kann nur impressionistisch umrissen werden, wie sich Anke Engelke im Feld der massenmedialen Komik positionierte und positioniert wurde. Gender ist bei weitem nicht die einzig ausschlaggebende soziale Kategorie in diesem Verbund. Kompetenzen des Teams sind beispielsweise eine weitere Kategorie von Belang. Aber in und um die Sendung herum wurde auch der Kategorie gender auf unterschiedlichen Ebenen Relevanz zugeschrieben.

Literatur

Alberts, J.K. (1992). Teasing and Sexual Harassment: Double-Bind Communication in the Workplace. In L.A.M. Perry et al. (Eds.), *Constructing and Reconstructing Gender* (S. 185-197). New York: State University of New York Press.
Ardington, A.M. (2006). Playfully negotiated activity in girls' talk. *Journal of Pragmatics, 1* (im Druck).
Barnard, M. (1996). *Fashion as Communication*. London: Blackwell.
Behnke, C. & Meuser, M. (2002). Gender and habitus: Fundamental securities and crisis tendencies. In B. Baron & H. Kotthoff (Eds.), *Gender in Interaction. Perspectives on Femininity and Masculinity in Ethnography and Discourse* (S. 153-175). Amsterdam: Benjamins.
Bendix, J. & Bendix, R. (1992), Politics and gender in humor and satire: the cases of Elisabeth Kopp and Geraldine Ferraro. *Schweizer Zeitschrift für Soziologie, 2*, 441-460.
Berger, P. & Luckmann, T. (1966/1977). *Die gesellschaftliche Konstruktion der Wirklichkeit. Eine Theorie der Wissenssoziologie*. Frankfurt/Main: Fischer.
Bilden, H. (1991). Geschlechtsspezifische Sozialisation. In K. Hurrelmann & D. Ulrich (Hrsg.), *Neues Handbuch der Sozialisationsforschung* (S. 279-301). Weinheim: Beltz.
Bönsch-Kauke, M. (1999). Witzige Kinder. Zur spielerischen Entwicklung von humorvollen Interaktionen zwischen sieben- bis zwölfjährigen Kindern durch kreative Techniken. *Zeitschrift für Entwicklungspsychologie und Pädagogische Psychologie, 31*(3), 101-115.
Bourdieu, P. (1987). *Die feinen Unterschiede*. Frankfurt/Main: Suhrkamp.
Bourdieu, P. (1990). La domination masculine. *Actes de la recherche en science sociales, 84 (masculin/feminin 2)*, 2-31; dt. Übersetzung in I. Dölling und B. Krais (Hrsg.), *Ein alltägliches Spiel. Geschlechterkonstruktion in der sozialen Praxis* (S. 153-218). Frankfurt: Suhrkamp.
Burckhard, A. (1992). „Das ist eine Frage des Intellekts, Frau Kollegin!" Zur Behandlung von Rednerinnen in deutschen Parlamenten. In S. Günthner & H. Kotthoff (Hrsg.), *Die Geschlechter im Gespräch. Kommunikation in Institutionen* (S. 287-311). Stuttgart: Metzler.
Branner, R. (2003). *Scherzkommunikation unter Mädchen*. Frankfurt/Main: Peter Lang.
Cahill, S. (1986). Childhood Socialization as a Recruitment Process. *Sociological Studies of Child Development*, 1, 163-186.
Connell, R. (1995). *Masculinities*. Cambridge: Polity Press.
Crawford, M. (1995). *Talking Difference. On Gender and Language*. London: Sage.
Davies, C. (2006). Gendered Sense of Humor as Expressed Through Aesthetic Typifications. *Journal of Pragmatics, 1* (im Druck).
Degele, N. (2004). *Sich Schön Machen. Zur Soziologie von Geschlecht und Schönheitshandeln*. Frankfurt/Main: Verlag für Sozialwissenschaften.
Eckert, P. & McConnell-Ginet, S. (1992). Think practically and look locally: language and gender as community based practice. *Annual Review of Anthropology, 21*, 461-490.
Eckert, P. & McConnell-Ginet, S. (2000). *Linguistic Variation as Social Practice*. London, New York: Blackwell.
EMMA Nr. 1 (2005). Gespräch Alice Schwarzer – Anke Engelke, S. 75-77.
EMMA Nr. 1 (2005): Jetzt lachen wir. Dossier, S. 52-66.
FAZ. NET Feuilleton. Anke Late Night. Sie wird uns enttäuschen. 10.08.2004.
Fenstermaker, S. & West, C. (1995). Doing Difference. *Gender&Society, 1*, 8-37.
Fishman, P. (1983). Interaction: the work women do. In B. Thorne, C. Kramarae & N. Henley (Eds.), *Language, gender, and society* (S. 89-102). Rowley, MA: Newbury House.
Fine, G.A. (1990). *With the Boys. Little League Baseball and Preadolescent Culture*. Chicago: University of Chicago Press.
Gächter, S. (2004). Es gibt lediglich Dividuen. *Weltwoche,* (29), 68-69.
Garfinkel, H. (1967). *Studies in Ethnomethodology*. Englewood Cliffs, NJ: Prentice Hall.
Gleason, J. (1987). Sex differences in parent-child interaction. In S.U. Philips, S. Steele & C. Tanz (Eds.), *Language, gender, and sex in comparative perspective* (S. 189-199). Cambridge: Cambridge University Press.
Goffman, E. (1976). Gender Advertisement. (Dt. 1981). *Geschlecht und Werbung*. Frankfurt/Main: Suhrkamp.

Goffman, E. (1977). The Arrangement between the Sexes. *Theory and Society, 4*, 301-331. (Dt. 1994). *Interaktion und Geschlecht*. Frankfurt/Main: Campus.
Goodwin, M.H. (1990). *He said & She said*. Pennsylvania: University of Philadelphia Press.
Gräßel, U. (1991). *Sprachverhalten und Geschlecht. Eine empirische Studie zu geschlechtsspezifischem Sprachverhalten in Fernsehdiskussionen*. Pfaffenweiler: Centaurus.
Haas, A. (1979). The Acquisition of Genderlect. *Annals of the New York Academy of Science, 327*, 101-113.
Henley, N. (1977). *Body Politics: Power, sex and nonverbal communication*. Englewood Cliffs, NJ: Prentice-Hall.
Holmes, J. (2006). Sharing a laugh: pragmatic aspects of humour and gender in the workplace. *Journal of Pragmatics, 1* (im Druck).
Holmes, J. & Stubbe, M. (2003). „Feminine" Workplaces: Stereotype and Reality. In J. Holmes & M. Meyerhoff (Eds.), *The Handbook of Language and Gender* (S. 573-600). London: Blackwell.
Kotthoff, H. (1988/1996). Vom Lächeln der Mona Lisa zum Lachen der Hyaenen. In H. Kotthoff (Hrsg.), *Das Gelächter der Geschlechter* (S. 121-165). Konstanz: Universitätsverlag.
Kotthoff, H. (2002). Was heißt eigentlich „doing gender?" *Wiener linguistischer Almanach*, Sonderband 55.
Kotthoff, H. (2004). Geschlechterverhältnisse in der Scherzkommunikation: Althergebrachtes und neue Trends in der Alltags- und Fernsehkomik. In H. Epp (Hrsg.), *Gender studies – Interdisziplinäre Ansichten 1* (S. 15-53). Freiburg: PH Freiburg.
Kotthoff, H. (2006a). Preface to the special issue on gender and humor. *Journal of Pragmatics, 1* (im Druck).
Kotthoff, H. (2006b): Angewandte linguistische Geschlechterforschung/Gender Studies in Applied Linguistics. In U. Ammon, P. Trudgill, N. Dittmar & K. Mattheier (Eds.), *Sociolinguistics. An International Handbook of the Science of Language and Society. Volume 3*. Berlin, New York: de Gruyter (im Druck).
Kuzmany, S. (2004). Die neue Bundeslatenightvorsitzende. *Tageszeitung* 15./16. Mai, S. 17.
Lampert, M.D. & Ervin-Tripp, S. (1998). Exploring paradigm: The study of gender and sense of humor near the end of the 20th century. In W. Ruch (Ed.), *The Sense of Humor. Explorations of a Personality Characteristic* (S. 231-271). Berlin, New York: de Gruyter,
Lampert, M.D. & Ervin-Tripp, S. (2006). Risky Laughter: Teasing and Self-Directed Joking among Male and Female Friends. *Journal of Pragmatics, 1* (im Druck).
McGhee, P.E. (1979). The Role of Laughter and Humor in Growing up Female. In C. Kopp (Ed.), *Becoming Female* (S. 199-209). New York: Plenum Press.
McGhee, P.E. (1980). *Humor. Its origin and development*. San Francisco: Freeman and Company.
Mulkay, M. (1988). *On Humour*. Cambridge: Polity Press.
Mühlen-Achs, G. (1993). *Wie Katz und Hund. Die Körpersprache der Geschlechter*. München: Frauenoffensive.
Nöth, W. (2000). *Handbuch der Semiotik*. Stuttgart: Metzler.
Nolte, B. (2004). Die Stille nach dem Witz. *Der Tagesspiegel*, 16. Mai, S. 3.
Ochs, E. (1991). Indexing gender. In A. Duranti & C. Goodwin (Eds.), *Rethinking Context* (S. 325-358). Cambridge: Cambridge University Press.
Ochs, E. & Taylor, C. (1992). Familiy narrative as political activity. *Discourse & Society, 3*(3), 301-340.
Ohara, Y. (1999). Performing gender through voice pitch: A cross-cultural analysis of Japanese and American English. In U. Pasero & F. Braun (Hrsg.), *Wahrnehmung und Herstellung von Geschlecht* (S. 105-116). Opladen: Westdeutscher Verlag.
Oswald, H. et al. (1986). Grenzen und Brücken. Interaktionen zwischen Mädchen und Jungen im Grundschulalter. *Kölner Zeitschrift für Soziologie und Sozialpsychologie, 38*, 560-580.
Perkins, M. (1983). *Modal Expressions in English*. London: Pinter.
Pfeifer, D. (2004). Anke für jeden Tag. *Magazin der Süddeutschen Zeitung*, 23. April, S. 22-28.
Posch, W. (1999). *Körper machen Leute. Der Kult um die Schönheit*. Frankfurt/Main, New York: Campus.
Pusch, L. (1979). Der Mensch ist ein Gewohnheitstier, doch weiter kommt man ohne ihr. *Linguistische Berichte, 63*, 84-103.
Richard, B. (1998). Die oberflächlichen Hüllen des Selbst. Mode als ästhetisch-medialer Komplex. *Kunstforum, 141*(Juli-Sept.), 48-95.

Sobiech, G. (2004). „Unvermeidlich weiblich". Konstruktionsweisen von Geschlecht durch die ästhetische Arbeit am Körper. In Institut für soziale Arbeit e.V. (ISA) (Hrsg.), *Betrifft Mädchen. Thema: „Das geht unter die Haut" – Mädchen und Körperkult,* 17(3), 100-106.
Sokollowsky, K. (2003). *Late Night Solo. Die Methode Harald Schmidt.* Hamburg: Konkret.
Sonntagszeitung des Tagesanzeiger (2004). Sonntagsgespräch mit Roger Schawinski, 15. August, S. 20-21.
West, C. & Zimmerman, D. (1989). Doing Gender. *Gender&Society, 1*(2), 125-151.
Wex, M. (1980). *„Weibliche" und „männliche" Körpersprache als Folge patriachalischer Machtverhältnisse.* Frankfurt/Main: Frauenliteraturvertrieb Fees.
Willems, H. (1997). *Rahmen und Habitus.* Frankfurt/Main: Suhrkamp.

GABRIELE SOBIECH

„Viel schöner aussehen in kürzester Zeit..." – Relevanzverlust oder Aktualisierung der Geschlechterdifferenz bei der Körperformung in Fitnessstudios?

1 Fragestellung

Beschreibungen gesellschaftlicher Modernisierungsprozesse verbinden Vorstellungen der Zunahme von Wahlfreiheiten und Handlungsspielräumen bei gleichzeitiger Freisetzung aus traditionalen Bindungen und Vergesellschaftungsformen. Der Mensch erscheint als verantwortlicher Gestalter seines Lebens. Der eigene Lebensverlauf steht damit unter Begründungspflicht und schafft den Handlungszwang sich selbst als Person erfinden zu müssen. Folglich wird die Suche nach dem, was das eigene „Ich" zusammen hält, nicht als unumstößliche Selbstgewissheit und Sicherheit gedacht, sondern als Konstrukt, das Orientierung in einem Raum von Unsicherheiten und Möglichkeiten gewähren soll. Sich sozial zu positionieren bedeutet demnach Arbeit an sich selbst. Die Anstrengungen richten sich mit dieser Vorstellung zunehmend auf den Körper, da an ihm relevante Zeichen der Selbstdarstellung gesetzt werden können. Der Körper und mit ihm die Geschlechtszugehörigkeit können also nicht einfach als Grundlage sozialen Handelns vorausgesetzt werden, sondern sind als Effekte sozialer Prozesse zu betrachten. Wie der Wille zur Körperformung, präziser betrachtet, entsteht und wie die sozialen Akteure sich mit der Arbeit am Körper sozial positionieren, zeigen Kapitel 2 und 3 auf. Ob im Feld der ästhetischen Bearbeitung des Körpers mit Blick auf die Inszenierung der Geschlechterdifferenz grenzüberschreitende Formen körperlicher Selbstmodellierung möglich sind, traditionelle Vorstellungen von Geschlecht also an Relevanz verlieren, oder ob und an welchen Stellen die Geschlechterdifferenz aktualisiert wird, soll im vierten Kapitel anhand des Vergleichs zweier Interviews dargestellt werden.

2 Moderne Disziplinierungsstrategien oder der Wille zur Körperformung

Michel Foucault (1977) zeigt in *„Überwachen und Strafen"* die Entstehung einer „Mikrophysik der Macht", die den Körper en Detail bearbeitet. Durch komplexe Methoden der Raum- und Zeitaufteilung, durch ständiges Wiederholen und Üben sollen Bewegungen, Gesten, Haltungen an Standards angepasst werden, um Individuen möglichst gewinnbringend einsetzen zu können. Die Normalisierung wird zum vorrangigen Strukturierungsprinzip der Disziplinargesellschaft, die Foucault in Institutionen, angefangen vom Gefängnis, über Militär, Hospital und Fabrik bis hin zur Schule, analysiert hat.

Durch gesellschaftliche Modernisierungsprozesse wird die Vorstellung von festen, verlässlichen Institutionen, die Individuen mit einem entsprechend disziplinierten Habitus zum Ergebnis haben, zunehmend schwierig. Dies zeigt sich insbesondere in den neuen Formen der Erwerbsarbeit im Dienstleistungssektor und der Informationstechnologie, deren schnell wechselnde Anforderungen keinen klar definierten Berufshabitus mehr produzieren können. Auch Hitzler (2002, S. 75) konstatiert, dass herrschaftstechnisch gesehen das disziplinatorische Hauptinteresse sich gegenwärtig nicht mehr so sehr auf die Funktionalität für den Produktionssektor als vielmehr auf den „freizeit-verbrauchenden und konsum-beförderndern Körper richtet". Hinzu tritt, dass ebenso die Selbstverständlichkeit traditionaler Bindungen, familiärer, nachbarschaftlicher und kollegialer Art, aufgrund neuer Anforderungen von Flexibilität an den modernen Menschen in Frage gestellt wird. Sich gegenwärtig sozial zu positionieren erfordert demnach, im Gegensatz zu früher, eine größere Eigenleistung sozialer Akteure, d. h. sie müssen sich entscheiden, welche Mitgliedschaften sie eingehen und wie sie die Anderen glaubhaft davon überzeugen wollen, was in ihrem Leben wichtig ist und was ihnen „experimentell und vorläufig ‚Halt' gibt" (Hettlage, 2000, S. 32f.). Dass Selbstdarstellungs- und Inszenierungszwänge sich verschärfen, zeigt sich auch daran, dass auf den Arbeitsmärkten und in der wirtschaftlichen Konkurrenz Kriterien des Erfolgs mittlerweile die gesamte Person als Bedeutungsträger erfassen. Attribute von Lebensstilen, Biografie und Persönlichkeit werden zu Qualifikationen erhoben und als Zeichen verwandt. Erfolg, Überlegenheit und Durchsetzungsfähigkeit muss am Körper ablesbar sein. Der Markt, der also die Geltungskriterien formuliert, nach denen soziale Anerkennung in der Gesellschaft verteilt ist, ist eng verzahnt mit den Erwartungen moderner Kultur an die innere und äußere Machbarkeit einer Person (vgl. Sobiech, 2004, S. 295).
Zur Bedingung sozialer Wertschätzung gehören Jugendlichkeit, Schönheit, Fitness und Gesundheit. Aussehen, Geschlecht und Alter erhalten in diesem Kontext eine gesteigerte Bedeutung, da sie aufgrund ihrer Sichtbarkeit wie nichts anderes zur Zeichenproduktion geeignet sind. Der Körper, so lässt sich festhalten, wandelt sich demnach in der Moderne vom Schicksal zur Aufgabe.
Hat Foucault zunächst die Disziplinarmacht, ihre Taktiken und Techniken, analysiert, die von außen den Körper bearbeiten, um Wirkungen des Machtgewinns und -profits zu erzielen, spricht er in seinem Spätwerk (Foucault, 1986) von Selbsttechniken, die allerdings von den Machttechniken kaum zu trennen sind. Mit Hilfe der Selbsttechniken vollziehen die Individuen mit eigenen Mitteln bestimmte Operationen mit und an ihren Körpern, mit ihren Seelen, mit ihrer eigenen Lebensführung und zwar so, dass sie sich selber im Sinne der gesellschaftlichen Normen modifizieren und herrichten. Dies zeigt sich insbesondere am Beispiel des Sports, denn sportive Praxen waren und sind ein probates Mittel, um den Körper für bestimmte Zwecke zu instrumentalisieren und zu disziplinieren. Die gegenwärtige Vorstellung, dass die maximale körperliche Fitness als Zeichen besonderer Leistungsfähigkeit gewertet wird, die die Einzelnen für ein anspruchsvolles Berufsleben geradezu prädestinieren, wird vorrangig von Werbung und Medien transportiert und verbreitet. In Verbindung mit auffordernden Darstellungen systematischen Trainings wird der

Zielgruppe nahe gelegt, dass die Chancen, eine höhere Ebene der Anerkennung zu erreichen, nur dann bestehen, wenn eigene körperliche Fähig- und Fertigkeiten systematisch gesteigert werden. Diese Machttechnik, die das Mögliche als Zielperspektive eröffnet, setzt Anreize, immer weiter zu trainieren, da das Wirkliche nur als Defizit erscheinen kann. Genau dieser Anreiz ist spezifisches Merkmal einer Indienstnahme des Körpers im Sinne klassischer Disziplinierungskonzepte, die ein bestimmtes Körperverhalten erst hervorbringen.[1] Die gesellschaftliche Ästhetisierung des Körpers und individuelle Körperformungsstrategien, wie sie inzwischen von 5,08 Mill. Menschen in Fitnessstudios (DSSV, 2003)[2] im Rahmen einer freiwilligen Mitgliedschaft bewerkstelligt werden, sind Beispiele für die Beziehung zwischen Fremd- und Selbstkonstitution und können als moderne Form der Fremd- und Selbstdisziplinierung gelten. Über die gemeinsam am Körper hergestellten Attribute, Zeichen und Codes wird die sonst unverbindliche Zugehörigkeit zu einer Gemeinschaft der Gleichgesinnten signalisiert. Zugleich können sich die in Fitnesscentern Aktiven von denjenigen abgrenzen, die andere Konsumorientierungen, einen anderen Lebensstil favorisieren.

3   Soziale Positionierung der Akteure durch die Arbeit am Körper

Die Aussage, dass Macht- und Selbsttechniken unauflösbar miteinander verbunden sind, ist bereits ein Hinweis darauf, dass der soziale Gebrauch des Körpers keinesfalls beliebig ist. Gestaltungs- und Positionierungschancen hängen stark von den Lebensbedingungen, von der Klassen- und Geschlechtszugehörigkeit und damit von den sozialisatorischen und biografischen Erfahrungen ab, die Wahrnehmung, Denken und Handeln der sozialen Akteure bestimmen und im Habitus zum Ausdruck kommen. Legt man den theoretischen Ansatz von Bourdieu (1999, S. 97ff.) zugrunde, der auf die Strukturierung des Habitus durch die Lebensverhältnisse und die strukturierende Struktur des Habitus verwiesen hat, widerspricht dies der Auffassung von beliebigen „Bastelexistenzen" (Hitzler, 2002, S. 76) und einem umfassenden Bedeutungsverlust von Klasse und Geschlecht. Auch wenn es in der Geschlechterforschung mittlerweile Konsens ist, dass Alltagsroutinen Chancen enthalten, den Konstruktionsprozess des „doing-genders" zu unterbrechen, muss aber gerade dem, was nicht zur Sprache kommt und in Form latenter Geschlechternormen das Alltaghandeln bestimmt (vgl. Wetterer, 2003, S. 290), besondere Aufmerksamkeit zuteil werden. Brandes (2001, S. 74) konstatiert:

> „Was aber im von der sozialen Praxis verselbstständigten Diskurs noch möglich erscheint, nämlich die Aufhebung des binären Geschlechtsmusters, ist in der sozialen Praxis selbst aufgrund des eigenen Körpers und der Verstrickung in die Situation nicht aufhebbar."

---

1   Hierin zeigt sich die Produktivität der Macht, d. h. dass ihre Wirkungen nicht allein mit dem Begriff der Unterdrückung zu fassen sind. Vielmehr durchdringt sie die Körper, produziert Lust, Wissen und Diskurse (vgl. Sobiech, 1994, S. 75).
2   52,3% Frauen und 47,7% Männer sind Mitglied in einem Fitnessstudio. Mehr als die Hälfte der Studiogäste hat Abitur und über ein Viertel einen Hochschulabschluss. Zudem überwiegen insgesamt ledige und kinderlose Personen (vgl. Klein & Deitersen-Wieber, 2003, S. 190).

Es ist der in der sozialen Praxis insbesondere vorreflexiv konstituierte Zusammenhang von unmittelbarer Körperlichkeit und sozialer Bedeutung, der eine bestimmte Wahrnehmung und Interpretation von z. B. „das ist weiblich/männlich" nach sich zieht. Dennoch, Heintz und Nadai (1998, S. 77f.) machen darauf aufmerksam, dass die im Modernisierungsprozess feststellbaren Ungleichzeitigkeiten und Ambivalenzen es nahe legen danach zu fragen, in welchen *Kontexten* Geschlecht ein relevanter Faktor ist und wo sich Unterschiede und Ungleichheiten zwischen den Geschlechtern verringern. Die Geschlechterdifferenz ist dabei im Sinne Foucaults (1978) als ein Machtdispositiv aufzufassen, dass sich aus architektonischen Einrichtungen, Institutionen, reglementierenden Entscheidungen und wissenschaftlichen Diskursen, Interaktionsmustern und spezifischen Körperpraxen zu einem heterogenen Ensemble zusammensetzt. Positionswechsel und Funktionsveränderungen, die sich innerhalb eines historischen Feldes zu einer bestimmten Strategie verdichten können, das „Spiel der Macht", sind dem Dispositiv immanent.

Zurück zum Ausgangspunkt und der Frage, wie soziale Akteure sich in ihrem Umfeld positionieren: Festzuhalten bleibt, dass die Akteure bei der Formgebung ihrer Selbst, gesellschaftlich gesetzte Bedingungen in den vielfältigen Praktiken des Alltagslebens in die eigene Biografie umsetzen, im und am Körper (re-)produzieren und (re-)konstruieren, sichtbar am Erscheinungsbild, der äußeren Haltung, die mit der inneren Haltung korrespondiert, an Gesten und Bewegungsroutinen. Bourdieu (1992, S. 187) führt aus, dass bei der Inkorporierung die sozialen Strukturen über die Verlagerungen und Bewegungen des Körpers, körperlicher Stellungen und Körperhaltungen in Raumstrukturen umgewandelt werden. In diesem entstandenen Raum wird dann unter Verwendung verschiedener Ressourcen, z. B. unter Einbringung des hergestellten Körperkapitals, um die Positionierung gekämpft. Einen Ausschnitt dieser aktiv geleisteten Aneignungsarbeit, der Verbindung zwischen Fremd- und Selbstkonstitution, stellen die Körperformungsstrategien in Fitnessstudios dar. Mittlerweile existieren die unterschiedlichsten Formen und Möglichkeiten, den Körper innerhalb von Fitnessstudios zu bearbeiten. Trotz werbewirksamer Marketing-Strategien machen Wellness-Angebote jedoch nur einen kleinen Teil aus (lediglich 15,1%). Auch bei den Ergebnissen einer repräsentativen Untersuchung betrachten lediglich 12% der Befragten das Fitnesstraining als Gesundheitsvorsorge, während hingegen 41% ihre Aktivitäten als sportliche Betätigung deklarieren (vgl. DSSV, 2003, S. 22ff.). Meine Untersuchung bezieht sich auf diese letzt genannte Gruppe, die sportive Praxen nutzt, um sich im Sinne gesellschaftlicher Idealkörperbilder zu modifizieren. Mit diesem Anliegen wird insgesamt eine disziplinierte Lebensweise ins Zentrum gestellt.

4 Relevanzverlust oder Aktualisierung der Geschlechterdifferenz durch die Körperformung in Fitnessstudios?

Bevor Ausschnitte aus dem Vergleich zweier Interviews präsentiert werden, will ich mein Forschungsprojekt kurz vorstellen. Ziel des Forschungsvorhabens (vgl. Sobiech, 2004, S. 293ff.) ist es, die gesellschaftlichen und Individuellen Funktionen der Arbeit am Körper zu untersuchen. Neben der Analyse normativer und institutioneller Strukturen stehen deshalb die Deutungen und Wahrnehmungen der in Fitnesscentern Aktiven – das sind Frauen und Männer, die in Fitnesscenter Bewegungsangebote wahrnehmen und mindestens seit zwei Jahren Mitglied waren oder sind – im Zentrum. Dabei geht es nicht vorrangig um das Verstehen einer anderen Persönlichkeit im Ganzen als vielmehr um das das Verstehen eines thematisch zentrierten Erfahrungszusammenhangs. D. h. es interessieren einzelne Teillinien der Lebensgeschichte, so dass sich das Leitfadeninterview als adäquate Form der Interviewführung anbietet. Gefragt habe ich nach der Körper- und Bewegungsbiografie, also nach Bewegungsmöglichkeiten im Vorschulalter, nach Schulsporterfahrungen und Freizeitgestaltung, nach den Selbst- und Körperwahrnehmungen bis zur Pubertät und Veränderungen durch die Pubertät. Ein weiterer Schwerpunkt bildete der Besuch des Fintesscenters und das Körper- und Selbstkonzept.

Die durchgeführten Interviews[3] sind einzuordnen in Methodologie und Methode der Biografieforschung, die versucht, der doppelten Gegebenheit des Körpers Rechnung zu tragen. In der erzählten Rekonstruktion des individuellen Gewordenseins wird das Forschungsinteresse darauf gerichtet, *wie* der Körper als Objekt kultureller Formung im Hinblick z. B. auf die Kategorie „Geschlecht" (auch Klasse, Ethnie etc.) und als Erfahrungsdimension auftaucht. Dabei geht es nicht um die Frage, wie der Umgang mit dem Körper der Interviewten tatsächlich war, vielmehr interessiert die retrospektive Sinnkonstruktion, d.h. die (re-)konstruktive Verwendung von körperbezogenen Elementen des Erlebens in der biografischen Erzählung. Inwiefern nun Geschlecht für die Aktiven als Zugehörigkeits- und Differenzkategorie relevant ist bzw. ob „Abweichungen" und Widerständigkeiten als Diskrepanzerfahrung thematisiert werden, will ich im Folgenden anhand von Interviewausschnitten[4] zeigen.

Die folgenden Ausführungen beziehen sich auf das Interview mit Birgit, die zum Zeitpunkt der Befragung 36 Jahre alt ist und als wissenschaftliche Mitarbeiterin an einer Universität im Bereich der Geschlechterforschung tätig ist, und auf das Interview mit Andreas, der zum Zeitpunkt der Befragung 29 Jahre alt ist und an seiner Dissertation, ebenfalls im Bereich der Geschlechterforschung, arbeitet. Beide stammen aus einem traditionellen bürgerlichen Milieu, der Vater ist Ernährer der Familie,

---

3   Was die Technik der Interviewdurchführung anbelangt, habe ich mich der „Forschungsprogrammatik des problemzentrierten Interviews" von Andreas Witzel (vgl. Sobiech, 2004, S. 299) angeschlossen. Hierbei wird im Zuge der Gesprächsführung den Befragten einerseits durch Anregung von Narrationen und Erzählsequenzen ermöglicht, ihre Perspektive darzustellen und andererseits können die Interviewenden ihr jeweiliges Vorwissen nutzen und auf der Grundlage von Erzählungen Dialoge initiieren. Dieser Ansatz geht davon aus, dass ein Interview das Resultat einer sozialen Beziehung ist, Deutungen werden demnach ausgehandelt. Dies bezieht sich auch auf die Geschlechtszuschreibung durch die Interviewerin. Die Frage ist hier, wie die Befragten diese im Verlauf der Interaktion im Interview aufgreifen oder in den Hintergrund treten lassen.

4   Das Auswertungsverfahren des erhobenen Materials ist als „systematische thematische Analyse (vgl. Fuchs, 1984, S. 230), die sich von einem Bericht der Originaltexte unterscheidet, zu bezeichnen. Die themenzentrierten narrativen Interviews werden nach einer ersten und zweiten Sichtung des Datenmaterials in Aussagen zerlegt und diese einem aus der Sichtung entwickelten Kategoriensystem zugeordnet. In einem dritten Schritt erfolgt die Interpretation dieser Aussagen, eingebettet in historische und zeitgenössische Informationen der rekonstruierten Lebenswelt. Bei diesem Verfahren kommen sowohl die Befragten mit ihren eigenen Deutungsmustern als auch die Forscherin durch thematische und theoretische Beiträge zu Wort.

die Mutter gibt ihren Beruf mit der Geburt des ersten Kindes auf. Birgit und Andreas geben an, dass ihnen durch die örtliche Umgebung ihres Elternhauses umfassende Bewegungsmöglichkeiten zur Verfügung standen und sie dies auch durch ihr Spielen draußen genutzt haben. Sportvereinsmitgliedschaft kommt für beide zunächst nicht in Betracht. Auch die Erfahrungen im Sportunterricht sind eher als negativ einzustufen, dem beide lieber fern bleiben. Dies ist für Mädchen auch heute noch eine beliebte Strategie, während es für Jungen als eher untypische Maßnahme gelten kann. Beide wachsen mit einer Vorstellung von ihrem Körper auf, der jeweils den gesellschaftlichen Konstruktionen von „Weiblichkeit" und „Männlichkeit" nicht entspricht. Während Birgit sich als zu dick empfindet, also zu viel „Masse", gemessen an dem weiblichen Schönheitsideal, auf die Waage bringt, beschreibt Andreas sich als „schwächlich" und „defizitär", weist, gemessen an Idealbildern des männlichen Körpers, also zu wenig Masse auf. Erst mit der Pubertät kündigt sich für ihn ein Umschwung durch seine Teilnahme am Kampfsport im Sportverein an. Für Birgit nehmen hingegen die Probleme mit ihrem Körper in dieser Phase zu. Bei beiden bleibt die Vorstellung, nicht dem gesellschaftlichen Normalmaß zu entsprechen, erhalten.

4.1 Einstieg und Motivation

Diese Vorstellung führt letztlich auch bei beiden dazu, in einem Fitnesscenter Mitglied zu werden.

Birgit befindet sich zum Zeitpunkt des Eintritts in ein Fitnessstudio in einer Lebensphase, in der ihr Alltag mit viel Arbeit ausgefüllt ist und sehr wenig Bewegung Platz findet. Vor allem Rückenprobleme und dass sie „ein bisschen dicker geworden ist" führen zur Bereitschaft, das Training in einem Fitnessstudio auszuprobieren. Sie absolviert zunächst ein vierwöchiges Probetraining in einem Frauenfitnessstudio. Ihre Erwartungen sind: Verbesserung der Rückenprobleme, die Muskeln sollen trainiert werden und sie will „(…) viel schöner aussehen in kürzester Zeit".

Andreas gibt an, bereits im Alter von vierzehn Jahren habe sein Vater ihn gedrängt, ein Fitnessstudio zu besuchen. Einen weiteren Grund für seinen Eintritt ins Studio sieht er in der Tatsache, dass seine Freundin ihn verlassen hat. Dass die Beziehung gescheitert ist, schreibt er allein seinem „defizitären" Körper zu. Seine Erwartung ist: „Ich wollte insgesamt kräftiger werden, ich wollte insgesamt breiter werden".

In den Aussagen von Birgit und Andreas wird deutlich, dass beide mit ihren Erwartungen an das Körpertraining den Konstruktionen von „Weiblichkeit" und „Männlichkeit" entsprechen wollen. Aufschluss darüber, was genauer darunter zu verstehen ist, soll die Analyse des Bewegungsstils geben.

4.2 Bewegungsstil und Bewegungsintensität

Birgit fühlt sich zunächst wohl beim Training im Frauenfitnessstudio, da dort auch viele Frauen trainieren, die übergewichtig sind und sie mit ihrer Größe und Körperfülle nicht besonders auffällt: „Da waren ganz viele Frauen, die waren also richtig übergewichtig, die haben auch ganz furchtbar ausgesehen, wenn die geschwitzt haben". Die familiäre Atmosphäre des Frauenfitnessstudios empfindet sie jedoch auf Dauer als nicht angenehm. Hinzu kommt der ihrer Meinung nach zu teure Mitgliedsbeitrag, so dass sie aus dem Studio aus- und in ein reines Gerätestudio, einem, wie sie es nennt, „Muskelstudio", eintritt. Ihre Erwartungen an das Training sind: „Ich wollte, dass man Muskeln sieht, Knackarsch, das sollte alles hier besser aussehen und dafür weniger Fett, mehr Muskeln, weniger Fett". Das Programm, das sie etwa ein- bis dreimal pro Woche an den Geräten absolviert, wird gesteigert durch die Zunahme an Wiederholungen. Birgit erlebt das Absolvieren dieses Programms auf Dauer jedoch immer mehr als Pflicht:

> „Also, es gab Geräte, die ich gern mal gemacht habe und dann habe ich immer gesagt, also jetzt noch eins und dann kommt die Übung. Oder jetzt habe ich alle doofen schon hinter mir, jetzt ist es nur noch schön. Aber nicht so wirklich schön, nicht so wirklich schön."

Nach ihrer „Pflicht" zum Training, belohnt sie sich am Abend, wie sie selbst sagt, mit „hemmungslosen" Essen. Die Folge ist, sie nimmt im Laufe ihrer zwei Jahre währenden Mitgliedschaft zehn Kilo zu.

Andreas steigert sein anfängliches Gerätetraining mit wenig Gewichten auf eine Weise, die als Maximalkrafttraining oder im klassischen Sinn als Bodybuilding bezeichnet wird. Andreas gibt selbst an, dass diese Art der Körperarbeit zurzeit nicht mehr „en vogue" ist. Intendiert wird in der Regel ein fitter, durchtrainierter Körper mit nicht zu ausdefinierter Muskulatur. Andreas sagt über seine Trainingsziele: „(…) ich hatte halt immer dieses schwächliche Körperbild und da war ja schon die dauernde Verheißung, dass ich das ändern kann". Also trainiert er auf „Masse", besonders den oberen Rückenbereich sowie Brust, Schultern und Oberarme. Andreas geht fast jeden Tag ins Studio und trainiert pro Trainingseinheit drei Stunden. Dazu gehört eine besondere, eiweißreiche Ernährung. In Anbetracht seines Trainingsziels ist es nicht verwunderlich, dass er den Besuch von Aerobickursen nicht im Blick hat. Allerdings wird der Besuch solcher Kurse nicht nur von ihm abgelehnt, sondern zugleich klassifiziert er diese Bewegungspraxis als „unmännlich": „Männer, die die Frauenkurse mitmachen, die heißen (…) Warmduscher". Andreas stellt sein Leben immer mehr auf das Training ein, es strukturiert quasi seinen Tagesablauf, auch die Intensität der Körperformung wird immer mehr gesteigert, so dass Andreas selbst von „Fitnesswahn" spricht.

> „Ich fass' darunter, dass man die Ernährung ganz darauf einstellt, dass man fünfmal die Woche dahin geht, dass man sich schlecht fühlt, wenn man nicht hingeht, dass man sein Leben danach ausrichtet, dass man überlegt, ob ich am Abend wirklich einen Trinken gehen kann, weil ich dann am nächsten Morgen nicht die Lust habe, zum Training zu gehen."

4.3 Trainingsareal und Trainingserfolg

Birgit sucht sich einen Bereich für ihr Körpertraining aus, der als „Zwischenbereich", d.h. das Areal wird sowohl von Männern als auch von Frauen genutzt, gelten kann. Geschlecht als Zugehörigkeits- und Differenzierungskategorie und damit als Zugangschance oder -begrenzung ist demnach zunächst nicht relevant. Diese Art der Gender-Neutralisierung zieht jedoch eine bestimmte Form der Differenzarbeit nach sich. Birgit beschreibt die verschiedenen Trainingsstrategien an den Geräten:

„(...) weil die Männer haben ja das Problem, weil jetzt plötzlich auch ganz viele Frauen in das Fitnessstudio gehen, sich doch noch abzusetzen. Und die machen das dann, also in dem sie tüchtig viel auflegen, (...) Also du siehst an den Bewegungen, dass die das nicht mehr so schaffen, (...). Und dann ist das immer verbunden mit lautem ‚Uh, Uh, Uh', damit das auch richtig ordentlich spürbar ist, hier ist ein Mann am Werke."

Andreas wählt von vornherein ein Areal, das Männern für das Muskelaufbautraining vorbehalten ist. Ein bestimmtes „Gender-Management" ist hier nicht notwendig. „Da ging es halt immer darum zu zeigen, ‚Ich glaube, ich habe noch eine bisschen bessere Methode, willst du das mal ausprobieren?' Und das war schon sehr ein Gemeinschaftsgefühl."

Ist bei Birgit die ästhetische Arbeit am Körper, die auf die Herstellung des weiblichen Idealkörpers gerichtet ist, gebrochen und widersprüchlich, gelingt Andreas die Produktion des männlichen Idealkörpers mit großem Erfolg. Während Birgit die Strategie der Reduktion verfolgt, da sie glaubt auf andere „massiv" zu wirken, als zu „groß" und „braucht viel Platz", verfolgt Andreas die Strategie der Expansion, trainiert auf „Masse", um „Raum einnehmender" zu werden. Birgit nimmt bei einer Größe von 185 cm zehn Kilo (etwa von 80 auf 90 kg) zu, Andreas erhöht sein Gewicht ebenfalls bei einer Größe von 1,85 m um vierundzwanzig Kilo (von 69 auf 93 Kilo). Wird Birgits Handeln nach gesellschaftlichen Bewertungsmaßstäben als Misserfolg gewertet, gilt Andreas Gewichtszunahme als erfolgreiche Körperformungsstrategie. Wird demgegenüber das Körpermanagement beider mit Blick auf die Dekonstruktion von Geschlecht analysiert, muss Birgit, auf der Oberfläche betrachtet, als die erfolgreichere gelten, da sie die gesellschaftlichen Zumutungen durch ein kaum zu erreichendes Schönheitsideal zurückweist, allerdings mit dem Preis sich in Gesellschaft von Anderen deplaziert zu fühlen. Untersucht man nun schließlich die Strategien im Hinblick auf die Lösung von elterlichen Weisungen, Ge- oder Verboten, welche einen „eigenen Weg" zum Ergebnis hätte, scheitern zu diesem Zeitpunkt letztlich beide, was auch beide als Problem benennen und erkennen. Während Andreas die Erwartungen und Forderungen seines Vaters punktgenau erfüllt, richtet sich Birgit gegen die mütterliche Doktrin[5] auf Gewicht und Ernährung zu achten und schaut nicht so sehr darauf, „was ihr wirklich gut tut".

4.4 Körperkonzept

Bei Birgit teilt sich die Wahrnehmung ihres Körpers in ein inneres Körpererleben und eine äußere Körperbetrachtung. Ein Aspekt des inneren Körpererlebens umfasst das „für mich sein", dem Fühlen und Nachspüren, z. B. „satt zu sein", auch im umfassenden Sinne, oder die Wärme des bewegten Körpers zu spüren, sich getragen und geborgen zu fühlen. Diesen Zustand empfindet Birgit nur dann, wenn sie tatsächlich „für sich" ist, d.h. wenn keine anderen Menschen, bis auf ihren Partner, anwesend sind. Ein zweiter Teil inneren Empfindens ist ausgefüllt von einer großen Verletzbarkeit, das Eigene scheint nicht gesichert und verankert. „Da ist so ein in-

---

5 Nicht nur die Anpassung an die mütterlichen Wünsche, sondern auch das Gegenteil, eine starke Oppositionshaltung wird als sicheres Zeichen für die Abhängigkeit von der Mutter gewertet („Gegenabhängigkeit") (vgl. Sobiech, 1994, S. 299).

neres Körperbild, da fühle ich mich ganz zart und schmächtig und zerbrechlich und schwebend (…) ja, oder so irgendwie ätherisch." Bezogen auf die innere „Haltung" beschreibt Birgit sich als „zurückhaltend". D. h., das, was aus ihrer Sicht ihr von anderen zugeschrieben wird, „groß und braucht viel Platz", stellt sich in ihrem Gefühl und ihrer Wahrnehmung eher umgekehrt dar: „(…) ich nehme den Platz nicht ein (…), ich denke, ich brauche aber auch noch ein bisschen Platz". Das Gefühl, nicht genug Raum für eigene Bedürfnisse, Vorstellungen und Interessen zu haben, ist zugleich gekoppelt an die Angst, übersehen zu werden. Die Diskrepanz zwischen ihrem inneren Fühlen und der Außenwahrnehmung verstärkt sich in Anwesenheit Anderer. Im Kontakt mit und in der Wahrnehmung von Anderen hat Birgit den Eindruck, „da stimmt irgendwas nicht, da bin ich zu groß, zu laut, schwitze ich zuviel, also da bin ich sehr präsent mit meiner Körperlichkeit".

Bei Andreas lässt sich eine ähnliche Differenzierung finden, allerdings mit umgekehrten Vorzeichen. Sein inneres Gefühl ist immer noch „dieses defizitäre Gefühl" oder präziser: ein Gefühl „defizitärer Männlichkeit". Das wirkt sich so aus, dass Andreas versehentlich Leute anrempelt oder gegen Türrahmen stößt, da er die Körpermaße, die er sich äußerlich antrainiert hat, innen nicht spürt. Das passiert

> „vor allen Dingen in Situationen, in denen ich mich vielleicht insgesamt nicht ganz so gut fühle. Gut, das erkläre ich mir halt schon, dass ich noch ein inneres Selbstbild von meinem Körper habe, was nicht mit dem äußeren übereinstimmt. Als ich dreiundzwanzig war, bin ich von neunundsechzig Kilo auf dreiundneunzig."

Da er eine innere Stärke für sich nicht wahrzunehmen vermag, braucht er die Bestätigung von außen, z. B. dass er ein attraktiver Mann ist. Es geht ihm hierbei hauptsächlich um die Anerkennung von Frauen. So betont Andreas, dass seine erste Freundin sich von ihm getrennt habe, da er zu diesem Zeitpunkt noch nicht die entsprechenden Körpermaße aufweisen konnte.

4.5 Bewältigungsform: Die ästhetische Arbeit als „(Neu-)Erschaffung" des Selbst?

Eine Bewältigungsform ist die jeweilige Form des Umgangs mit Unsicherheiten. Birgit empfindet ihren „Körper in sozialen Situationen" als eine große Unsicherheit. Sobald sie mit anderen zusammen ist, „stimmt etwas nicht", ihr Körperbild wird diffus und unkonturiert. Durch die „Arbeit am Körper" im Fitnessstudio – die Techniken der Körperformung zielen auf den Aufbau eines stabilisierenden Muskelkorsetts – erhofft sie sich zugleich Auswirkungen auf ihre innere „Haltung". Es soll also ein Körper hergestellt werden, der dem Selbst „Halt" gibt. Zugleich ist der tatsächliche Erwerb dieser Haltung ambivalent: Birgit möchte „vom Rücken her gerade sein", aber „dann kommt der Busen so vor", was wieder die Frage auslöst „welchen Platz nehme ich eigentlich ein und wie wirke ich dann, wenn ich so bin, wie ich bin?" In dem Maße, in dem ein „gerader Rücken" als ein Ergebnis der Körperformungsstrategie erscheint, also im übertragenen Sinne auch Bedürfnissen, Interessen und damit auch Ecken und Kanten ihres Selbst, ihrer Persönlichkeit etc. zum Ausdruck kommen, also Raum erhalten, wächst ihre Unsicherheit „welchen Platz nehme ich eigentlich ein und wie wirke ich dann?", vor allem dann, wenn sie damit gesellschaftlichen Konstruktionen von „Weiblichkeit" – z. B. zurückhaltend zu sein – nicht mehr entspricht „wenn ich so bin, wie ich bin".

Bei Andreas erscheint die ästhetische Arbeit am Körper im Fitnessstudio ungebrochen als Herstellung von „Männlichkeit". Ihm geht es um Gewichtszunahme, eine insgesamt breitere Konstitution im Rahmen des männlichen Körperideals. Der Beginn des Körpertrainings nach dem tödlichen Unfall seines Vaters ist kein Zufall. Die Verunsicherung bisheriger Familienstrukturen, die Herauslösung aus der langjährigen Liebesbeziehung und Übernahme von Verantwortung für andere Familienmitglieder erhöht den Orientierungsbedarf und die Aneignung von Fähigkeiten, die sein Bild defizienter Männlichkeit kompensieren helfen. Dies scheint durch den Besuch eines Fitnessstudios gegeben. Zum einen erhält sein Leben durch das fast tägliche Training Struktur und Orientierung. Der Tagesablauf, die Ernährung, also insgesamt die Lebensführung unterliegen einem strengen Reglement. Das bis zum „Fitnesswahn" gesteigerte Körpertraining verschafft ihm zusätzlich eine „aufrechte", „präsente" Körperhaltung, also einen „Raum einnehmenden" Habitus, der seine erfolgreiche Positionierung in und außerhalb der Familie einen augenfälligen Ausdruck verleiht. Die Suche nach einem inneren Halt, den Andreas im Körpertraining zu finden glaubt, wird zur Sucht nach dem durch das Training ausgelöste Körpergefühl.

> „Also, was ich halt mag, das ist mir halt das Wichtige in den Trainingsphasen, dass ich dann auch so ein Spannungsgefühl im ganzen Körper habe, das am Trainingstag und vor allen Dingen am Tag danach anhält und wo ich dann am dritten Tag schon das Gefühl habe, jetzt möchtest du es wieder haben."

Auch die präzisere Beschreibung des Gefühls, der Eindruck, „dass alles aufgeladen ist", verweist auf die Gleichsetzung von Körpergestaltung und Alltagsbewältigung. Aus diesem Grund ist alles, was mit ‚Sich-Gehenlassen', ‚Loslassen' zu tun hat, gefährlich und bedrohlich. „Das ist einfach Schlaffheit, dieses Nichthochkommen, das Sich-Gehenlassen, (...) das ist einfach als Körpergefühl unangenehm."

5 Schlussbetrachtung

Die Ausführungen haben gezeigt, dass die Herstellung von Schönheit, Jugendlichkeit, Gesundheit und Fitness mit Glücks- und Heilversprechen ausgestattet sind, die jedoch nur, wenn überhaupt, durch disziplinierte und ausdauernde Arbeit am eigenen Erscheinungsbild, z. B. durch die Techniken der Körperformung in Fitnessstudios, einzulösen sind. In der gezielten Bearbeitung des Körpers ist Geschlecht ein äußerst relevanter Faktor, durch die inkorporierte Bilder von „Weiblichkeit" und „Männlichkeit", omnipräsent in Medien und Werbung, in äußerer Haltung erzeugt, verstärkt und als scheinbar natürlicher Körperausdruck visualisiert werden. Aber in diesem Fall wissen die Akteure, was ihr Tun für Folgen hat: Indem „Männlichkeit" und „Weiblichkeit" als etwas Gemachtes in den Blick gerät, wird „Geschlecht" de-naturalisiert und de-konstruiert. Der Effekt solcher Körperformung liegt auf der Hand: Die mit der Modernisierung ausgelösten Unsicherheiten können zumindest in einem Sektor, im Feld der ästhetischen Arbeit am Körper, in Stabilität und Orientierung umgewandelt werden. Letzteres gilt insbesondere für die soziale Positionierung von Männern, die durch eine breite Körperhaltung und Gesten, die auf Raumgewinn angelegt sind, also Bedeutung, Dominanz und vor allem Wettbewerbs- und Konkurrenzfähigkeit signalisieren. Wenig Raum einzunehmen durch eine schmale Fußstellung, durch zusätzlich eng am Körper gehaltene Arme gehört indes zur Präsentation eines weiblichen Körpers, die auf innere Zurückhaltung und Nachgiebigkeit verweisen soll. Dieses Körpermanagement kollidiert allerdings mit der in modernen Gesellschaften erhobenen Forderung an Frauen zugleich stark, zielorientiert und durchsetzungsfreudig zu sein. Um diese Eigenschaften glaubwürdig vertreten zu können, ist eine entsprechende äußere Haltung notwendig, eine selbstbewusste, Raum einnehmende Körperpräsentation, die wiederum nicht mit „Weiblichkeit" assoziiert wird. Diese gesellschaftlichen Widersprüche erzeugen bei Frauen folglich Ambivalenzen, d.h. sie befinden sich in einem Zwischenstadium des „nicht mehr" und „noch nicht". Veränderte Anforderungen durch alte Zuständigkeiten im privaten und neue Verantwortung im öffentlichen Sektor bewirken Brüche im Körperkonzept. Die ästhetische Arbeit am eigenen Körper kann in diesem Kontext als ein Versuch gewertet werden, sich dennoch zu positionieren und dem Selbst Halt zu geben.

Literatur

Bourdieu, P. (1992). *Rede und Antwort*. Frankfurt/Main: Suhrkamp.
Bourdieu, P. (1999). *Sozialer Sinn. Kritik der theoretischen Vernunft* (3. Aufl.). Frankfurt/Main: Suhrkamp.
Brandes, H. (2002). *Der männliche Habitus. Bd. 2: Männerforschung und Männerpolitik*. Opladen: Westdeutscher Verlag.
Deutscher Sportstudio Verband e.V. (DSSV) (2003). *Eckdaten 2003/2004*. Hamburg: DSSV.
Foucault, M. (1977). *Überwachen und Strafen. Die Geburt des Gefängnisses*. Frankfurt/Main: Suhrkamp.
Foucault, M. (1978). *Dispositive der Macht. Michel Foucault über Sexualität, Wissen und Wahrheit*. Frankfurt/Main: Suhrkamp.
Foucault, M. (1986). *Der Gebrauch der Lüste, Sexualität und Wahrheit*. Bd. 2. Frankfurt/Main: Suhrkamp.
Heintz, B. & Nadai, E. (1998). Geschlecht und Kontext. De-Institutionalisierungsprozesse und geschlechtliche Differenzierung. *Zeitschrift für Soziologie, 27*(2), 75-93.
Hettlage, R. (2000). „Identitäten im Umbruch. Selbstvergewisserungen auf alten und neuen Bühnen". In R. Hettlage & L. Vogt (Hrsg.), *Identitäten in der modernen Welt* (S. 9-51). Wiesbaden: Westdeutscher Verlag.
Hitzler, R. (2002). „Der Körper als Gegenstand der Gestaltung. Über physische Konsequenzen der Bastelexistenz". In K. Hahn & M. Meuser (Hrsg.), *Körperrepräsentationen. Die Ordnung des Sozialen und der Körper* (S. 71-85). Konstanz: UVK.
Klein, M.-L. & Deitersen-Wieber, A. (2003). Prozesse der Geschlechterdifferenzierung im Marketing-Management in Fitness-Studios. In I. Hartmann-Tews et al. (Hrsg.), *Soziale Konstruktion von Geschlecht im Sport* (S. 187-222). Opladen: Leske + Budrich.
Sobiech, G. (1994). *Grenzüberschreitungen. Körperstrategien von Frauen in modernen Gesellschaften*. Opladen: Westdeutscher Verlag.
Sobiech, G. (2004). „Körper ohne Geschlecht? (Re- und De-)Konstruktionen der Geschlechterdifferenz durch die ästhetische Arbeit am Körper in Fitnessstudios". In S. Buchen et al. (Hrsg.), *Gender methodologischen. Empirische Forschung in der Informationsgesellschaft vor neuen Herausforderungen* (S. 293-314). Wiesbaden: VS Verlag.
Wetterer, A. (2003). Rhetorische Modernisierung. Das Verschwinden der Ungleichheit aus dem zeitgenössischen Differenzwissen. In G.-A. Knapp & A. Wetterer (Hrsg.), *Achsen der Differenz. Gesellschaftstheorie und feministische Kritik* (S. 286-319). Münster: Westfälisches Dampfboot.

CLAUDIA COMBRINK & ILSE HARTMANN-TEWS

Relevanz und Irrelevanz von Geschlecht in ehrenamtlichen Führungsgremien im Sport

Die Unterrepräsentanz von Frauen in den ehrenamtlichen Führungsgremien von Sportorganisationen ist ein seit Jahrzehnten zu beobachtendes Phänomen. In den Führungsgremien von Sportjugendverbänden zeigt sich allerdings ein anderes Bild. So sind z.b. in den Jugendvorständen der Landesfachverbände in Nordrhein-Westfalen ca. ein Drittel der Mitglieder Frauen und damit sind sie fast entsprechend ihres Mitgliederanteils in den Führungspositionen vertreten. Dieses Phänomen war der Ausgangspunkt für ein Forschungsprojekt, das sich mit der Frage beschäftigt, warum sich in den Jugendvorständen die traditionelle Geschlechterordnung nicht widerspiegelt, welche Bedeutung Geschlecht in den Jugendvorständen hat und welche Unterschiede hierbei im Vergleich zu den Präsidien zu erkennen sind.
Im Folgenden werden zunächst kurz der Forschungsstand und daran anschließend unsere Theorieperspektive dargestellt, um hierauf aufbauend ausgewählte Ergebnisse der Studie einzuordnen.

1 Forschungsstand

Die Sportjugendverbände mit ihren Führungsgremien sind nur selten Gegenstand von Forschungsprojekten gewesen und bislang noch nicht unter der Geschlechterperspektive in den Blick genommen worden. Lediglich Ende der 1980er Jahre wurden im Rahmen einer Bestandsaufnahme der Teilhabe von Frauen und Mädchen sowie der Frauenförderstrukturen in den Jugendverbänden in Nordrhein-Westfalen auch die Sportjugendverbände einbezogen (vgl. ISA, 1990). Erkenntnisse darüber, wie die Geschlechterverhältnisse in den ehrenamtlichen Führungsgremien von Sportjugendverbänden zustande kommen, gibt es nicht. Bezieht man nicht-sportbezogene Jugendverbände mit ein, so stößt man zumindest auf einzelne Untersuchungen, die die Geschlechterverhältnisse in den Verbänden beleuchten (vgl. Funk & Winter, 1993; HJR, 2001; Niemeyer, 1994). Diese gehen allerdings der Frage nach der Unterrepräsentanz von Frauen nach und nicht der Frage nach der Bedeutung von Geschlecht. Außerdem werden nicht in allen Studien explizit die Führungsebenen untersucht.
Die Führungsgremien von Sportorganisationen – ohne die Jugendvorstände – sind hingegen schon häufiger in Hinblick auf die dort bestehenden Geschlechterverhältnisse untersucht worden. Bei den deutschen Studien bis Anfang des 21. Jahrhunderts wurde auch hier die Frage nach der Unterrepräsentanz von Frauen in den Mittelpunkt gestellt. Dabei handelt es sich um kleine Studien, die ausschließlich Frauen in ihre Untersuchung einbezogen haben (vgl. Burk, 1994; Kraus, 1997;

Wopp et al., 2000). Fasst man die Ergebnisse der Studien zusammen, so kristallisieren sich zwei Dimensionen zur Erklärung der Geschlechterverhältnisse in den ehrenamtlichen Führungsgremien von Sportorganisationen heraus: individuelle Faktoren von Frauen und gesamtgesellschaftliche Verhältnisse. Internationale Studien und neuere Studien in Deutschland nehmen eine erweiterte Perspektive ein, indem sie sowohl Frauen als auch Männer in ihre Untersuchung einbeziehen (vgl. Cameron, 1996; Doll-Tepper & Pfister, 2004; Fischer, 2003; Hall et al., 1990; Hovden, 2000a, b; Mckay, 1997). Alle Studien stellen die Bedeutung der Kategorie Geschlecht innerhalb der Führungsgremien heraus. Gerade die internationalen Studien machen deutlich, dass die formalen und informellen Rekrutierungsprozesse systematische Ausschlussmechanismen beinhalten, die einer Inklusion von Frauen entgegenwirken.[1] Bei der Analyse der Benachteiligungsstrukturen gegenüber Frauen wurde jedoch die Frage vernachlässigt, ob und wenn ja in welchen Zusammenhängen das Geschlecht der Personen bei der Arbeit in ehrenamtlichen Führungsgremien keine Rolle spielt, in welchen Konstellationen es irrelevant ist. In unserem Forschungsprojekt versuchen wir, sowohl der Relevanz als auch der Irrelevanz von Geschlecht in ehrenamtlichen Führungsgremien von Sportorganisationen auf die Spur zu kommen.

2 Relevanz und Irrelevanz von Geschlecht in Organisationen

Das von uns durchgeführte Forschungsprojekt fußt auf konstruktivistischen Ansätzen der Geschlechterforschung und der Organisationstheorie. Die konstruktivistische Perspektive zielt darauf ab zu analysieren, wie die soziale und kollektiv produzierte Ordnung, u.a. die Geschlechterordnung, zustande kommt und den Akteurinnen und Akteuren als objektiv erfahrbare soziale Realität gegenüber tritt, d.h. wie menschliches Handeln eine Welt von Sachen hervorbringt (vgl. Berger & Luckmann, 1969, S. 55ff.).

Auch Geschlecht ist – wie die angloamerikanische Geschlechterforschung deutlich gemacht hat – kein feststehendes Merkmal einer Person, sondern zum einen eine soziale Praktik, die im täglichen *doing gender* hergestellt und reproduziert wird, zum anderen eine soziale Kategorie der Gesellschaft (vgl. West & Zimmermann, 1991, S. 14). Geschlecht ist in alle Ebenen der Gesellschaft eingebettet und beeinflusst sowohl das Handeln der Akteurinnen und Akteure als auch die gesellschaftlichen Strukturen (vgl. Lorber, 1999, S. 47). Lange Zeit wurde davon ausgegangen, dass Geschlecht omnipräsent und omnirelevant ist. Diese Annahme wurde von West und Zimmermann (1991) durch ihre rhetorisch gemeinte Frage „can we ever *not* do gender?" (S. 24, Herv. i.O.) auf die Spitze getrieben. Mittlerweile wird diese Omnirelevanz jedoch in Frage gestellt. Ergebnisse der organisationsbezogenen Geschlechterforschung weisen dahin, dass Geschlecht nicht überall und nicht immer relevant sein muss (vgl. Wilz, 2002; Heintz et al., 1997). Auch wenn die „Geschlechterdifferenz

---

[1] Ausführliche Darstellung siehe Hartmann-Tews et al. (2003, S. 157f.).

(...) omnipräsent ist und unberechenbar überall relevant gemacht werden *kann*, bedeutet das nicht, dass dies auch in jeder Situation geschieht" (Hirschauer, 2001, S. 215; Herv. i.O.). Es gibt somit einen – noch weitgehend unerforschten – Kontingenzraum für die Herstellung von Geschlecht.

Für die Analyse der Konstruktion von Geschlecht in Organisationen ist neben den Geschlechtertheorien eine konstruktivistische Perspektive auf Organisationen grundlegend. Organisationen sind keine abstrakten, feststehenden Gebilde, sondern Produkte des handelnden Zusammenwirkens einer Mehrzahl von Menschen. Die Strukturen der Organisationen und das Handeln der Organisationsmitglieder stehen dabei in einem wechselseitigen Verhältnis. Einerseits werden die Strukturen durch das Handeln der Menschen, die einer Organisation angehören, herausgebildet, verfestigt oder auch verändert. Andererseits stellen die Strukturen einen Rahmen für eben dieses Handeln. Dieser Rahmen hat zwei Funktionen: „Einmal liefern Strukturen Verankerungspunkte der Orientierung, stiften Ordnung und schaffen Sinn. Zum anderen aber wirken Strukturen wie einschränkende Zwänge" (Wiswede, 1998, S. 27). Das heißt nicht, dass es für Akteurinnen und Akteure keine Wahlmöglichkeiten gibt, sondern dass die Strukturen einen kontingenten Möglichkeitsspielraum für das Handeln bieten (vgl. Giddens, 1984, S. 169; Ortmann et al., 1997, S. 319; Reckwitz, 1997, S. 96).

Wir betrachten in unserem Forschungsprojekt die eine Seite der wechselseitigen Beziehung: die Strukturen. Dabei unterscheiden wir drei Formen von sozialen Strukturen in Organisationen (vgl. Schimank, 2000, S. 176f.): Konstellationsstrukturen, Deutungsstrukturen und normative Erwartungsstrukturen.

Bei *Konstellationsstrukturen* handelt es sich um „eingespielte Gleichgewichte von Akteurkonstellationen" (ebd., S. 178). Es sind Beziehungen, die nicht einseitig von einer Akteurin oder einem Akteur gelöst werden können. Dazu zählen z.B. Freundschafts- und Feindschaftsverhältnisse, Arbeitsverhältnisse, aber auch Verteilungsmuster, die u.a. als unterschiedliche Einflusspotentiale wie Geld, Wissen oder Macht auftreten. In Sportverbänden sind dies u.a. Positionsbesetzungen von Führungsgremien oder Netzwerke.

Deutungsstrukturen sind Orientierungen des Handelns, die sich um kulturelle Leitideen gruppieren. Sie haben eine evaluative und eine kognitive Ebene (vgl. Reckwitz, 1997, S. 128f.; Schimank, 2000, S. 177). Bei *evaluativen* Deutungsstrukturen handelt es sich um kulturelle Werte und teilsystemische Codes, die Maßstäbe für Erstrebenswertes formulieren und den Akteurinnen und Akteuren Richtungen des Wollens zeigen. Durch Deutungsstrukturen wird Akteurinnen und Akteuren ein bestimmtes Handeln nahegelegt und anderes ausgeschlossen. *Kognitive* Deutungsstrukturen umfassen kollektives Wissen wie allgemeine Sichtweisen und wissenschaftliche Theorien. Hierzu zählen beispielsweise Geschlechterstereotype und die Bewertung von Positionen in den Führungsgremien von Sportorganisationen.

Bei *normativen Erwartungsstrukturen* handelt es sich um generalisierte, situationsübergreifende Erwartungen von Verhalten, die in Form von präskriptiven Sollens-Vorschriften an Akteurinnen und Akteure herangetragen werden. Sie beinhalten sowohl formale als auch informelle Regeln und sind mit negativen oder positiven Sanktionen verknüpft (vgl. Reckwitz, 1997, S. 122; Schimank, 2000, S. 176). Das sind in Sportorganisationen z.B. Satzungen und schriftlich fixierte Ordnungen oder auch Erwartungen an Führungskräfte.

Die organisationsbezogene Geschlechterforschung hat die Perspektive der Einbettung von Geschlecht in Handeln und Strukturen aufgenommen und empirisch umgesetzt. Während die meisten Studien nach der Relevanz von Geschlecht suchen, haben neuere Studien darauf hingewiesen, dass Geschlecht in Organisationen zum Teil auch irrelevant sein kann (vgl. Heintz et al., 1997; Korvajärvi, 1998; Wilz, 2002). Beispielsweise haben Heintz et al. (1997) gezeigt, dass Geschlecht in der Sachbearbeitung von Versicherungen keine Relevanz hat, wenn Frauen und Männer die gleichen Aufgaben und Positionen haben. Dagegen weisen viele Studien dahin, dass bei Personalentscheidungsprozessen für Führungspositionen Geschlecht eine sehr hohe Relevanz hat. Männer gelangen noch immer leichter und häufiger in Führungspositionen. Hier entfalten insbesondere normative Erwartungsstrukturen und Deutungsstrukturen ihre Wirkung, da Männer aufgrund der von ihnen erwarteten Eigenschaften für Führungspositionen ‚passender' erscheinen (vgl. Benshop & Doorewaard, 1998, S. 797; Heintz et al., 1997, S. 223 und 240; Lange, 1998, S. 84; Wilz, 2002, S. 267; Wimbauer, 1999, S. 153).

An diese Erkenntnisse knüpft unser Projekt an. Das Ziel ist, der Relevanz und der Irrelevanz von Geschlecht in ehrenamtlichen Führungsgremien von Sportorganisationen auf den Grund zu gehen. Folgende Fragen sollen dabei u.a. beantwortet werden:

– Welche geschlechtsbezogenen Konstellationsstrukturen sind in Jugendvorständen und Präsidien erkennbar?
– Welche Erwartungsstrukturen sind innerhalb der Jugendvorstände und Präsidien in Bezug auf die Kompetenz von ehrenamtlichen Führungspersonen identifizierbar und in welchem Maße sind sie mit Geschlechterstereotypen verknüpft?
– Unterscheiden sich die Erwartungsstrukturen im Vergleich von Jugendvorständen und Präsidien? Wenn ja, spielen die Faktoren Alter und Geschlecht der Ehrenamtlichen bei diesen Unterschieden eine Rolle?

3 Methodische Anlage des Forschungsprojektes

Das Forschungsvorhaben baut auf einer Interviewstudie mit 28 Präsidiumsmitgliedern aus acht ausgewählten Landesfachverbänden in Nordrhein-Westfalen auf, die der Frage nach den Mechanismen und Strukturen der (Re-)Produktion der Geschlechterverhältnisse in ehrenamtlichen Führungsgremien von Sportorganisationen nachgeht (vgl. Hartmann-Tews & Combrink, 2005; Hartmann-Tews et al., 2003). Die zentralen Erkenntnisse aus den Interviews dienten als Grundlage für eine schriftliche Befragung aller ehrenamtlich tätigen Jugendvorstands- und Präsidiumsmitglieder der

Landesfachverbände in Nordrhein-Westfalen.[2] Von den 1.255 verschickten Fragebögen konnten 142 von Jugendvorstandsmitgliedern und 296 von Präsidiumsmitgliedern ausgefüllte Fragebögen in die Untersuchung einbezogen werden (Rücklauf: 34,9%). Die ehrenamtlichen Führungskräfte wurden unter anderem zu folgenden Bereichen befragt: eigene ehrenamtliche Karriere und aktuelle Position, Rekrutierungsprozess und Frauenförderstrukturen innerhalb ihres Verbandes, die Arbeit im eigenen Gremium, Erwartungen an ehrenamtliche Führungskräfte, Einstellungen zu Eigenschaften von weiblichen und männlichen ehrenamtlichen Führungskräften, zu Gründen für die Unterrepräsentanz von Frauen in den Führungsgremien sowie zur Wirksamkeit von Frauenförderstrukturen.

4 Ergebnisse

Die im Folgenden dargestellten Ergebnisse der Fragebogenstudie beziehen sich auf den Zusammenhang von Geschlecht und soziale Strukturen in Sportorganisationen. In den Blick genommen wird die Relevanz und Irrelevanz von Geschlecht

– in der Positionsbesetzung von Jugendvorständen und Präsidien als Beispiel für Konstellationsstrukturen sowie in der Bewertung der Jugendvorstands- und Präsidiumspositionen als Beispiel für das Zusammenspiel von Konstellationsstrukturen mit kognitiv-evaluativen Deutungsstrukturen,
– in den Erwartungen an ehrenamtliche Führungskräfte als Beispiel für normative Erwartungsstrukturen.

4.1 Frauen und Männer in den Führungspositionen der Landesfachverbände in Nordrhein-Westfalen

Die Jugendvorstände der von uns untersuchten Landesfachverbände in Nordrhein-Westfalen haben einen Frauenanteil von 34,2%, damit sind Frauen fast entsprechend ihres Mitgliederanteils von 39,3% vertreten (vgl. LSB, 2004). In den Präsidien der Fachverbände in Nordrhein-Westfalen beträgt der Frauenanteil nur 15,4%, d.h. sie sind im Vergleich zu ihrem Mitgliederanteil deutlich unterrepräsentiert.
Neben der Repräsentation von Frauen und Männern in den Führungsgremien allgemein ist in Bezug auf die Geschlechterverhältnisse auch die Binnendifferenzierung, d.h. die Besetzung der verschiedenen Positionen von Interesse. Die Frage ist, ob Frauen und Männer gleichmäßig in allen Führungspositionen vertreten sind oder ob eine ungleiche Verteilung der Ressorts, d.h. eine horizontale Segregation vorliegt. In den Jugendvorständen zeigen sich bei der Besetzung der Positionen zwischen Frauen und Männern keine signifikanten Unterschiede. Frauen und Männer sind sowohl in den leitenden Funktionen als (stellvertretende/r) Jugendwart/in als auch in den anderen Positionen wie Sportwart/in, Beisitzer/in, Bezirksvertreter/in oder Jugendsprecher/in gleichermaßen vertreten.

---

2 Die genauere Darstellung der Untersuchung ist bei Combrink (2004, S. 93f.) nachzulesen.

In den Präsidien zeigt sich ein anderes Bild, liegen hier doch höchst signifikante geschlechtsbezogene Unterschiede bei der Besetzung der Positionen vor. Aus der Geschlechterperspektive formuliert lassen sich die Daten so zusammenfassen: Von den 15,4% weiblichen Präsidiumsmitgliedern hat ein Drittel die Position der Frauenwartin inne, gefolgt von 17,8% mit dem Amt der Vizepräsidentin und 11% der Finanzwartin. Von den 84,6% männlichen Präsidiumsmitgliedern sind 32% Präsident, gefolgt von 17,2 % Sport- oder Lehrwarten und 16,4% Vizepräsidenten. Frauen und Männer übernehmen in den Präsidien also unterschiedliche Positionen. Die Geschlechterverteilung innerhalb der einzelnen Positionen macht dies noch deutlicher. Die Positionen als Präsident/in und Bezirksvertreter/in werden ausschließlich von Männern besetzt, während die Positionen der Frauenwart/in zu 94% von Frauen ausgefüllt werden. Außerdem sind Frauen verglichen mit ihrer durchschnittlichen Präsenz in der Position als Jugendwartin stärker vertreten, in der Position als Sportwartin dagegen unterrepräsentiert. In den Präsidien ist somit deutlich eine horizontale Segregation vorhanden, d.h. Geschlecht hat nicht nur Relevanz als Zugangskriterium im Allgemeinen, sondern ebenso bei der Besetzung spezifischer Positionen.

Eine horizontale Segregation erlangt eine zentrale soziale Bedeutung, wenn mit ihr auch die Machtverhältnisse in den Gremien verbunden sind, d.h. wenn bestimmte Positionen mit mehr Entscheidungsbefugnissen und Einfluss verbunden sind. Die Hälfte der von uns befragten ehrenamtlichen Vorstandsmitglieder sagen, dass es Positionen innerhalb ihres Führungsgremiums gibt, denen unabhängig von dem oder der jeweiligen Amtsinhaber/in ein größeres Gewicht als anderen zugemessen wird – 47,1% der Jugendvorstandsmitglieder und 55,5% der Präsidiumsmitglieder schätzen dies so ein. In den Jugendvorständen wird allerdings nur die Position Jugendwart/in als wichtiger als andere Positionen hervorgehoben – eine Position, die wie alle anderen ohne geschlechtsbezogene Unterschiede besetzt ist. In den Präsidien werden hingegen vier Positionen als besonders zentral für die Verbandsarbeit bewertet: Präsident/in (78,8%), Finanzwart/in (39,7%), Vizepräsident/in (34,0%) und Sportwart/in (20,5%). Verglichen mit der oben dargestellten geschlechtsbezogenen Besetzung der einzelnen Positionen kann folgendes Fazit gezogen werden: bezogen auf die ohnehin geringe Repräsentation von Frauen in den Präsidien der Fachverbände – durchschnittlich 15,4% – sind sie in den zentralen und einflussreichen Führungspositionen innerhalb der Präsidien darüber hinaus (ebenfalls) unterrepräsentiert.

Die geschlechtsbezogene horizontale Segregation erweist sich somit als eine Konstellationsstruktur, die ungleiche Machtverhältnisse widerspiegelt. Bemerkenswert ist, dass in den Jugendverbänden keine geschlechtsbezogene horizontale Segregation vorliegt und auch nur eine Position als bedeutsamer und wichtiger innerhalb des Führungsgremiums erachtet wird als die anderen, d.h. eine eher gleichrangige Einflussstruktur wahrgenommen wird. In den Präsidien hingegen liegt eine klare geschlechtsbezogene horizontale Segregation vor. Gleichzeitig ist die Zuschreibung unterschiedlicher Einflusspotenziale bei den jeweiligen Positionen (vertikale Segregation) ebenfalls verbunden mit einer geschlechtsbezogenen Besetzung dieser Positionen und zwar in der Richtung einer ungleichen Machtverteilung zuungunsten der Frauen.

4.2 Erwartungen an ehrenamtliche Führungskräfte

An Personen, die in ehrenamtlichen Führungspositionen von Sportorganisationen arbeiten oder arbeiten möchten, werden Erwartungen bezüglich ihres Handelns und ihrer Kompetenzen gestellt, die sowohl formaler als auch informeller Art sein können. Gerade wenn es um Rekrutierungsprozesse geht, haben vermutlich diejenigen Personen größere Chancen, rekrutiert und gewählt zu werden, die den Erwartungen an eine ehrenamtliche Führungskraft im Sport am ehesten entsprechen. Um ein Bild über diese Erwartungen an die Eigenschaften ehrenamtlicher Führungskräfte im Sport zu erhalten, sollten die befragten Jugendvorstands- und Präsidiumsmitglieder auf einer fünfstufigen Skala notieren, für wie wichtig sie verschiedene Eigenschaften für ehrenamtliche Führungskräfte einschätzen.

Dass die Ehrenamtlichen insgesamt sehr hohe Erwartungen an ihre Kolleginnen und Kollegen und – da sie selber der Gruppe angehören – an sich selbst haben, zeigt sich darin, dass sie vierzehn der einundzwanzig Eigenschaften als (sehr) wichtig einstufen, bei fünf unentschieden sind und nur zwei als eher unwichtig bewerten.

Zur Dimensionsreduktion haben wir eine Faktorenanalyse vorgenommen, bei der sechs Faktoren extrahiert werden konnten:[3]

1. Klassische Führungskompetenzen: Entscheidungsfähigkeit, Durchsetzungsfähigkeit und Führungskompetenz
2. Berufliche Kompetenzen und Erfolgsstreben: Kenntnisse aus bestimmten Berufen, Ausgeprägtes Machtbewusstsein, Berufliche Führungsposition
3. Engagementpotenzial: Hohe Einsatzbereitschaft, viel Zeit, Verfügung über moderne Kommunikationsmittel
4. Moderne Führungskompetenzen: Teamfähigkeit, Offenheit für alle Arbeitsbereiche, Kommunikative Kompetenzen, Organisationsfähigkeit
5. Netzwerke: Beziehungen innerhalb des Sports, Beziehungen zur Politik und Wirtschaft, leistungssportliche Karriere
6. Fachliche Kompetenzen: Ressortbezogene Kompetenzen, sportfachliche Kompetenzen

Die Mittelwerte der Faktoren zeigen insgesamt vier Faktoren mit hoher Wichtigkeit, einen Faktor, dessen Wichtigkeit als eher neutral oder unentschieden eingestuft wird, und einen Faktor, der als eher irrelevante Eigenschaft dargestellt wird (vgl. Tab. 1).
Die Differenzierung zwischen den Gremien ergibt ein interessantes Bild. Die Präsidiumsmitglieder haben an ehrenamtliche Führungskräfte fast durchgängig höhere Erwartungen als die Jugendvorstandsmitglieder. Vier Faktoren erzielen bei ihnen signifikant höhere Werte, wobei einer dieser Faktoren im Bereich 'unentschieden' und einer im Bereich 'eher unwichtig' liegt. Sie stufen das Vorhandensein klassischer Führungskompetenzen und fachlicher Kompetenzen als noch wichtiger ein als die Jugendvorstandsmitglieder. Dem Kriterium des Vorhandenseins von Netz-

---

3   Die extrahierten Faktoren (Varimax-Rotation) erklären 50% der Varianz. Vier Items wurden ausgeschlossen, da sie entweder eine Ladung unter 0,4 oder Doppelladungen aufwiesen.

werken stehen sie neutraler gegenüber als die Jugendvorständler/innen, die dies tendenziell als wenig wichtig einstufen. Auch die berufliche Positionierung der Ehrenamtlichen erscheint den Präsidiumsmitgliedern zwar wenig wichtig, aber nicht in dem Maße unwichtig wie den Jugendvorstandsmitgliedern. Durch diese unterschiedliche Bewertung ergibt sich eine unterschiedliche Reihenfolge der Gewichtung der Eigenschaften. Während Präsidien den klassischen und modernen Führungskompetenzen den größten Stellenwert einräumen, stehen die klassischen Führungskompetenzen bei den Jugendvorstandsmitgliedern erst an dritter Stelle hinter den modernen Führungskompetenzen und dem Engagementpotenzial.

Auffällig ist, dass die Präsidiumsmitglieder stärker als die Jugendvorstandsmitglieder diejenigen Eigenschaftsgruppen betonen, die eher Männern als Frauen zugeschrieben werden (vgl. Wilz 2002, S. 190ff.; Lange 1998, S. 89f.). Ihre Vorstellungen von den Kompetenzen ehrenamtlicher Führungskräfte in den Sportverbänden entsprechen mit diesen Dimensionen deutlicher den traditionellen Männlichkeitsstereotypen als die Vorstellungen der Jugendvorstandsmitglieder. Effekt dieser Vorrangstellung von männlich konnotierten Kompetenzen in den Präsidien könnte sein, dass die Präsidiumsmitglieder eher Männer rekrutieren als Frauen.

Tab. 1. *Erwartungen an Personen, die in einem ehrenamtlichen Führungsgremium eines Sportverbandes arbeiten; differenziert nach Gremium (N=436).*[4]

Faktoren	Präsidium	Jugendvorstand	Gesamt	T-Test T
Moderne Führungskompetenzen	4,40	4,46	4,42	-1,451 n.s.
Klassische Führungskompetenzen	4,41	4,29	4,37	2,2180 *
Engagementpotenzial	4,37	4,35	4,37	0,298 n.s.
Fachliche Kompetenzen	4,17	3,98	4,11	2,532 *
Netzwerke	2,96	2,67	2,86	2,366 *
Berufliche Kompetenzen und Erfolgsstreben	2,39	2,22	2,34	2,127 *

Da sich die Mitglieder der Präsidien und der Jugendvorstände in ihrer Geschlechterstruktur (siehe Punkt 4.1) und auch in ihrer Altersstruktur[5] unterscheiden, wurde überprüft, inwiefern die identifizierte unterschiedliche Erwartungsstruktur auch mit diesen Faktoren zusammenhängt. Geschlecht scheint keinen entscheidenden Einfluss auf die dargestellten Erwartungsstrukturen zu haben. Die weiblichen Jugendvorstandsmitglieder schätzen lediglich die Wichtigkeit des Faktors 'Moderne Führungskompetenzen' hoch signifikant höher ein als die männlichen Jugendvorstandsmitglieder (4,60 vs. 4,38). In den Präsidien ist kein Unterschied zwischen den Geschlechtern vorhanden. Auch die Vermutung, dass die Unterschiede in der Bewertung auf die unterschiedliche Altersstruktur in den Gremien zurückzuführen ist, kann nicht bestätigt werden. Legt man das Durchschnittsalter aller Befragten von 50 Jahren als Trennwert für die Differenzierung in ältere und jüngere Mitglieder zugrunde, so ergibt nur der Altersgruppenvergleich innerhalb der Präsidien einen

---

4 Skala von 1 = 'unwichtig' bis 5 = 'sehr wichtig'.
5 Der Altersdurchschnitt der Präsidiumsmitglieder liegt bei 53,4 Jahren, der der Jugendvorstandsmitglieder bei 42,4 Jahren.

signifikanten Befund: Die älteren Präsidiumsmitglieder stufen das Engagementpotenzial hoch signifikant wichtiger ein als die jüngeren Präsidiumsmitglieder (4,45 vs. 4,25). Alter scheint also ein weniger ausschlaggebendes Differenzkriterium bei der Einschätzung von Eigenschaften von Führungskräften zu sein als die Gremienzugehörigkeit.

5 Fazit

Die Analyse hat gezeigt, dass Geschlecht in den sozialen Strukturen von Sportorganisationen eine Relevanz hat. Diese ist jedoch nicht überall gleich ausgeprägt, sondern es ist ein Möglichkeitsspielraum erkennbar, was hier am Beispiel der Jugendvorstände und Präsidien der Landesfachverbände in Nordrhein-Wetsfalen gezeigt wurde.

In den Jugendvorständen hat Geschlecht als Ausschlusskriterium insgesamt eine geringere Bedeutung als in den Präsidien. Dies lässt sich an zwei Punkten festmachen: 1. bestehen in den Jugendvorständen verglichen mit den Frauen- und Männeranteilen unter den Mitgliedern nahezu paritätische Geschlechterverhältnisse, während in den Präsidien Frauen deutlich unterrepräsentiert sind; 2. sind in den zentraleren Positionen der Jugendvorstände Frauen und Männer gleich vertreten, wohingegen in den Präsidien Männer in einigen der einflussreicheren Positionen stärker als im Durchschnitt vertreten sind. Die zentralste Position ist nur mit Männern besetzt. Hier gibt es im Gegensatz zu den Jugendvorständen sowohl eine horizontale als auch eine vertikale Segregation. Frauen gelangen nicht nur überhaupt seltener in die Präsidien als in die Jugendvorstände, sondern zusätzlich sind sie in den Präsidien zum Teil aus den zentralen Positionen ausgeschlossen.

Der zweite Teil der Analyse beschäftigte sich mit den Erwartungen an ehrenamtliche Führungskräfte in Sportorganisationen. Deutlich wurde, dass die Ehrenamtlichen sehr hohe Erwartungen haben, liegen doch die vier Faktoren moderne und klassische Führungskompetenzen, Engagementpotenzial und fachliche Kompetenzen im Bereich 'wichtige Eigenschaften'. Die Präsidiumsmitglieder schließen bei ihren Erwartungen stärker an Männlichkeitsstereotypen an als die Jugendvorstandsmitglieder. Dieser Unterschied zeigt sich auch dann noch, wenn die Erwartungen in Bezug auf die Variablen Geschlecht und Alter kontrolliert werden.

Insgesamt kann festgehalten werden, dass Geschlecht in den sozialen Strukturen der Jugendvorstände und Präsidien eine unterschiedliche Relevanz hat. Von einer Omnipräsenz und Omnirelevanz von Geschlecht in ehrenamtlichen Führungsgremien von Sportorganisationen kann nicht ausgegangen werden. Es gibt dort einen Möglichkeitsspielraum des *doing gender*. Für die Entschlüsselung der Bedeutung von Geschlecht in sozialen Strukturen von Sportorganisationen hat es sich als sinnvoll erwiesen, zwischen verschiedenen Organisationstypen zu unterscheiden und jeweils die Relevanz und Irrelevanz von Geschlecht genau in den Blick zu nehmen.

Literatur

Benshop, Y. & Doorewaard, H. (1998). Covered by Equality: The Gender Subtext of Organizations. *Organization Studies, 19*(5), 787-805.

Berger, P.L. & Luckmann, T. (1969). *Die gesellschaftliche Konstruktion der Wirklichkeit. Eine Theorie der Wissenssoziologie.* Frankfurt/Main: Fischer.

Burk, V. (1994). *Das Ehrenamt von Frauen unter besonderer Berücksichtigung des Deutschen Sportbundes und seiner Mitgliedsorganisationen.* Unveröff. wissenschaftliche Hausarbeit, TU Darmstadt.

Cameron, J. (1996). *Trail Blazers. Women who manage New Zealand sport.* Christchurch, N.Z.: Sports inclined.

Combrink, C. (2004). *Relevanz und Irrelevanz von Geschlecht in ehrenamtlichen Führungsgremien von Sportjugendverbänden. Eine vergleichende Analyse der Jugendvorstands- und Präsidiumsmitglieder nordrhein-westfälischer Sportfachverbände.* Münster: Lit.

Doll-Tepper, G. & Pfister, G. (2004). *Hat Führung ein Geschlecht? Genderarrangements in Entscheidungsgremien des deutschen Sports.* Köln: Sport und Buch Strauß.

Fischer, N., Pfaffel, P. & Xenodochius, C. (2003). *Frauen im bayrischen Sport. Eine vergleichende empirische Untersuchung zum organisierten Sport.* München: BLSV.

Funk, H. & Winter, R. (1993). *Das modernisierte Ehrenamt. Selbstentfaltung und Anerkennung für junge Frauen und Männer im Lebenszusammenhang des Jugendverbandes.* Neuss-Holzheim: Georgs.

Giddens, A. (1984). *The Constitution of Society. Outline of the theory of structuration.* Cambridge: Polity Press.

Gildemeister, R. & Krüger, P. (2002). *Projekt: „Geschlechterdifferenzierungen im ehrenamtlichen Engagement: Motivierungs-, Rekrutierungs- und Qualifizierungsmuster von ehrenamtlich tätigen Frauen und Männern".* Abschlussbericht. Universität Tübingen, Institut für Soziologie.

Hall, M.A., Cullen, D. & Slack, T. (1990). *The Gender Structure of National sport Organizations.* Final Report submitted to Sport Canada.

Hartmann-Tews, I. & Combrink, C. (2005). Genderarrangements und Organisationsentwicklung im Sport. In T. Alkemeyer & B. Rigauer (Hrsg.), *Organisationsentwicklungen und De-Institutionalisierungsprozesse im Sport* (S. 83-98). Schorndorf: Hofmann.

Hartmann-Tews, I., Combrink, C. & Dahmen, B. (2003). Gendering Prozesse in Sportorganisationen – Zur (Re-)Produktion von Geschlechterverhältnissen in Führungsgremien des Sport. In I. Hartmann-Tews, P. Gieß-Stüber, M.-L. Klein, C. Kleindienst-Cachay & K. Petry (Hrsg.), *Soziale Konstruktion von Geschlecht im Sport* (S. 152-187). Opladen: Leske + Budrich.

Heintz, B., Nadai, E., Fischer, R. & Ummel, H. (1997). *Ungleich unter Gleichen. Studien zur geschlechtsspezifischen Segregation des Arbeitsmarktes.* Frankfurt/Main, New York: Campus.

Hessischer Jugendring (HJR) (2001). *Politische Partizipation von Mädchen und jungen Frauen in Jugendverbänden.* Wiesbaden: HJR.

Hirschauer, S. (2001). Das Vergessen des Geschlechts. Zur Praxeologie einer Kategorie sozialer Ordnung. In B. Heintz (Hrsg.), *Geschlechtersoziologie* (Kölner Zeitschrift für Soziologie und Sozialpsychologie, Sonderheft 41; S. 208-235). Wiesbaden: Westdeutscher Verlag.

Hovden, J. (2000a). Gender and leadership selection processes in Norwegian sporting organizations. *International review for the sociology of sport, 35*(1), 75-82.

Hovden, J. (2000b). Heavyweight Men and Younger Women? The Gendering Processes of Selection Processes in Norwegian Sport Organizations. *NORA, 8*(1), 17-32.

Institut für soziale Arbeit e.V. (ISA). (1990). *Mädchen in der Jugendverbandsarbeit. Zur Situation von Mädchen und zum Stand von Mädchenarbeit in der Jugendverbandsarbeit in NRW – Pilotstudie.* Münster: Votum.

Korvajärvi, P. (1998). *Gendering dynamics in white-collar work organizations.* Tampere: TAJU.

Kraus, U. (1997). „Ich möchte keine Macht im Sport ... ich möchte lieber eine gute Frau sein". Karriereplanung und Machtbewußtsein von Frauen in Ehrenämtern des Sports. In U. Henkel & G. Pfister (Hrsg.), *Für eine andere Bewegungskultur* (S. 203-218). Pfaffenweiler: Centaurus.

Landessportbund NRW (LSB NRW) (2004). *Mitgliederstatistik Bestandserhebung.* Zugriff am 10. Oktober 2004 unter http://www.wir-im-sport.de/templates/dokukategorien/dokumanagement/psdoc/file/13/lsb_a_Zahl3f55a9328e4e8.pdf.

Lange, R. (1998). *Geschlechterverhältnisse im Management von Organisationen.* München, Mering: Rainer Hampp.
Lorber, J. (1999). *Gender-Paradoxien.* Opladen: Leske + Budrich.
McKay, J. (1997). *Managing Gender. Affirmative Action and Organizational Power in Australian, Canadian, and New Zealand Sport.* Albany: State University of New York Press.
Niemeyer, B. (1994). *Frauen in Jugendverbänden.* Opladen: Leske + Budrich.
Ortmann, G., Sydow, J. & Windeler, A. (1997). Organisation als reflexive Strukturation. In G. Ortmann, J. Sydow & K. Türk (Hrsg.), *Theorien der Organisation. Die Rückkehr der Gesellschaft* (S. 315-354). Opladen: Westdeutscher Verlag.
Reckwitz, A. (1997). *Struktur. Zur sozialwissenschaftlichen Analyse von Regeln und Regelmäßigkeiten.* Opladen: Westdeutscher Verlag.
Schimank, U. (2000). *Handeln und Strukturen. Einführung in die akteurtheoretische Soziologie.* Weinheim, München: Juventa.
West, C. & Zimmermann, D. (1991). Doing Gender. In J. Lorber & S. Farell (Hrsg.), *The social construction of gender* (S. 13-37). Newbery Park, New Dehli: Sage.
Wilz, S.M. (2002). *Organisation und Geschlecht. Strukturelle Bindungen und kontingente Kopplungen.* Opladen: Leske + Budrich.
Wimbauer, C. (1999). *Organisation, Geschlecht, Karriere. Fallstudien aus einem Forschungsinstitut.* Opladen: Leske + Budrich.
Wiswede, G. (1998). *Soziologie. Grundlagen und Perspektiven für den wirtschafts- und sozialwissenschaftlichen Bereich* (3. Aufl.). Landsberg/Lech: Verlag Moderne Industrie.
Wopp, C., Wittkötter, B. & Kattmann, M. (2000). *Frauen in Führungspositionen in Turn- und Sportvereinen.* (Endbericht des Forschungsvorhabens). Osnabrück: Universität.

ILSE HARTMANN-TEWS & BRITT DAHMEN

Organisationsentwicklung und Gender Mainstreaming – Rahmenbedingungen der Implementierung in den freiwilligen Organisationen des Sports

1 Einleitung

Gender Mainstreaming (GM) hat sich seit dem Inkrafttreten der Amsterdamer Verträge 1999 zur Leitlinie der EU-Gleichstellungspolitik entwickelt. Auf Bundesebene ist GM seit dem Jahr 2000 als Prinzip des Verwaltungshandelns rechtlich verankert, ebenso haben einige Landesregierungen Beschlüsse zur Umsetzung von GM getroffen. So hat GM bereits Einzug in viele Organisationen des staatlichen Sektors erhalten und erste Erfahrungsberichte zur Umsetzung liegen mittlerweile vor (vgl. Baer & Kletzing, 2004). Marktwirtschaftliche Unternehmen sowie Freiwilligenorganisationen hingegen beginnen erst mit der Öffnung für GM. Da allen drei Bereichen (Markt, Staat und Dritter Sektor) unterschiedliche Handlungslogiken und damit verbundene Organisationsstrukturen zugrunde liegen (vgl. Zimmer & Priller, 2004, S. 15ff.), können sie in Bezug auf die Implementierungsprozesse von GM aber nur bedingt voneinander lernen. Will man also die Erfolgsaussichten für GM in den Sportorganisationen bemessen, muss man sich zunächst der spezifischen Rahmenbedingungen in Freiwilligenorganisationen vergewissern. Im Folgenden werden nach kurzen Ausführungen zu den Zusammenhängen von GM und Organisationsentwicklung die Merkmale von Freiwilligenorganisationen und die Implikationen für die Implementierung von GM vor dem Hintergrund organisatorischen Wandels erörtert. Aufbauend auf den Erfahrungen eines Pilotprojekts in Nordrhein-Westfalen[1] werden daran anschließend besondere Herausforderungen für den Sport zusammengefasst.

2 Gender Mainstreaming als Impuls in der Organisationsentwicklung

GM bezeichnet die systematische Implementierung der Gleichstellung von Männern und Frauen in alle Konzepte, Maßnahmen und Strukturen von Organisationen und Institutionen. Das Ziel ist der Abbau von sozialen Ungleichheiten und Benachteiligungen (Antidiskriminierung) sowie die Ermöglichung einer von tradierten Geschlechtsrollen

---

1 Im NRW-Pilotprojekt „Organisationsentwicklung und Gender Mainstreaming im Sport" wird in dem Zeitraum von Januar 2004 bis Dezember 2005 gemeinsam mit drei Sportfachverbänden in ausgewählten Bereichen der Organisations- und Personalentwicklung und in verschiedenen Projekten und Maßnahmen die Implementierung von GM erörtert und erprobt. Das Pilotprojekt wird von der Deutschen Sporthochschule Köln koordiniert und evaluiert und vom Ministerium für Städtebau und Wohnen, Kultur und Sport NRW sowie vom Landessportbund NRW finanziert.

unabhängigen Lebensgestaltung und Teilhabe an allen Lebensbereichen (Wahlfreiheit in der Partizipation) (vgl. Stiegler, 2002). Dies setzt voraus, dass Chancengleichheit ein Thema in allen Handlungsfeldern einer Organisation ist und demnach auch von allen Akteuren umgesetzt wird (vgl. ebd., S. 26f.).[2]
Neben diesen grundlegend strategischen Implikationen ist GM gleichzeitig auch ein methodischer Ansatz zur Durchsetzung von Chancengleichheit. Es werden Vorschläge zur Reorganisation, Verbesserung und Umstrukturierung von Arbeitsabläufen und Entscheidungsprozessen auf allen Ebenen einer Organisation entwickelt, die es ermöglichen, die Auswirkungen von Planungen und Entscheidungen auf die Lebenssituation von Männern wie von Frauen zu berücksichtigen (vgl. ebd., S. 20).
Organisationssoziologisch wird GM vor diesem Hintergrund als ein gezielter Impuls organisatorischen Wandels verstanden, der umfassende Veränderungsprozesse im Denken und Handeln von Organisationsmitgliedern anstößt sowie strukturelle Anpassungen impliziert (Jochmann-Döll, 2003, S. 19).[3] Die Veränderung von Organisations- und Kommunikations*strukturen*, also bspw. von Gremienstrukturen, Entscheidungshierarchien, Informations- und Wissenssystemen oder Planungsprozessen, soll im Sinne von GM die formale und transparente Basis für die Umsetzung der Chancengleichheit und Gleichstellung von Männern und Frauen schaffen. Für die dauerhafte Umsetzung struktureller Veränderungen ist aber auch eine mittel- und langfristige Anpassung der Verhaltensmuster, Einstellungen und Fertigkeiten aller Akteure notwendig (vgl. ebd.).

GM ist kein Prozess, der innerhalb eines kurzen Zeitraums abschließbar ist, denn die Berücksichtigung von Chancengleichheit ist zunächst keine Frage des reinen Managements, sondern setzt eine ‚Haltung' voraus, die diesem Thema Priorität einräumt. Dafür bedarf es vieler Stufen der Reflexion und des Wissenserwerbs sowie entsprechender Strukturen, die diesen Prozess unterstützen. Die Aneignung und Weiterentwicklung von Gender Kompetenz (vgl. Rösgen, 2003, S. 17ff.) ist sozusagen als zentrale Herausforderung dieses organisatorischen Wandels zu verstehen. Im Sinne der Theorie des organisationalen Lernens (vgl. Pawlowsky & Neubauer, 2001) sollen Organisationen als „Wissenssysteme" (Schreyögg, 2003, S. 550) aufgefasst werden, die ihre bisherigen Wissensstrukturen in Bezug auf die Berücksichtigung der Geschlechterverhältnisse in den verschiedenen Handlungsfeldern überdenken, neu strukturieren und verändern. Gender Kompetenz wäre damit nicht nur als Qualifikationshintergrund einzelner Individuen zu verstehen, sondern als strukturelles Element einer Organisation.

In der Realität sind Veränderungsprozesse von Organisationen sehr komplex und werden durch Widerstände auf der personellen und der strukturellen Ebene beeinflusst (vgl. ebd., 500ff.). Vor dem Hintergrund der Thematik Chancengleichheit ist auf der personellen Ebene möglicherweise damit zu rechnen, dass die grundlegende

---

2 Maßnahmen zur spezifischen Unterstützung von Mädchen und Frauen sowie Jungen und Männern werden als Teil der Strategie GM verstanden. Sie bieten bereits Lösungsansätze für Ungleichheitsstrukturen. Im Sinne der Doppelstrategie werden Strukturen für GM und Frauenförderung parallel zueinander existieren müssen. Sie gehören inhaltlich jedoch zueinander (vgl. z.B. Schmidt, 2001, S. 45f.).
3 Zur Diskussion um die Potenziale zur Organisationsveränderung durch GM vgl. u.a. Meuser (2004).

Ablehnung von Gleichstellungsmaßnahmen eine Diskussion von vorneherein verhindert. Aber auch Aspekte wie Angst vor Statusverlust, Störung von individuellen Arbeitsroutinen oder negative Ersterfahrungen mit Frauenfördermaßnahmen können eine weitere Auseinandersetzung blockieren. Auf der strukturellen, organisationsimmanenten Ebene ist damit zu rechnen, dass der Handlungsdruck nur von außen und selten von innen erzeugt wird. Die grundsätzliche strukturelle Trägheit und die hohe Schwierigkeit, eingeschliffene Routinen und Strukturen von Organisationen zu durchbrechen sowie die Störung etablierter informeller Regeln zuzulassen, mögen ebenfalls Hinderungsgründe für eine zügige Einbettung von GM in das Wissenssystem Sportorganisation sein (vgl. auch Stiegler, 2002, S. 38ff.; Schmidt, 2001, S. 47).

3 Charakteristika von Freiwilligenorganisationen im Sport und deren Konsequenzen für die Implementierung von Gender Mainstreaming

Die erfolgreiche Gestaltung von Veränderungs- und Lernprozessen ist immer abhängig von den strukturellen und personellen Voraussetzungen der Organisation in Relation dazu, in welchen gesellschaftlichen Zusammenhängen sie sich verorten. Für Sportvereine und -verbände gelten als Freiwilligenorganisationen für die Integration von GM folglich andere Bedingungen als bei Institutionen des öffentlichen Sektors oder des freien Marktes (vgl. Braun, 2003).

3.1 Ebene der Funktionen

Freiwilligenorganisationen zeichnen sich durch einen „Funktionsmix" (Zimmer & Priller, 2004, S. 20) und damit verbundenen Aktivitäten aus:

- Sie bündeln, artikulieren und vermitteln Interessen und sind insofern politische Akteure;
- Sie sind dem Gemeinwohl verpflichtet und übernehmen wichtige Funktionen der sozial-kulturellen Integration und Sozialisation;
- Schließlich sind sie aus der ökonomischen Perspektive Dienstleister gegenüber ihren Mitgliedern.

In gewisser Weise befinden sie sich also in der Schnittmenge der Funktionen des öffentlichen und des Marktsektors (vgl. ebd.). Sportvereine und -verbände sind insofern vielfältig in ihren Aktivitäten gefordert, wollen sie diesem Funktionsmix gerecht werden. Insbesondere die Gemeinwohlorientierung und die damit verbundene politische Verantwortung bieten aber besondere Chancen in Bezug auf GM. Der Sport hat mit seinem Motto ‚Sport für alle' seine Gemeinwohlorientierung auf den Punkt gebracht und damit den Grundstein gelegt für eine zielgruppenorientierte Angebotsgestaltung, die alle gesellschaftlichen Gruppen erreicht. Als politische Akteure sind vor allem die Sportverbände in der Verpflichtung, diese Aktivitäten zur Gemeinwohlorientierung glaubhaft umzusetzen und auch nach außen hin zu vertreten.

3.2 Ebene der Organisationsstrukturen

Sportvereine und -verbände bauen als klassische Freiwilligenorganisationen auf freiwilliger Mitgliedschaft und auf demokratischen Entscheidungsstrukturen auf (Heinemann & Schubert, 1994, S. 15; Braun, 2003, S. 48). Diese konstitutiven Merkmale ermöglichen jedem Mitglied auf breiter Basis Aktivitäten der Organisation mit zu steuern und jederzeit über die weitere Mitgliedschaft zu entscheiden. Das Handeln der Führungsebene erhält seine Legitimation über die Mitgliederversammlungen und den dort zum Ausdruck gebrachten mehrheitlichen Willen aller Mitglieder. Damit GM als ein zentraler Baustein und sinnvolle Investition innerhalb der Vereins- oder Verbandsentwicklung anerkannt wird, muss also eine aktive Auseinandersetzung auf breiter Basis mit allen Entscheidungsebenen stattfinden. In diesem Sinne lässt sich GM nicht wie in dem auf politischer Ebene entwickelten Konzept des GM ‚Top-Down' verordnen, sondern die Integration der Basis und aller Entscheidungsebenen der Organisation bekommt eine herausragende Bedeutung. Unumgänglich bleibt jedoch, dass die Führungsebene – die Präsidien und Vorstände – den Prozess zentral steuern müssen (vgl. Schmidt, 2001, S. 52).

3.3 Ebene der Personalstrukturen

Freiwilligenorganisationen sind auf ehrenamtliches und freiwilliges Engagement ihrer Mitglieder angewiesen und werden durch ehrenamtliche Führungsgremien geleitet (Heinemann & Schubert, 1994, S. 15; Braun, 2003, S. 48). Eine hauptberufliche Personalsstruktur zur Realisierung der Organisationsziele existiert im Sport hauptsächlich in den Großvereinen mit über 1.000 Mitgliedern und auf der Ebene der Verbände (vgl. Cachay & Thiel, 2001).[4] Für den systematischen Aufbau von Gender Kompetenz hat diese Personalsstruktur Konsequenzen. Die Struktur der Ehrenamtlichkeit ist in den Sportorganisationen recht heterogen und umfasst verschiedene Funktionsrollen, die von dem/der Übungsleiter/in bis hin zum Präsidiumsmitglied reichen (Heinemann & Schubert, 1994, S. 217). Ehrenamtliche Führungskräfte werden ihr Wissen eher auf der Entscheidungsebene anwenden, Übungsleiter/innen brauchen eine eher praxisbezogene Orientierung. Angesichts des zeitlich meist nur begrenzten Engagements der ehrenamtlichen Mitarbeiter/innen ist zudem eine kontinuierliche Weiterentwicklung von Gender Kompetenz für die Organisation gefährdet. Somit kommt dem Hauptamt – sofern vorhanden – durch eine stärkere kontinuierliche Anwesenheit eine besondere Bedeutung zu, das geschlechtsbezogene „Wissensmanagement" aufzubauen und weiter zu entwickeln.

Aus diesen Charakteristika und aus den Erfordernissen eines Erfolg versprechend zu gestaltenden organisatorischen Wandels im Sinne des organisationalen Lernens (vgl. Schreyögg, 2003, S. 554ff.) ergeben sich zusammenfassend folgende zentralen Bedingungen, die für die Implementierung von GM in Sportorganisationen relevant erscheinen (vgl. auch Baer & Kletzing, 2004; Jochmann-Döll, 2003; Schmidt, 2001; Jung & Küpper, 2001; Bergmann & Pimminger, 2001).

---

4 Der Umfang der Hauptamtlichkeit variiert allerdings erheblich (vgl. ebd.).

3.4 Partizipation

Den ersten Impuls für Veränderung muss die ehrenamtliche Führung durch eindeutige Grundsatzentscheidungen zur Implementation von GM herbeiführen, um der Organisation eine Handlungsgrundlage und -sicherheit zu geben *(Top-Down-Strategie)*. Gleichzeitig müssen vor dem Hintergrund der demokratischen Entscheidungsstrukturen *alle Organisationsebenen* in die Planung und Diskussion zur Realisierung dieses Prozesses mit einbezogen werden, um die notwendige Identifikation mit diesbezüglichen Veränderungsprozessen herbeizuführen und um die Eigenmotivation der ehrenamtlichen wie hauptberuflichen Mitarbeiter/innen aufzubauen, diesen mitzugestalten. Dabei sind die verschiedenen ehrenamtlichen und hauptamtlichen Strukturen der Sportvereine und -verbände und die damit verbundenen Handlungslogiken (Entscheidung oder Planung und Umsetzung) zu berücksichtigen.

3.5 Gender Kompetenz

Von Beginn an stellt die *Qualifizierung* aller ehrenamtlichen wie hauptberuflichen Mitarbeiter/innen das Zentrum des Handelns dar. Die Erlangung von individueller Gender Kompetenz umfasst dabei folgende Dimensionen: a) kognitives Wissen über Geschlechterverhältnisse in den jeweiligen Handlungsbereichen, b) Transfer in die Praxis, c) die Reflexion der eigenen Einstellungen und Werthaltungen in Bezug auf die Geschlechterverhältnisse sowie d) die Herstellung entsprechender Rahmenbedingungen, die für die Umsetzung von GM notwendig sind (vgl. auch Rösgen, 2003, S. 18).

Ein zentral gesteuertes *Wissensmanagement* innerhalb der Organisation stellt den strukturellen Rahmen für den Austausch und die Reflexion von Wissen und Handeln im Sinne von GM. Dies kann bspw. sichergestellt werden durch Qualitätszirkel, kontinuierliche Berichte oder Tagesordnungspunkte auf Sitzungen. Vor allem zu Beginn sollte dieser strukturelle Aufbau durch entsprechende *Unterstützungsstrukturen* (Beauftragte, Gremien o.ä.) koordiniert und gesteuert werden. Wissensmanagement in Freiwilligenorganisationen muss sowohl einem Wechsel von Personen im ehrenamtlichen Bereich gerecht werden als auch die Kontinuität im Hauptamt berücksichtigen.

3.6 Strategie

Für den Aufbau eines Wissenssystems ‚Gender Mainstreaming' können *Ist-Zustandsanalysen* in Bezug auf die Geschlechterverhältnisse in den jeweiligen Handlungsfeldern Entscheidungs- und Handlungsgrundlagen bieten. Sie ermöglichen konkrete Zieldefinitionen und eine zielgerichtete Diskussion um das Spektrum der Handlungsmöglichkeiten. *Klare Ziele* und *Erfolgsindikatoren* in Bezug auf die Durchsetzung von GM als Methode und in Bezug auf Chancengleichheit in den einzelnen Handlungsfeldern der Organisation schaffen die nötige Transparenz und die Möglichkeit der Steuerung innerhalb dieses Veränderungsprozesses. Bei der Umsetzung von GM in der Praxis sollten gerade zu Beginn des Implementierungsprozesses

Schwerpunkte im Sinne von *Pilotprojekten* gesetzt werden, die erste Erfahrungen im Umgang mit GM ermöglichen, auf denen eine Organisation langsam aufbauen kann.
Kontinuierliche *Evaluationen* und vor allem die *Sicherung von Ergebnissen* und Erfahrungen (z.B. in Form von Checklisten oder Fragenkatalogen) sind Voraussetzung für die Nachhaltigkeit und die kontinuierliche Weiterentwicklung eines Wissensmanagements im Sinne der Chancengleichheit.

4 Gender Mainstreaming als Herausforderung für die Sportverbände

Der Sport beginnt erst in den letzten Jahren mit der Sammlung von Erfahrungen und nur wenige dieser Prozesse wurden bislang dokumentiert (vgl. z.B. Landessportbund Rheinland-Pfalz, 2003). Im NRW-Pilotprojekt „Organisationsentwicklung und Gender Mainstreaming im Sport" werden die Chancen und Herausforderungen von Veränderungsprozessen für Sportverbände erstmals gezielt untersucht. Zentrale Handlungsfelder im Rahmen des Projektes sind erstens die Information, Sensibilisierung und Qualifizierung der ehrenamtlichen sowie hauptberuflichen Mitarbeiter/innen der drei Projektpartner in Bezug auf GM. Zweitens sollen entsprechende Strukturveränderungen vorbereitet werden (vor allem die Bestimmung von Verantwortlichkeiten für die Umsetzung auch über das Projekt hinaus). Drittens werden exemplarische Handlungsfeldern des Sports bearbeitet, insbesondere die Entwicklung von Personalmanagement-Strategien für das Ehrenamt und Hauptamt in Verknüpfung mit GM. Folgendes lässt sich soweit resümieren:
Die Führungsebenen der Sportorganisationen haben offensichtlich wenig Bedenken, sich für GM auf einer sehr grundsätzlichen Ebene zu öffnen.[5] Die relativ rege Beteiligung an Informations-Veranstaltungen zu GM im Sport belegt zudem einen hohen Informationsbedarf und ein Interesse daran, was GM im Detail bedeutet, vor allem mit Hinblick auf die bisherigen Maßnahmen der Frauen(sport)politik. In Bezug auf die Qualifizierung der ehrenamtlichen und hauptberuflichen Mitarbeiter/innen besteht ebenfalls grundsätzlich ein relativ hoher Bedarf, sich allgemein über GM zu informieren.[6] Für eine systematische Vertiefung im Sinne der Erlangung von Gender Kompetenz und Integration in das Wissenssystem der Organisation ist das Engagement vor allem der Führungsebene aber gering. Hier sind es vornehmlich engagierte Einzelpersonen, die sich meistens schon vorher intensiv mit dem Thema Chancengleichheit befasst haben.
Der Erwerb von Wissen ist allerdings nur der erste Schritt organisatorischen Lernens. Entscheidend ist, dieses Wissen strukturell zu verankern und zu nutzen. An dieser Stelle wird deutlich, dass die Beschlüsse zur Implementierung von GM zunächst (nur) ein politisches Signal nach außen gewesen sind. Die Probleme werden

---

5   Dies wird u.a. auch dokumentiert durch den einstimmigen Beschluss des DSB-Hauptausschusses im Dezember 2003 zur Integration von GM (Deutscher Sportbund, 2003).
6   Im Rahmen des NRW-Pilotprojektes wurden in den meisten zentralen ehrenamtlichen Gremien der drei Verbände einführende Vorträge über Ziele, Inhalt und Instrumente der Umsetzung von GM gehalten.

z.B. dadurch deutlich, dass die Verbände sich sehr schwer damit tun, Verantwortlichkeiten in Form von Personen oder Gremien festzulegen, die neben den bisherigen Frauenausschüssen Chancengleichheit im Sinne der Umsetzung von GM zum zentralen Thema haben. Somit stockt auch der Aufbau eines strukturell verankerten Wissensmanagements. Die gesammelten Informationen zur Umsetzung von GM verbleiben zunächst in den Händen Einzelner, ein organisationsinterner Austausch und Diskussionsprozess hat bislang nur bedingt stattgefunden.

Konkreter wird es in den verbandsinternen Pilotprojekten, z.b. in den Bereichen Personalmanagement im Ehrenamt und Hauptamt. So hat eine Geschäftsstelle mit Hilfe einer Unternehmensberatung eine Analyse zur Arbeitsplatzsituation vor dem Hintergrund der Vereinbarkeit von Beruf und Familie vorgenommen und in diesem konkreten Feld innerhalb einiger Monate Analyse und Zieldefinition auf den Weg gebracht. Auch für den Bereich ehrenamtliches Personalmanagement konnten spezifischere Fragen und Anhaltspunkte für die zukünftige Integration von GM formuliert werden, die aktuell mit Daten aus Vereinsanalysen unterfüttert werden. Diese positiven Erfahrungen können als weitere Impulse im Aufbau eines genderbezogenen Wissensmanagements innerhalb der Verbände genutzt werden.

Der Aufbau eines genderbezogenen Wissensmanagements beinhaltet für Sportorganisationen vor allem zwei Herausforderungen. Zum einen müssen sie selbst entwickeln, was Geschlechtergerechtigkeit für den organisierten Sport bedeutet und welche Handlungsoptionen sich mit der entsprechenden Definition ergeben. In diesem zentralen Einstiegsprozess stecken Chancen und Probleme (vgl. Meuser, 2004, S. 108). Zum anderen müssen sie (an-)erkennen, dass Veränderungen in diesem Sinne keine in sich abgeschlossenen Prozesse sind, sondern sich kontinuierlich weiterentwickeln, d.h. sie müssten zunächst beginnen, sich selbst als lernende Organisationen zu begreifen. Erst wenn die zentralen Akteure der Sportorganisationen dieses Handlungspotenzial erkennen, besteht eine Chance, das Thema Chancengleichheit in den Mainstream des Sports zu holen und strukturelle Konsequenzen folgen zu lassen.

Literatur

Bergmann, N. & Pimminger, I. (2001). *ToolBox Gender Mainstreaming. Leitfaden zur Verankerung von Gender Mainstreaming in Institutionen* (Hrsg. GeM – Koordinationsstelle Gender Mainstreaming im ESF). Zugriff am 29. September 2004 unter http://www.gem.or.at/download/4_Toolbox_Verankerung_Institutionen.pdf.

Braun, S. (2003). Freiwillige Vereinigungen zwischen Staat, Markt und Privatsphäre. Konzepte. Kontroversen und Perspektiven. In J. Baur & S. Braun (Hrsg.), *Integrationsleistungen von Sportvereinen als Freiwilligenorganisationen* (S. 43-87). Aachen: Meyer & Meyer.

Cachay, K., Thiel, A. & Meier, H. (2001). *Der organisierte Sport als Arbeitsmarkt.* Schorndorf: Hofmann.

Deutscher Sportbund (2003). *Vorlage für die 49. Sitzung des DSB-Hauptausschusses am 6. Dezember 2003 in Frankfurt am Main.* Zugriff am 21. Juni 2005 unter http://www.dsb.de/fileadmin/fm-dsb/arbeitsfelder/Gender/Antrag_Hauptausschuss.pdf.

Heinemann, K. & Schubert, M. (1994). *Der Sportverein. Ergebnisse einer repräsentativen Untersuchung.* Schorndorf: Hofmann.

Jochmann-Döll, A. (2003). Organisationsentwicklung und Gender Mainstreaming. In Deutsches Jugendinstitut (Hrsg.), *Gender Mainstreaming in der Kinder- und Jugendhilfe. Dokumentation der Tagung „Gender Mainstreaming in der Kinder- und Jugendhilfe" in Bonn am 11.9.2003* (S. 19-29). München: DJI.
Jung, D. & Küpper, G. (2001). *Gender Mainstreaming und betriebliche Veränderungsprozesse.* Bielefeld: Kleine.
Landessportbund Rheinland-Pfalz (2003). *Gender Mainstreaming im Landessportbund Rheinland-Pfalz. Dokumentation.* Mainz: LSB Rheinland-Pfalz.
Meuser, M. (2004). Von Frauengleichstellungspolitik zu Gender Mainstreaming: Organisationsveränderung durch Geschlechterpolitik? In U. Pasero & B.P. Priddat (Hrsg.), *Organisationen und Netzwerke: Der Fall Gender* (S. 93-112). Wiesbaden: VS Verlag für Sozialwissenschaften.
Pawlowsky, P. & Neubauer, K. (2001). Organisationales Lernen. In E. Weik & R. Lang (Hrsg.), *Moderne Organisationstheorien* (S. 253-284). Wiesbaden: Gabler.
Rösgen, A. (2003). Zur Evaluation von Chancengleichheit und Gender Mainstreaming. Zugriff am 18. Mai 2004 unter http://home.t-online.de/home/fastev-berlin/ns-eval.htm.
Schmidt, V. (2001). Gender Mainstreaming als Leitbild für Geschlechtergerechtigkeit in Organisationsstrukturen. *Zeitschrift für Frauenforschung & Geschlechterstudien*, (1 & 2), 45-62.
Schreyögg, G. (2003). *Organisation. Grundlagen moderner Organisationsgestaltung.* Wiesbaden: Gabler.
Stiegler, B. (2002). Wie Gender in den Mainstream kommt. Konzepte, Argumente und Praxisbeispiele zur EU-Strategie des Gender Mainstreaming. In S. Bothfeld, S. Gronbach & B. Riedmüller (Hrsg.), *Gender Mainstreaming – eine Innovation in der Gleichstellungspolitik* (S. 19-40). Frankfurt/Main: Campus.
Zimmer, A. & Priller, E. (2004). *Gemeinnützige Organisationen im gesellschaftlichen Wandel. Ergebnisse der Dritte-Sektor-Forschung.* Wiesbaden: VS Verlag für Sozialwissenschaften.

ELKE GRAMESPACHER

Gender Mainstreaming und seine Bedeutung für den Schulsport

Da bisherige Gleichstellungswege wie Frauenförderpläne, Quotenregelung etc. nicht durchgängig zur wirksamen Chancengleichheit der Geschlechter führen, geht man politisch auf die Suche nach effektiveren Mitteln, um geschlechtsbezogene Chancengleichheit durchzusetzen. Im Jahr 1999 wurde die politische Maßnahme Gender Mainstreaming europaweit eingeführt. Gender Mainstreaming zielt auf die Chancengleichheit der Geschlechter als Querschnittsaufgabe einer Organisation. Gender meint dabei das soziale Geschlecht. Mit Mainstreaming ist der Bezug auf alle Entscheidungen einer Organisation angesprochen, und zwar auf allen Ebenen und von allen Beteiligten (Stiegler, 2000).[1]
Differenzierte Schulstatistiken zeigen, dass die bisherige Suche nach angemessenen Wegen zur Chancengleichheit auch an baden-württembergischen Schulen nur bedingt erfolgreich war (Gieß-Stüber & Gramespacher, 2004). Bevor aber Gender Mainstreaming an Schulen implementiert wird, sollten empirische Analysen zeigen, an welchen Stellen Gender Mainstreaming in Schulen in welcher Weise *sinnvoll* ansetzen könnte. Dieser Anspruch ergibt sich vor allem daraus, dass Gender Mainstreaming als politisches Programm prinzipiell missbraucht werden kann. Ein potenzieller Missbrauch von Gender Mainstreaming ist zu verhindern, indem das Programm inhaltlich gefüllt wird hinsichtlich der Notwendigkeiten, die sich in der mit Gender Mainstreaming zu entwickelnden Organisation ergeben (Degele, 2003).
Gender Mainstreaming könnte an Schulen vor allem an den Stellen sinnvoll ansetzen, an denen sich geschlechtsbezogene soziale Ungleichheiten zeigen.
Der vorliegende Beitrag zeigt einige geschlechtsbezogene soziale Ungleichheiten im Schulsport und deutet damit auf Stellen, an denen Gender Mainstreaming sinnvoll ansetzen könnte. Damit wird ein fachbezogener Beitrag hinsichtlich der Bedeutung von Gender Mainstreaming für Schulen geleistet. Dieses Anliegen bildet einen Teil des vom Sozialministerium Baden-Württemberg (Förderprogramm Frauenforschung) geförderten Forschungsprojektes „Geschlecht als Kategorie sozialer Ordnung an Schulen – Eine empirische Analyse als Grundlage für die Umsetzung von Gender Mainstreaming", aus dem die im vorliegenden Beitrag präsentierten Daten stammen (Gieß-Stüber & Gramespacher, 2005).
Zur Integration der Anliegen von Gender Mainstreaming in den Schulsport sollten zunächst theoretisch abgesicherte Strategien entwickelt werden. Hierzu wird zuerst der theoretische Zusammenhang von Geschlechtertheorie und Schulsportentwicklungsforschung geklärt. Sodann werden nachweisbare geschlechtsbezogene soziale Ungleichheiten im Schulsport gezeigt. Schließlich wird dargelegt, wie Gender Mainstreaming zur geschlechtsbezogenen Chancengleichheit im Schulsport beitragen könnte.

---

1 Vgl. zu Gender Mainstreaming auch Hartmann-Tews & Dahmen (in diesem Band).

1 Der Zusammenhang von Geschlechtertheorie und Schulsportentwicklungsforschung

Geschlecht wird der sozialkonstruktivistischen Geschlechtertheorie gemäß interaktiv hergestellt und beschreibt einen Prozess der Zuschreibung und Darstellung. Diese Prozesse sind eng verbunden mit Prozessen der Hierarchisierung (Hirschauer, 1994). Diesem Netzwerk von Prozessen des doing gender können nachweisbare geschlechtsbezogene soziale Ungleichheiten entspringen.

In der Schulentwicklungsforschung geht es zentral um die Frage, an welchen Stellen im Rahmen von Schule die Sicherung und Entwicklung von Schulqualität ansetzen soll. Schulentwicklungsforscher verweisen auf eine wechselseitige Verbindung von Organisations-, Personal- und Unterrichtsentwicklung (vgl. Rolff et al., 1999, S. 15ff.). Bezogen auf Schulsport kommt die Schulsportentwicklung in den Blick. Thiele und Schierz (2003) betonen, dass Schulsportentwicklung ein regionaler bzw. auf die Einzelschule bezogener Prozess ist. Der Zusammenhang von Organisation des Schulsports, der Personalentwicklung von Sportlehrkräften und der Entwicklung von Sportunterricht lässt sich an der einzelnen Schule herstellen. Der regionale Aspekt ist u.a. durch die Anbindung an die jeweils vorgegebenen Bildungspläne bzw. bildungspolitischen Entwicklungen bestimmt.

Aus dieser theoretischen Einbindung ergibt sich für *Schulsportforschung mit dem Ziel der Erfassung von Ansatzpunkten für Gender Mainstreaming* Folgendes: Wenn Schulsportentwicklung der Perspektive von Gender Mainstreaming nachkommt und geschlechtsbezogene Aspekte, die sozial benachteiligende Wirkung haben, mit möglichst nachhaltiger Wirkung verändert werden sollen, ist „Schule als Lernendes Unternehmen" (Fullan, 1999) zu verstehen. Das bedeutet für den Schulsport, einen Zusammenhang zwischen geschlechtsbezogener Organisationsentwicklung und geschlechtsbezogener Personalentwicklung im Fachbereich herzustellen. Dabei ist zu beachten, dass sich auf der Organisationsebene geschlechtsbezogene soziale Benachteiligungen in Interaktionen, in der Organisationskultur und -struktur ergeben. In Bezug auf eine quantitativ orientierte geschlechtsbezogene Personalentwicklung wäre ggf. auch die Herstellung paritätischer Geschlechterverhältnisse ernst zu nehmen. Im Sinne einer qualitativ orientierten geschlechtsbezogenen Personalentwicklung sind die durch doing gender beeinflussten Lebens- und Arbeitsbedingungen der Sportlehrkräfte zu berücksichtigen. Für die Gestaltung geschlechtsbezogenen Sportunterrichts und entsprechender außerunterrichtlicher Aktivitäten werden fachbezogene methodisch-didaktische Fragen relevant. Gieß-Stüber (1993; 2000) hebt in diesem Zusammenhang hervor, dass geschlechtsstereotype Vorstellungen im und durch Sportunterricht überwunden werden können. Auf der Unterrichtsebene werden auch Fragen zur Professionalisierung von Sportlehrkräften zu geschlechtsbezogenen Fragen im Schulsport relevant.

2 Geschlechtsbezogene soziale Ungleichheiten im Schulsport

Im Folgenden werden einige ausgesuchte Befunde zu geschlechtsbezogenen sozialen Ungleichheiten im Schulsport dargelegt, die aus den sich ergänzenden qualitativen und quantitativen Studien des eingangs benannten Forschungsprojektes resultieren (Gieß-Stüber & Gramespacher, 2005). Analysiert wurden die für die schulische Arbeit verbindlichen Dokumente. Anhand von Expert(inn)eninterviews wurden subjektive Perspektiven auf den Zusammenhang von Gender Mainstreaming und Schule aufgenommen. Zentraler Bestandteil des Projektes war die schriftliche Befragung aller baden-württembergischen Gymnasien (N=375) und aller Realschulen (N=414) Fragebögen sowie von N=400 Hauptschulen, die per Zufall aus der Grundmenge aller baden-württembergischen Hauptschulen (N=1.171) mittels SPSS gezogen wurden. Versandt wurden zwei Fragebogen, wovon sich einer an die jeweilige Schulleitung und der andere an die entsprechende Fachbereichsleitung Sport richtete. Zur Auswertung liegen N=279 Fragebögen von Schulleitungen und N=319 Fragebögen von Fachbereichsleitungen Sport vor.[2] Ein Auswertungsfokus richtete sich auf Hinweise auf geschlechtsbezogene soziale Ungleichheiten im Schulsport.

2.1 Geschlechtsbezogene soziale Ungleichheiten auf der strukturellen Ebene von Schulsport

Die Analyse der Erziehungs- und Bildungspläne für die Gymnasien Real-, und Hauptschulen (1994) in Baden-Württemberg verdeutlicht, dass in diesen Dokumenten primär der Begriff „Geschlechterrolle" genutzt und verbunden wird mit einer eher traditionellen und geschlechtsstereotypen Vorstellung. Die damit implizit unterlegte funktionale Rollentheorie (vgl. Dahrendorf, 1977) passt aber nicht zum sozialkonstruktivistischen Konzept des doing gender, weil die funktionale Rollentheorie auf ein starres Rollenkonzept verweist und doing gender ein prozessorientiertes Konzept ist. Die baden-württembergischen Erziehungs- und Bildungspläne ordnen Sportarten derselben Logik folgend geschlechtsstereotyp zu. Damit wird auch durch die inhaltsbezogene Ebene von Sportunterricht die Überwindung geschlechtsstereotyper Vorstellungen erschwert. Jungen werden bspw. festgelegt auf Spielsportarten in den schulüblichen Varianten und zugleich wird ihnen der Zugang zum Bereich Gymnastik/Tanz systematisch verweigert. Unter der Perspektive von Gender Mainstreaming wären der Rollenbegriff zu reflektieren und damit verknüpfte fachbezogene Schließungstendenzen zu verändern.

Im Rahmen schulischer Personalgewinnung bildet der Schulsport im Vergleich zu anderen Schulfächern in Baden-Württemberg einen Sonderfall. Durch die in Baden-Württemberg obligatorische Geschlechtertrennung im Sportunterricht (Jahrgangsstufen 7-11) liegt es in der Praxis nahe, mittels Personalgewinnung die Herstellung paritätischer Geschlechterverhältnisse anzustreben. Dieser Vorstellung liegt ebenfalls eine geschlechtsstereotype Annahme zu Grunde, die sich folgendermaßen formulieren

---

2   Die Fachbereichsleitungen Sport wurden in einem Teil des Fragebogens in ihrer Funktion als Sportlehrkraft befragt.

lässt: Mädchen sind vorrangig von Sportlehrerinnen und Jungen vorrangig von Sportlehrern zu unterrichten. Die Fixierung auf absolut durchgängige Geschlechtshomogenität im Sportunterricht, die sich in subjektiven Sichtweisen von Praktiker(inne)n zeigen, werden nicht hinterfragt. Angesichts Gender Mainstreaming wäre die Geschlechtshomogenität von SchülerInnen zur Sportlehrkraft kritisch zu reflektieren.

2.2 Organisationsbedingte geschlechtsbezogene soziale Ungleichheiten im Schulsport

Unter der Organisationsperspektive zeigen sich geschlechtsbezogene soziale Ungleichheiten bei den regelmäßigen sport- und bewegungsbezogenen Arbeitsgemeinschaften an Schulen der Sekundarstufen I und II. Das außerunterrichtliche Angebot ist inhaltlich vor allem bezogen auf Interessen, die eher Jungen zeigen. So bieten 19,3% der angegebenen Sport-AGs (N=673) Fußball an, wovon 62,3% der AGs nur an Jungen gerichtet sind. Im Vergleich greifen wenige sport- und bewegungsbezogene Arbeitsgemeinschaften Interessen auf, die eher Mädchen zeigen. So sind nur 11,4% der Sport-AGs im Bereich Tanz angesiedelt. Geschlechtsstereotype Vorstellungen werden aber auch hier reproduziert, denn für 61% dieser AGs bilden die Zielgruppe ausschließlich Mädchen. Die Ausrichtung des außerunterrichtlichen Sportangebots ist gleichsinnig zu den inhaltlichen Vorgaben der baden-württembergischen Erziehungs- und Bildungspläne für Gymnasien, Real- und Hauptschulen (1994) für den Sportunterricht und verstärkt die inhaltlichen Schließungstendenzen im Schulsport. Die Chance, Rollenüberschreitungen im und durch außerunterrichtlichen Schulsport anzuregen, wird selten genutzt. Mit Blick auf Gender Mainstreaming wären das inhaltliche Angebot sowie die Zielgruppenbestimmung auch im Bereich des außerunterrichtlichen Schulsports zu verändern.

2.3 Personalbedingte geschlechtsbezogene soziale Ungleichheiten im Schulsport

Das Amt der Fachbereichsleitung Sport haben überwiegend Männer inne.[3] Je höher der Bildungsgang, desto größer ist der Anteil der männlichen Fachbereichsleitungen Sport.[4] Aus der Überzahl männlicher Fachbereichsleitungen im Schulsport resultieren geschlechtsbezogene soziale Ungleichheiten. Diese Ungleichheiten fallen besonders an Hauptschulen auf, da sie hier das Gesamtverhältnis der Sportlehrkräfte umkehren: An Hauptschulen sind überwiegend Sportlehrerinnen tätig.[5] Die Erkenntnisse zu den geschlechtsbezogenen Ungleichheiten beim Status der Sportlehrkräfte stimmen überein mit empirischen Befunden der geschlechtsbezogenen Professionsforschung (Wetterer, 1995). Die dominierende männliche Besetzung der Fachbereichsleitung Sport hängt vermutlich zusammen mit der Anerkennung, die Inhaber(innen) von Funktionsstellen auf verschiedene Weise erhalten.

---

3   Die Frauenförderpläne zeigen zwar, dass Funktionsstellen vorrangig von Männern wahrgenommen werden (Oberschulämter Freiburg, Karlsruhe, Stuttgart & Tübingen, 2000). Da aber nicht nach Fachbereichen gegliedert wird, war dieser Aspekt für den Fachbereich Sport spezifisch zu prüfen.
4   Hauptschule: N = 91, N_m = 54,9%; Realschule: N = 99, N_m = 62,6%; Gymnasium: N = 127, N_m = 71,7%.
5   Hauptschule: Nm = 254; Nw = 291 Sportlehrkräfte an den untersuchten Hauptschulen (N = 91). Diese Befunde zeigen sich auch in der regionalen Schulsportforschung (vgl. bspw. Brückel & Gieß-Stüber, 2005).

Ferner ist anzunehmen, dass sich diese Ungleichheiten auf der Grundlage von Lehrdeputaten ergeben: Funktionsstellen haben häufig Lehrkräfte mit vollem Deputat inne und Lehrerinnen arbeiten häufig im Teildeputat. Die sich in der Besetzung des Personals im Schulsport abzeichnenden geschlechtsbezogenen sozialen Ungleichheiten müssten unter der Perspektive von Gender Mainstreaming im Sinne von Chancengleichheit umgestaltet werden.

2.4 Geschlechtsbezogene soziale Ungleichheiten im Sportunterricht

Um geschlechtsbezogene soziale Ungleichheiten im Sportunterricht zu analysieren, wurden geschlechtsbezogene Zielperspektiven von Sportlehrkräften in Form von Absichtserklärungen erhoben. Absichtserklärungen legen die Basis für die Planung und Reflexion von Sportunterricht, die wiederum dazu beitragen, dass geschlechtsbezogene Aspekte im Sportunterricht realisiert werden können.

Zwar beabsichtigen die befragten Sportlehrkräfte, *allen* Schüler(inne)n gleichermaßen Zugang zu Sport, Spiel und Bewegung zu ermöglichen, aber die spezifischen Chancen des Sportunterrichts für geschlechtsbezogene Erziehungsziele wollen nur 35,2% aller Sportlehrkräfte (N=310) als Ziel von Sportunterricht nutzen. Auffällig ist gleichwohl, dass Sportlehrerinnen die geschlechtsbezogenen Erziehungsziele im Rahmen von Sportunterricht signifikant häufiger nutzen möchten als Sportlehrer.[6] Sportlehrerinnen möchten ebenso geschlechtsuntypische Inhalte signifikant häufiger als Sportlehrer im Sportunterricht anbieten.[7] Sportlehrerinnen sind also eher als Sportlehrer bereit, sich im Sportunterricht auf unvertrautes Gebiet zu begeben, um Schüler(inne)n neue Perspektiven im und durch Sportunterricht zu eröffnen. Bezüglich der Berücksichtigung geschlechtsspezifischer Aspekte in der Leistungsbewertung aber ist zu konstatieren, dass Sportlehrer signifikant häufiger geschlechtsbezogene Aspekte beachten als Sportlehrerinnen.[8]

In der im letztgenannten Item vorgegebenen Handlungstendenz liegt aber die Gefahr geschlechtsstereotyper Festschreibungen sportlicher Leistungsfähigkeit. Daher sind Absichtserklärungen, die Unterricht und Leistungsmessung nicht direkt miteinander verbinden aus sportpädagogischer Sicht fraglich für die Förderung von Schüler(inne)n jenseits geschlechtsstereotyper Vorstellungen. Unter der Perspektive von Gender Mainstreaming wäre also insbesondere eine Verbindung von Unterrichtszielen und den Anliegen in der Leistungsmessung für die Gestaltung von Sportunterricht zu berücksichtigen.

2.5 Genderkompetenz von Sportlehrkräften – eine Frage der Professionalisierung?

Ob und wie geschlechtsbezogene Aspekte in die Praxis von Schulsport Eingang finden, ist u.a. abhängig von der Genderkompetenz von Sportlehrkräften. Auch wenn in Baden-Württemberg in den Jahrgangsstufen 7-11 geschlechtshomogen unterrichtet werden soll, wird Genderkompetenz für Sportunterricht relevant. In geschlechtshomo-

---

6 $p<.05$; $Nw = 112$; $Nm = 204$; $Ec = .20$; $U = 9715,500$.
7 $p<.01$; $Nw = 113$; $Nm = 207$; $Ec = .51$; $U = 7032,000$.
8 $p<.05$; $Nw = 112$; $Nm = 204$; $Ec = .18$; $U = 9979,500$.

genen Gruppen zeigen sich mannigfache Vorstellungen seitens der Schüler(innen) darüber, was Weiblichkeit oder Männlichkeit im Sport bedeuten könnte. Zentral bestimmt wird Genderkompetenz von Sportlehrkräften durch das Wissen über die Bedeutung und Umsetzung geschlechtsbezogener Aspekte (Gieß-Stüber, 1993) sowie durch die Sensibilität gegenüber geschlechtsbezogenen Fragen im Schulsport. Das Wissen und die Sensibilität gegenüber geschlechtsbezogenen Fragen kann in der Aus- und Fortbildung systematisch angeeignet werden. 47,8% der befragten Sportlehrkräfte haben sich im Studium, 31,4% in Fortbildungen und nur 22,4% im Referendariat mit geschlechtsbezogenen Aspekten im Schulsport beschäftigt.[9] Damit wird allerdings nur ein Teil der Lehrer(innen)bildung für die Aneignung geschlechtsbezogenen Wissens genutzt. Gerade während der ersten *beiden* Phasen der Lehrer(innen)bildung können wesentliche Einstellungen mit nachhaltiger Wirkung verändert werden (vgl. Fried, 2003, S. 19f.). Unter der Maßgabe von Gender Mainstreaming wäre es also wertvoll, im Referendariat verstärkt geschlechtsbezogene Aspekte des Schulsports zu vermitteln – nicht zuletzt, weil gerade im Referendariat *alle* Sportlehrkräfte erreicht werden können und die Verbindung von Theorie und Praxis in dieser Ausbildungsphase einen besonderen Stellenwert einnimmt.

2.6 Die Gestaltung von Schulsportprogrammen unter der Geschlechterperspektive

Schmerbitz & Seidensticker (1998) legen dar, dass die Umsetzung übergeordneter geschlechtsbezogener Aspekte und Ziele im Schulsport nur mit programmatischer Einbindung gelingen kann. Daher ist von Interesse, wie wichtig die Integration geschlechtsbezogener sportpädagogischer Konzepte in ein Schulsportprogramm ist oder wäre?[10] Um abzugleichen wie Fachbereichsleitungen Sport die Zielperspektive „Chancengleichheit der Geschlechter" und entsprechender fachdidaktischer Konzepte im Rahmen von Schulsportentwicklung einordnen, wird neben die geschlechtsbezogenen Zielperspektiven die in Baden-Württemberg eingeführte und bildungspolitisch stark geförderte Zielperspektive „Bewegte Schule" gestellt.[11]
Im Rahmen von Schulsportprogrammen ist die Integration der Aspekte „Chancengleichheit der Geschlechter" (81,8%; N=297) und „Bewegte Schule" (86,5%; N=297) sehr wichtig. Die sportdidaktischen Konzepte Mädchenparteilichkeit (59,4%; N=281) bzw. Emanzipatorische Jungenarbeit (54,9%; N=284) (vgl. Landesinstitut für Schule und Weiterbildung, 1998) aber scheinen in diesem Kontext weniger bedeutsam. Vermutlich sind die entsprechenden geschlechtsbezogenen sportdidaktischen Konzepte nicht hinreichend bekannt oder die Konzepte erscheinen im Kontext der in Baden-Württemberg geschlechtshomogen geführten Sportklassen (Jahrgangsstufen

---

9 Mit geschlechtsbezogenen Fragen des Schulsports gar nicht beschäftigt haben sich 27,9% der befragten Fachbereichsleitungen Sport (N=225; Mehrfachantworten waren möglich).
10 Zum Zeitpunkt der Datenerhebung (Schuljahr 2003/04) befinden sich die Schulen in Baden-Württemberg im Prozess der Erstellung von Schul(sport-)programmen.
11 „Bewegte Schule" bedeutet in Baden-Württemberg „... ‚Bewegungspausen im Unterricht' als Möglichkeit der Gesundheitserziehung an den Schulen und ‚bewegtes Lernen' zur Förderung des ganzheitlichen Lernens sowie des didaktischen Prinzips Erziehung durch Bewegung" (Regensburger Arbeitsgruppe, 2001, S. 62).

7-11) unwichtig. Wenn Gender Mainstreaming im Schulsport greifen soll, wäre die umfassende Integration der geschlechtsbezogenen fachdidaktischen Konzepte – auch in geschlechtshomogenen Gruppen – sowie in Schulsportprogrammen sinnvoll.

3 Gender Mainstreaming – ein Beitrag zur Überwindung geschlechtsbezogener sozialer Ungleichheiten im Schulsport?

Aus dem einleitend benannten Forschungsprojekt (Gieß-Stüber & Gramespacher, 2005) wurden im vorliegenden Beitrag geschlechtsbezogene soziale Ungleichheiten im Schulsport aufgezeigt. Die Vorgaben der Erziehungs- und Bildungspläne (1994) weisen durch den Rollenbegriff auf eine verengte Vorstellung von Geschlecht. Das Denken in Geschlechterrollen wird im Schulsport durch geschlechtsstereotype inhaltliche Vorgaben zu Sportarten gestützt, u.a. in sportbezogenen Arbeitsgemeinschaften. Diese Verkürzung wird von vielen Sportlehrern durch deren Zielperspektiven im Sportunterricht getragen, während Sportlehrerinnen im Unterricht geschlechtsstereotype Vorstellungen eher aufbrechen. Um Veränderungen auszulösen, müssten Sportlehrkräfte im Rahmen ihrer Aus- und Fortbildung systematisch Wissen und Sensibilität zu geschlechtsbezogenen Fragen im Schulsport entfalten und geschlechtsbezogene Perspektiven professionell auf alle Vorgänge im Schulsport beziehen. Mit der geringen Genderkompetenz von Sportlehrkräften einher geht die disparate Einstellung zur Integration von Chancengleichheit oder von entsprechenden fachdidaktischen Anliegen in Schulsportprogrammen. Schließlich erscheint die ungleiche Besetzung der Fachbereichsleitungen Sport als unreflektierte Reproduktion geschlechtsbezogener Hierarchien.

Die Befunde des Forschungsprojekts insgesamt legen nahe, dass Gender Mainstreaming an Schulen Sinn macht. Die Aufklärung geschlechtsbezogener sozialer Ungleichheiten im Schulsport bildet im Kontext von Gender Mainstreaming an Schulen einen Anfang für eine fachbezogene Diskussion, in der auszuloten ist, ob und inwiefern Gender Mainstreaming an Schulen ein Gewinn für Schulsport ist. Die Diskussion um die Bedeutung von Gender Mainstreaming im Schulsport fokussiert die Frage, ob das Programm für die organisatorische, personelle oder inhaltliche Gestaltung im Schulsport relevant ist. Gender Mainstreaming im Schulsport eröffnet die Chancen, nachweisbare geschlechtsbezogene Ungleichheiten im Sinne von Chancengleichheit nachhaltig zu verändern – diese Chancen zu ergreifen, bildet für Schulsportentwicklung eine umfassende Herausforderung.

Literatur

Brückel, F. & Gieß-Stüber, P. (2005). Professionalisierung von Sportlehrerinnen und Sportlehrern. Eine empirische Studie in Freiburg. *sportunterricht, 54*(2), 35-40.
Dahrendorf, R. (1977). *Homo sociologicus: ein Versuch zur Geschichte, Bedeutung und Kritik der Kategorie der sozialen Rolle* (15. Auflage). Opladen: Westdeutscher Verlag.
Degele, N. (2003). Anpassen oder unterminieren: zum Verhältnis von Gender Mainstreaming und Gender Studies. *Freiburger Frauen Studien 12*, 79-102.

Fried, L. (2003). Dimensionen pädagogischer Professionalität [Themenheft]. *Die Deutsche Schule, 95*(Beiheft 7), 7-31.
Fullan, M. (1999). *Die Schule als lernendes Unternehmen.* Stuttgart: Klett-Cotta.
Gieß-Stüber, P. (1993). „Teilzeit-Trennung" als Mädchenparteiliche Maßnahme. Bericht über einen Unterrichtsversuch in einer Gesamtschule. *Brennpunkte der Sportwissenschaft, 7*(2), 166-187.
Gieß-Stüber, P. (2000). *Gleichberechtigte Partizipation im Sport? Ein Beitrag zur geschlechtsbezogenen Sportpädagogik.* Butzbach-Griedel: Afra.
Gieß-Stüber, P. & Gramespacher, E. (2004). Überwindung geschlechtsbezogener sozialer Ungleichheit an Schulen in Baden-Württemberg durch Gender Mainstreaming? Ein Problemaufriss und Ausblick auf ein Forschungsprojekt. *Lehren und Lernen, 30*(1), 5-10.
Gieß-Stüber, P. & Gramespacher, E. (2005). Geschlecht als Kategorie sozialer Ordnung an Schulen. Eine empirische Analyse als Grundlage für die Umsetzung von Gender Mainstreaming. Forschungsprojekt, gefördert vom Sozialministerium Baden-Württemberg. Unveröff. Abschlussbericht, Universität Freiburg.
Hirschauer, S. (1994). Die soziale Konstruktion der Zweigeschlechtlichkeit. *Kölner Zeitschrift für Soziologie und Sozialpsychologie, 46*(4), 668-692.
Landesinstitut für Schule und Weiterbildung (Hrsg.). (1998). *Mädchen und Jungen im Schulsport.* Bönen: Verlag für Schule und Weiterbildung Kettler.
Landesinstitut für Schule und Weiterbildung (Hrsg.). (2005). *Schule im Gender Mainstream. Denkanstöße, Erfahrungen, Perspektiven.* Soest: Landesinstitut für Schule.
Ministerium für Kultus und Sport (Hrsg.). (1994). *Erziehungs- und Bildungsplan für das Gymnasium Baden-Württemberg.* Villingen-Schwenningen: MKS.
Oberschulamt Freiburg, Karlsruhe, Stuttgart & Tübingen (Hrsg.). (2000). *Frauenförderplan nach dem Landesgleichberechtigungsgesetz.* Freiburg, Karlsruhe, Stuttgart & Tübingen.
Regensburger Arbeitsgruppe (2001). *Bewegte Schule – Anspruch und Wirklichkeit. Grundlagen, Untersuchungen, Empfehlungen.* Schorndorf: Hofmann.
Rolff, H.-G., Buhren, C., Lindau-Bank, D. & Müller, S. (Hrsg.). (1999). *Manual Schulentwicklung.* (2. Auflage). Weinheim: Beltz.
Schmerbitz, H. & Seidensticker, W. (1998). Reflexive Koedukation im Sportunterricht als Bestandteil des Schulprogramms. In G. Stibbe (Hrsg.), *Bewegung, Spiel und Sport als Elemente des Schulprogramms. Grundlagen, Ansätze, Beispiele* (S. 100-112). Hohengehren: Schneider.
Stiegler, B. (2000). *Wie Gender in den Mainstream kommt: Konzepte, Argumente und Praxisbeispiele zur EU-Strategie des Gender Mainstreaming.* Bonn: Wirtschafts- und Sozialpolitisches Forschungs- und Beratungszentrum.
Thiele, J. & Schierz, M. (2003). Qualitätsentwicklung im Schulsport. Der Ansatz der ‚Regionalen Schulsportentwicklung'. *sportunterricht, 52*(8), 235-240.
Wetterer, A. (Hrsg.). (1995). *Die soziale Konstruktion von Geschlecht in Professionalisierungsprozessen.* Frankfurt/Main: Campus.

PETRA GIEß-STÜBER

Gender Mainstreaming in der Sportentwicklungsplanung – Erfahrungen und Perspektiven

Angesichts des rasanten Wandels der Gesellschaft und der Ausdifferenzierung des Sports sind Fragen danach, welche Art von Sportstätten oder Sportangeboten den Wünschen und Bedürfnissen der Bevölkerung jetzt und in Zukunft entsprechen, immer schwieriger zu beantworten. Aufgrund der neuen und komplexen Aufgaben, die sich für die kommunale Sportentwicklungsplanung stellen, müssen auch die Planungsverfahren immer wieder einer kritischen Analyse unterzogen werden. Im Folgenden wird ein komplexes Projekt zur Sportentwicklungsplanung skizziert, in dem erstmalig die Leitideen des EU-Programms Gender Mainstreaming Berücksichtigung fanden. Der Umsetzungsversuch wird abschließend aus verschiedenen Perspektiven kritisch dargestellt.[1]

1 Vorbemerkungen zur integrierten Sportentwicklungsplanung in Freiburg

In Freiburg im Breisgau wurden verschiedene bewährte Planungskonzepte miteinander verbunden und um weitere spezifische Elemente ergänzt (Eckl, Gieß-Stüber & Wetterich, 2005). Zum tatsächlichen Sportverhalten der Bevölkerung, zur Situation der Sportvereine, zum konkreten Bewegungsverhalten in ausgewählten Stadtbezirken sowie zur Bewertung des vorhandenen Sportangebots und der Sportstätten wurden verschiedene quantitative und qualitative empirische Studien durchgeführt. Den Kern des Planungsprozesses stellte das in Stuttgart entwickelte und vielfach erprobte Modell der „Kooperativen Planung" dar (Rütten, 1998; Wetterich, 2002). Dieses nach den Grundsätzen der Lokalen Agenda 21 arbeitende Konzept sieht ein Verfahren der konsensualen Entscheidungsfindung vor, bei dem von Anfang an Betroffene, politisch-administrative FunktionsträgerInnen, lokale ExpertInnen und die Vertretungen sozialer Gruppen in den Planungsprozess, der extern moderiert und wissenschaftlich begleitet wird, eingebunden werden. In Freiburg wurden aus ca. 60 Personen zwei Strukturgruppen gebildet, die sich zum einen mit der „Infrastruktur" (Sport- und Bewegungsräume), zum anderen mit Angebots- und Organisationsfragen beschäftigten. In einem Zeitraum von sechs Monaten erarbeiteten diese Gruppen im Verlauf von acht Sitzungsabenden Handlungsempfehlungen für die Beschlussfassung in den lokalen Entscheidungsgremien.
Um dem Anspruch gerecht zu werden, im Sinne *aller* Bürgerinnen und Bürger der Stadt Freiburg zu planen, wurde ausdrücklich Wert darauf gelegt, zielgruppenbezogene

---

1 Alle Ergebnisse sind dokumentiert in Eckl, Gieß-Stüber & Wetterich (2005).

Spezifika in allen Phasen des Prozesses zu berücksichtigen. Hier wird die politische Chance gesehen, Geschlechtergerechtigkeit auf der Grundlage des Gender Mainstreaming programmatisch aufzugreifen und die Leitideen in dem kommunalen Planungsprozess umzusetzen. In der Sportentwicklungsplanung ist dann zu prüfen, ob z.B. Angebote Jungen und Mädchen, Männer und Frauen gleichermaßen ansprechen, die Angebote in der Kommune so gestaltet sind, dass alle Bürgerinnen und Bürger für sich einen geeigneten Ort – also eine geeignete Sportstätte – und ein geeignetes Sportangebot finden können, ob die (Spitzen-)Sportförderung ausgeglichen ist, wie Vereine ihre Führungskräfte und ÜbungsleiterInnen rekrutieren u.a.m. In dem Bild, das Barbara Stiegler (2000) zeichnet, werden die anstehenden Entscheidungsprozesse mit dem Flechten eines Zopfes verglichen. Den in politischen Organisationen üblichen Strängen Sachgerechtigkeit, Machbarkeit und Kosten wird von Beginn an die Frage der Geschlechterverhältnisse hinzugefügt.

Da der Gemeinderat der Stadt Freiburg im Jahre 2003 die Umsetzung von Gender Mainstreaming in der Stadtverwaltung beschlossen hatte, war der politische Kontext für dieses Vorhaben günstig.[2] Eine weitere Besonderheit kann darin gesehen werden, dass das für den Sport zuständige städtische Dezernat von einer Frau geleitet wurde, der es von Beginn an wichtig war, Geschlechterperspektiven konsequent zu berücksichtigen. Die Projektleitung lag bei der Verfasserin, die in der sportwissenschaftlichen Geschlechterforschung ausgewiesen ist.

2 Umsetzung von Gender Mainstreaming in der Sportentwicklungsplanung

Implementierungsstrategien, die für Gender Mainstreaming in Organisationen empfohlen werden, sind nicht vollständig auf ein Forschungs- und Planungsprojekt zu beziehen.[3] Deshalb soll im Folgenden kurz erläutert werden, welche Besonderheiten bzgl. der zentralen Arbeitsschritte, die üblicherweise die Implementierung von Gender Mainstreaming kennzeichnen, aus der Erfahrung der erstmaligen Umsetzung in einem Sportentwicklungsplanungs-Projekt zu beachten sind.

Es gibt zahlreiche verfahrensbezogene Gender Mainstreaming-Instrumente. Orientierung dafür, welche Fragen an die eigene Aufgabe heranzutragen sind, um gegenstandsbezogenes Gender-Wissen zu generieren, gibt z.B. die in Schweden entwickelte 3R-Methode. In Tab. 1. wird exemplarisch dargestellt, wie dieses Instrument auf Fragen der Sportentwicklungsplanung bezogen werden kann.

In dem Freiburger Projekt wurde die Analyse der Repräsentation und der Ressourcenverteilung z.T. in die Fragebogenerhebungen integriert. Informationen, die jenseits standardisierter Befragungsmöglichkeiten benötigt wurden, haben wir auf qualitativen Wegen ermittelt (s.u.).

---

2   Eine Besonderheit der Freiburger Entscheidung ist die breitflächige Qualifizierung des verantwortlichen Personals. Parallel zu dem Projekt Sportentwicklungsplanung wurden Maßnahmen initiiert, um die „Gender-Kompetenz" in den Ämtern umfassend zu fördern.
3   Zur Problematik der Übertragbarkeit von Gender Mainstreaming auf die unterschiedlichen Handlungslogiken verschiedener Organisationen vgl. Hartmann-Tews & Dahmen (in diesem Band).

Tab. 1. *Übertragung der 3-R-Methode auf Fragen der Sportentwicklungsplanung.*

3 R	Prinzip	Fragen	Maßnahmen, Umsetzung	Umsetzung in Freiburg
Repräsentation	Verteilung von Frauen und Männern	Wer treibt wo welchen Sport?	Erhebung geschlechtsbezogener Daten und Fakten	Bevölkerungsbefragung, Vereinsbefragung, qualitative Stadtteilanalyse, Hausmeisterbefragung
Ressourcen	Verteilung von Geld und Einfluss, Mobilität und Zeit	Z.B.: Werden Sportlerinnen und Sportler gleichermaßen gefördert? Wie ist das Geschlechterverhältnis in Vereinsvorständen?	Entscheidungsfindung über Ressourcenverteilung	Fachgespräch, Expertinneninterviews, Dokumentenanalyse, kooperative Planung
Realität	Ursachen klären; Strukturen, Werte, Normen, Lebensbedingungen	Welche Maßnahmen können zur Behebung identifizierter Missstände konkret umgesetzt werden?	Notwendige Voraussetzungen und Verantwortlichkeiten klären	Gezielte Erarbeitung von Handlungsempfehlungen im Rahmen der kooperativen Planung

Durch gezielte sitzungsdidaktische Entscheidungen wurden diese Informationen kontinuierlich in die Arbeit der kooperativen Planungsgruppen eingebracht, um Handlungsempfehlungen spezifisch für relevante Anwendungsfelder zu erarbeiten und damit realitätsnah zu planen.

Entsprechend üblicher Implementierungsstrategien werden im Folgenden die zentralen Arbeitsschritte kommentierend dargestellt:

2.1 Zielklärung

Die Zielklärung stand fest mit dem Auftrag der Stadtverwaltung, Gender Mainstreaming in die Sportentwicklungsplanung einzubeziehen. Angestrebt sind Handlungsempfehlungen, die auf Chancengleichheit und Gleichstellung von Mädchen und Jungen/Frauen und Männern im Sport abzielen.

2.2 Geschlechterdifferenzierende Analyse

Grundlage einer geschlechtergerechten Sportentwicklungsplanung ist die Kenntnis des Forschungsstandes zu geschlechtsbezogenen Entwicklungstendenzen im Sport sowie die Kompetenz, auf der Grundlage geschlechtertheoretischer Erkenntnisse Entwicklungspotenziale zu erkennen[4]. Damit wird deutlich, dass an dieser Stelle spezifische Expertise einbezogen werden muss.

Aus Gründen der Arbeitsökonomie und auch der Vergleichbarkeit von Befunden aus unterschiedlichen Städten liegt es nahe, möglichst bewährte Erhebungsverfahren einzusetzen. Unter der Perspektive von Gender Mainstreaming müssen alle

---

4 Werden Sollensforderungen vom empirischen Ist-Stand (z.B. deskriptiven repräsentativen Studien) oder von vordergründigen Interessenbekundungen unreflektiert abgeleitet, stabilisieren sich Ungleichheitsverhältnisse.

Daten zu Sport- und Bewegungsverhalten und -bedarf, zu Infra- und Angebotsstruktur geschlechterdifferenziert erhoben und ausgewertet werden. Zu diesem Zweck wurden alle eingesetzten Erhebungsverfahren sprachlich und inhaltlich überarbeitet bzw. ergänzt um genderrelevante Items. Vorbereitend wurden lokale Expertisen eingeholt und begleitende Analysen durchgeführt:

- Ein Fachgespräch zu Gender Mainstreaming und Sportentwicklungsplanung mit Vertreterinnen städtischer Ämter und des organisierten Sports;
- ExpertInneninterviews mit Mitgliedern des Jugendrates, der Frauenbeauftragten, Mitarbeiterinnen des Sozial- und Jugendamtes und einer Mitarbeiterin des Stadtplanungsamtes;
- Schriftliche Befragung aller offenen Kinder- und Jugendeinrichtungen zu Sport- und Bewegungsangeboten für Mädchen und Jungen;
- Exemplarische genderbezogene Dokumentenanalyse (Freiburger Sportbuch)
- Gender-Budget-Analyse des Sportförder-Haushaltes.

Zu welchen Themen spezifische empirische Studien, Fachgespräche oder Dokumentenanalysen erforderlich sind, hängt von den jeweiligen lokalen Gegebenheiten und Interessenlagen ab.

2.3 Geschlechtergerechte Partizipation im Planungsprozess

Arbeits- und Planungsgruppen wurden – wo immer möglich – mit Frauen und Männern besetzt. Grenzen wurden diesem Bemühen dadurch gesetzt, dass Dezernats-, Organisations- und Vereinsleitungen i.d.R. durch Männer vertreten werden. So ergibt sich in Steuerungsgruppen „quasi automatisch" das traditionelle, rollentypische Bild: Frauen vertreten Frauen-, Kinder- und Jugendinteressen. Politik, Verwaltung und Sport werden überwiegend durch Männer repräsentiert. Wenn ein solcher Effekt vermieden werden sollte, müssten im Planungsprozess sehr früh Auswahlkriterien abgestimmt werden, die i.S. von Gender Mainstreaming die Partizipation von Frauen und Männern gleichermaßen und gleich berechtigt ermöglichen. Ein solches Verfahren ist bei gewachsenen, bereits etablierten Strukturen und Abläufen in Stadtverwaltungen kaum durchzuführen. Eine geschlechterparitätische Besetzung der Planungsgruppen konnte in dem beschriebenen Projekt nicht erreicht werden.

2.4 Steuerung

Die Beachtung von Gender Mainstreaming in dem gesamten Prozess wurde von der Projektleitung gesteuert (Top down). In der Phase der kooperativen Planungssitzungen wurde in allen Sitzungen darauf geachtet, dass Input (die Darstellung ausgewählter Forschungsergebnisse und Arbeitsblätter), die Arbeit in Kleingruppen und Output – wo immer sachgerecht und angemessen – Geschlechteraspekte berücksichtigen.

Im Sinne der Idee von Gender Mainstreaming als Querschnittsaufgabe werden alle diesbezüglichen Arbeiten und Ergebnisse in die Forschungsberichte integriert und nicht gesondert dargestellt (Eckl, Gieß-Stüber & Wetterich, 2005). So wird das Ziel erreicht, die Geschlechterperspektive in die Handlungsempfehlungen auf allen Ebenen und in allen Bereichen aufzunehmen. Die Kategorie Gender wird impliziter Bestandteil aller Diskussionen und Darstellungen, ohne immer wieder als „Sonderthema" benannt zu werden.

2.5 Controlling

Wichtig ist es, von Beginn an mit zu planen, wie die genderbezogenen Zielsetzungen überprüft werden können (Controlling). Die Handlungsempfehlungen sehen in dem vorliegenden Projekt z.b. vor, dass weiterhin Daten geschlechterdifferenziert erhoben werden (hierzu zählen z.b. Erhebungen und Analysen der vorhandenen Sportangebote, der Nutzung vorhandener Sportgelegenheiten (Hallen, Räume, Plätze), der finanziellen Ressourcen). Es wird empfohlen, mittels eines dann möglichen Längsschnittvergleichs ein Controlling in den Feldern vorzunehmen, in denen aktuell Frauen oder Männer systematisch unterrepräsentiert sind. Auch für Vereine als wesentliche Träger des Sport- und Bewegungslebens in einer Stadt wurden zahlreiche Handlungsempfehlungen entwickelt.

3 Ausgewählte Problemfelder und Handlungsempfehlungen – Perspektiven

Im Folgenden wird an vier thematischen Beispielen kurz skizziert, wie sich Ergebnisse genderbezogener Analysen in Handlungsempfehlungen niederschlagen können.

3.1 Genderbudgeting

Die Haushalte der Sportförderung von 2003 und 2004 wurden durch die Projektgruppe im Sinne des Genderbudgeting untersucht. Dabei wurden einzelne Problemfelder erkennbar, die sich auf die unterschiedliche Unterstützung von Frauen- und Männerteams im Amateur-Leistungssport beziehen. Eine gravierende Ungleichheit fällt auf bezogen auf die Situation des Frauenfußball-Bundesligateams des SC Freiburg, dem kein Fußballplatz zur Austragung der Ligaspiele innerhalb Freiburgs Stadtgrenzen zur Verfügung steht. Die öffentlichen Kosten, die durch ein Bundesliga-Herrenteam verursacht werden, sind im Einzelnen gar nicht bezifferbar.

Ohne an dieser Stelle die spezifische Freiburger Haushaltssituation zu diskutieren, sei darauf hingewiesen, dass es für eine differenzierte Analyse des sportbezogenen Haushaltsbudgets wichtig ist, nicht nur die Sportförderung, sondern auch weitere Kostenstellen und Haushalte mit einzubeziehen, z.B.

- Verschiedene Zuschüsse, z.B. Förderungen durch den Landessportbund und den Deutschen Sportbund;
- Überlassung von Liegenschaften, Gebäuden, Parkplätzen, Erbpachtregelungen etc.;
- Förderung von Instandhaltung, Sanierung etc.;

- Sekundärförderung (z.B. Polizeieinsatz und Regelungen im Straßenverkehr bei Spielen und Wettkämpfen);
- Sekundärförderung durch Nutzung von Schulsporthallen (incl. Nebenkosten).

Nach eingehenden Diskussionen empfiehlt die Planungsgruppe für zukünftige Entscheidungen:

- Eine Überprüfung und ggfs. eine Neuregelung der Bezuschussung des Leistungssports von Frauen und Männern.
- Die Stadtverwaltung soll auf eine ausgewogene und langfristig ausgeglichene Verteilung der Zuschüsse für Wettkämpfe und Wettkampfveranstaltungen im Männer- und Frauensport achten.
- Einrichten einer Position in der kommunalen Sportförderung für Gender Mainstreaming-Maßnahmen.

3.2 Mädchen und Jungen im öffentlichen Raum

Zur unterschiedlichen Nutzung öffentlichen Raums durch Mädchen und Jungen, Frauen und Männer liegen zahlreiche Befunde vor (vgl. Benard & Schlaffer, 1997; Kroeber, 2001; Kustor, o.J.; Nissen, 2001; Spitthöver, 1990). Die Präsentation ausgewählter Befunde aus den quantitativen Befragungen, aus Experten/-inneninterviews und aus Beobachtungen im Rahmen der Stadtteilanalyse[5] führten in Freiburg zu folgender Handlungsempfehlung:

- Als Regelfall infrastruktureller Maßnahmen für Mädchen befürwortet die Planungsgruppe nicht die Schaffung separater Bewegungsräume für Mädchen, sondern die Ergänzung bestehender Räume durch „Mädchenangebote" in Richtung eines kleinräumig gestalteten multifunktionalen Bewegungsraumes, auf dem Mädchen von ihnen gewünschte Bewegungsformen und Sportarten ausüben können. Um den oft beobachtbaren Verdrängungsprozess der Mädchen durch die Jungen zu verhindern, sollen Regeln zur fairen Nutzung dieser gemeinsamen Räume formuliert und im Rahmen pädagogischer Betreuung eingeübt werden. Darüber hinaus sollen diese Bewegungsräume an bestimmten Tagen nur den Mädchen zur Verfügung stehen.

3.3 Mädchen- und frauengerechter Sportstättenbau

Die quantitativ und qualitativ ungleiche Verteilung der Geschlechter im Sport spiegelt sich auch in Ausrichtung und Gestaltung der derzeit bestehenden Sportstätten. Diese sind überwiegend funktional auf traditionelle Sportarten und den Wettkampfsport ausgerichtet – und damit auf die Sportinteressen von Jungen und Männern. Dies ergibt sich u.a. aus gesamtgesellschaftlichen geschlechtstypischen Machtstrukturen. Fast ausschließlich Männer sind Partner auch der kommunalen

---

5   Im Rieselfeld wurden in einem definierten Zeitraum (ausführliche Darstellung der Studie in Eckl, Gieß-Stüber & Wetterich, 2005) 385 NutzerInnen zentraler Bewegungsräume im Stadtteil gezählt. Davon waren 39,6 % weiblich. Beobachtet wurden folgende Aktivitäten: Fußball (80 männlich/6 weiblich), Basketball (35 m/5 w), Inlineskating/Street-Hockey (21 m/16 w), Klettern an der Kletterwand (7 m/5 w).

Planungsgremien und entscheiden somit über Strukturen und Ressourcen. Die von Jungen und Männern favorisierten Sportarten, d.h. vor allem der Fußball, finden regelmäßig planerische Beachtung. Bedürfnisse von Frauen dagegen werden nur selten berücksichtigt. Dies führt zu einer strukturellen Benachteiligung von Frauen schon auf der planerischen Ebene. Die Zusammenstellung vorwiegender Sport- und Bewegungsinteressen von Mädchen, Frauen und Seniorinnen sowie die Darstellung der Bewertung des baulichen Zustandes durch Hausmeister[6] führte bei diesem Themenfeld zu folgender Empfehlung:

- Leitlinien für mädchen- und frauengerechten Sportstättenbau (MSWKS, 2003) werden bei Neu- und Umbau sowie bei Modernisierungsmaßnahmen berücksichtigt (unter Berücksichtigung der Aspekte Sicherheit, Persönlichkeitsschutz, Kommunikation, ästhetisches Wohlbefinden, Vereinbarkeit von Familie und Sport). Dies betrifft:
  * Gestaltung und Ausstattung von Sporthallen, -räumen und Bädern;
  * Organisatorische und betriebliche Vorkehrungen;
  * Sicherheit im Außenbereich der Sportanlage;
  * Lage und Erreichbarkeit der Sportstätte;
  * Gestaltung von Sportfreianlagen/ Sportplätzen.

3.4 Beratungsleistung für Sportvereine

Gender Mainstreaming als Strategie kann dazu beitragen, dass u.a. Angebote im Sport passgenauer auf Zielgruppen zugeschnitten und mehr Menschen als Aktive oder als Ehrenamtliche für den Sport gewonnen werden können. GM kann Entscheidungsprozesse, Arbeitsabläufe und Kooperationsformen erweitern und somit zu einem deutlichen Mehrwert für die Sportorganisationen selbst führen. Die mögliche Bedeutung von Gender Mainstreaming für Vereinsentwicklung wird in Handlungsempfehlungen zu folgenden Themen zum Ausdruck gebracht:

- Genderanalyse des Vereins (3R-Methode).
- Der Sportkreis erklärt sich bereit, Fort- und Weiterbildung von Führungskräften der Sportvereine im Bereich Gender Mainstreaming anzubieten. Angeregt wird ferner, Gender Mainstreaming in die Organisationsleiter/-innenausbildung zu integrieren.
- Honorierung des Ehrenamtes im Sportverein durch besondere Vergünstigungen. Die Ehrengabe soll nach Meinung der Planungsgruppe zeitgemäßer sein als bisher (z.B. VHS-Kurse, Computer-Kurse oder Incentives anstelle von Ehrenmedaillen).
- Innerhalb der Sportvereine soll die Bereitschaft zur Übernahme eines Ehrenamtes durch eine Veränderung des Amtes an sich gesteigert werden. Z.B. könnten Ämter auf Zeit vergeben werden, zu besetzende Ämter mit einer klaren Aufgabenbeschreibung ausgeschrieben oder Ämter auf mehrere Personen aufgeteilt

---

6 Besondere Defizite werden deutlich im Bereich der sanitären Anlagen. Häufig negativ bewertet wird die Lage und Beleuchtung des Zuganges.

werden, um den Arbeitsaufwand insgesamt kalkulierbarer zu machen. So können erfahrungsgemäß junge Menschen und Frauen eher für ehrenamtliche Tätigkeiten gewonnen werden.
- Gewinnung von Frauen für den Vereinsvorstand.
- Qualifizierung und Einstellung von Übungsleiterinnen (gezielte Ansprache von Sportlerinnen, spezielle Lehrgänge für Frauen etc.)

4 Bewertung des Versuchs, Gender Mainstreaming in die Sportentwicklungsplanung zu implementieren

Das Bemühen, Gender Mainstreaming in die Sportentwicklungsplanung zu integrieren, soll abschließend unter einer pragmatischen, einer programmatischen und einer geschlechtertheoretischen Perspektive diskutiert werden.

Die *pragmatischen* Grenzen einer konsequenten Umsetzung von Gender Mainstreaming werden dadurch markiert, dass mindestens die drei folgenden wesentlichen Voraussetzungen (noch) nicht erfüllt werden können:

1. Genderkompetenz bei allen involvierten verantwortlichen Personen;
2. Gender Mainstreaming als ausdrückliches Ziel aller Beteiligten;
3. Die Möglichkeit, Gender Mainstreaming „top down" einzuführen.

In der vorliegenden Projektkonstellation musste eine Sensibilisierung für Genderaspekte des Vorhabens teilweise durch die wissenschaftliche Begleitung erfolgen, da die Genderkompetenz-Schulungen für die Stadtverwaltung erst parallel zu diesen Arbeiten begannen. So fehlte erforderliches Genderwissen breitflächig sowohl in den unterschiedlichen Projektgruppen als auch in den kooperativen Planungsgruppen. Dies kann zu unergiebigen Grundsatzdiskussionen und zu einer ablehnenden Haltung gegenüber der Thematisierung von Genderaspekten führen. Das Wissen um genderbezogene Zusammenhänge muss sensibel und dosiert in die Projektarbeit eingebracht werden. Die Moderation des Planungsverfahrens erfordert diplomatische Kompetenz.

Das Konzept der kooperativen Planung eignet sich sehr gut für das Anliegen, da alle Handlungsempfehlungen konsensual verabschiedet werden und so eine hohe Legitimität in der späteren politischen Umsetzung bekommen. Zudem werden Verantwortliche des kommunalen Sports erreicht, die im Ergebnis alle Fragen der Infrastruktur, Angebotsebene und Organisation geschlechterdifferenziert diskutiert und entschieden haben. So wird ein hoher Grad an Sensibilisierung in einer Stadt erreicht. Hierzu gehört auch die Beobachtung, dass zunehmend die durch das Projektteam eingeführte geschlechterdifferenzierte Sprache aufgenommen wurde. Wie selbstverständlich ging z.B. damit einher die Umbenennung des „Bolzplatzes" zur Freizeitspielfläche. Dies wird weniger als Erfolg der feministischen Linguistik gedeutet als vielmehr bedeutsam für zukünftige planerische Entscheidungen. Die Begriffe legen unterschiedliche Bilder zur Gestaltung eines solchen Platzes nahe.

Die Öffentlichkeit und Transparenz des Projekts (kontinuierliche Begleitung in der lokalen Presse) führt dazu, dass zukünftig InteressenvertreterInnen auf die Handlungsempfehlungen zurückgreifen können (Netzwerkarbeit kann so unterstützt werden).
Eine *programmatische* Bewertung muss differenziert vorgenommen werden. Hilfreich ist die Unterscheidung von drei Varianten des Konzepts Gender Mainstreaming (nach Degele, 2003). Eine erste deskriptive Ebene wird in jedem Falle erfüllt schon durch die geschlechterdifferenzierte Datenerhebung und Auswertung. Vorliegende Instrumente und Abläufe können mehr oder weniger routinemäßig installiert werden. Allein diese Ebene kann allerdings Alibifunktion bekommen in Kommunen, die Gender Mainstreaming der Form und Pflicht halber und nicht aus Überzeugung und mit der Bereitschaft zu Veränderungen berücksichtigen.
Einen Schritt weiter geht Gender Mainstreaming als normative politische Strategie. Hier gilt es dann zu fragen, wie die Herstellung von Geschlechtergerechtigkeit tatsächlich geleistet werden kann. Durch den Aufbau des Projekts und die permanente Thematisierung geschlechterdifferenzierender Daten wurde im Laufe der Planungssitzungen Gender Mainstreaming als Querschnittsaufgabe für alle erlebbar. Für alle Ebenen – Vereine, Verbände, Verwaltung – wurden Maßnahmen zum Abbau von Geschlechterhierarchien erarbeitet. Die Umsetzung kann in Zukunft allerdings nur bedingt kontrolliert werden. Der „top down" Zugang greift in einem solchen Projekt nicht.
Nimmt man das Gender Mainstreaming Prinzip wirklich ernst, so bedeutet es eine Innovation von Entscheidungsprozessen in Organisationen und wird damit zu einer radikalen (an die Wurzel gehenden) Veränderung (vgl. Stiegler, 2000). Diese dritte Ebene eines grundlegenden Reorganisationsansatzes ist mit Blick auf bestehende Geschlechterverhältnisse nicht in Sicht (vgl. die Ausführungen zur Umsetzung).
In jedem Falle muss Gender Mainstreaming zentrale Zielsetzung von Sportentwicklungsplanung sein und nicht als „Nebenprodukt" mitlaufen, wenn überhaupt ein politischer Effekt erwartet wird.
Geschlechtertheoretische Kompetenz ist für die erfolgreiche Umsetzung von Gender Mainstreaming auf Seiten der wissenschaftlichen Begleitung unbedingt erforderlich. Geschlecht muss als Strukturkategorie verstanden sein, Wissen um die Konstruktionsmuster sozialer Ungleichheit muss vorhanden sein, um neben den empirischen Daten zum Status quo immer wieder auch die „Gewordenheit" dieses Zustandes zu erklären und so Entwicklungspotenziale aufzeigen zu können. Diese Aufgabe kann nicht von Frauenvertreterinnen, Gleichstellungsbeauftragten oder allgemein Gender geschulten Personen übernommen werden, sondern setzt zudem auch gute Kenntnis der Sportstrukturen voraus. Im Laufe der Projektarbeit müssen viele Kompromisse eingegangen, die geplante Implementierungsstrategie immer wieder neu durchdacht und geändert werden. Es ist kaum möglich im engeren Sinne nach wissenschaftlichen Regeln zu arbeiten. Damit wird die Verwertung der Ergebnisse z.B. im Rahmen wissenschaftlicher Qualifikationsarbeiten teilweise problematisch.
Während in den Gender und Queer Studies über Dekonstruktion nachgedacht wird und z.B. darüber, ob die Kategorie Geschlecht vollständig von Körperlichkeit gelöst

werden kann, sind wir in der praktischen Umsetzung von Gender Mainstreaming wieder auf differenzorientiertes Denken und Argumentieren verwiesen. Geschlecht muss relevant gemacht werden, kategoriale Zuordnungen sind wider besseren Wissens unvermeidlich. Das Feld bietet keine wissenschaftliche Herausforderung für die Geschlechtertheorie (allenfalls für Implementationsforschung). Geschlechtsbezogene Forschung und (Sport-)Politik stehen also durchaus in einem spannungsreichen Verhältnis zueinander, das aber mit Kompromissbereitschaft zu einem konstruktiven Miteinander geführt werden kann, für Frauen gute Aussichten auf neue Bewegungsräume verspricht und sich der Utopie einer geschlechtergerechten sport- und bewegungsfreundlichen Stadt nähert.

Literatur

Benard, C. & Schlaffer, E. (1997). Verspielte Chancen? Mädchen in den öffentlichen Raum! In MA 57, Frauenbüro der Stadt Wien (Hrsg.), *Handbuch Mädchen stärken – Burschen fördern. Zur Notwendigkeit geschlechtssensibler Arbeitsansätze in der freizeitorientierten Jugendarbeit* (S. 16-46). Wien: Magistrat der Stadt Wien.

Bundesministerium für Raumordnung, Bauwesen und Städtebau (1996). *Frauengerechte Stadtplanung – ein Beitrag zu einer gender-sensitiven Planung der Stadt*. Bonn: BMRBS.

Degele, N. (2003). Anpassen oder unterminieren: zum Verhältnis von Gender Mainstreaming und Gender Studies. *Freiburger Frauen Studien 12*, 79-102.

Eckl, S. Gieß-Stüber, P. & Wetterich, J. (2005). *Kommunale Sportentwicklungsplanung und Gender Mainstreaming. Konzepte, Methoden und Befunde aus Freiburg*. Münster: Lit.

MSWKS (Ministerium für Städtebau und Wohnen, Kultur und Sport) (2003). *Mädchen- und frauengerechter Sportstättenbau. Eine Handreichung für Planerinnen und Planer*. Düsseldorf: Ministerium für Städtebau und Wohnen, Kultur und Sport des Landes Nordrhein-Westfalen.

Kroeber, R. (2001). Beteiligungsprojekt Oberreut 'Mädchengerechte Spielplätze'. In Landeshauptstadt München, Gleichstellungsstelle für Frauen et al. (Hrsg.), *Spielräume für Mädchen. Lesebuch mit wissenschaftlichen Untersuchungen, Praxisprojekten und Bei-Spielen* (S. 54-59). München: Sozialreferat Stadtjugendamt/Stadtkanzlei.

Kustor, B. (o.J.) Mädchen und Jungen in öffentlichen Räumen. Geschlechtsspezifische Aspekte des Spiel- und Bewegungsverhaltens. In Gleichstellungsstelle für Frauenfragen Stadt Bielefeld & Jugendamt Stadt Bielefeld (Hrsg.), *Bielefeld. Bolzplätze und was sonst. Öffentliche Spielräume für Mädchen und Jungen* (S. 4-41). Bielefeld: Stadt.

Nissen, U. (2001). Geschlechtsspezifische Raumsozialisation von Kindern als Einübung in politische Partizipation. In G. Sturm et al. (Hrsg.), *Zukunfts(t)räume. Geschlechterverhältnisse im Globalisierungsprozess* (S. 22-37). Königstein/Ts.: Helmer.

Rütten, A. (1998). Kooperative Planung – ein umsetzungsorientiertes Sportstättenentwicklungskonzept. In A. Rütten & P. Roßkopf (Hrsg.), *Raum für Bewegung und Sport. Zukunftsperspektiven der Sportstättenentwicklung* (S. 41-52). Stuttgart: Naglschmid.

Spitthöver, M. (1990). Frauen und Freiraum. In K. Dörhöfer (Hrsg.), *Stadt-Land-Frau. Soziologische Analysen, feministische Planungsansätze* (S. 81-103). Freiburg: Kore.

Stiegler, B. (2000). *Wie Gender in den Mainstream kommt: Konzepte, Argumente und Praxisbeispiele zur EU-Strategie des Gender Mainstreaming*. Bonn: Wirtschafts- und Sozialpolitisches Forschungs- und Beratungszentrum.

Weg, M. (2002): Gender Mainstreaming: Bedeutung für Sportorganisationen. In *Deutscher Sportbund: Zukunft. Sport gestaltet Zukunft* (S. 58-61). Frankfurt/Main: DSB.

Wetterich, J. (2002). *Kooperative Sportentwicklungsplanung – ein bürgernaher Weg zu neuen Sport-, Spiel- und Freizeitanlagen*. Aachen: Meyer & Meyer.

ANJA VOSS

Gender Mainstreaming – probate Strategie einer geschlechtergerechten Gesundheitsförderung im Sport?

Gender Mainstreaming (GM) ist inzwischen von der ehemals „neuen" politischen Strategie zu einem vielfach implementierten Prinzip in Politik, Dienstleitung und anderen gesellschaftlichen Teilbereichen avanciert. Auch in den Sportorganisationen wird GM wohlwollend diskutiert, konkrete Umsetzungsmaßnahmen existieren derzeit jedoch lediglich in Ansätzen. Der folgende Beitrag ist dem Versuch gewidmet, erste Anknüpfungspunkte zur Umsetzung von GM in einer sportbezogenen Gesundheitsförderung zu entwickeln. Dies geschieht auf der Basis der aktuellen Entwicklungen einer geschlechtsbezogenen Gesundheitsforschung in der BRD sowie der theoretischen Diskussion um GM und ihren praktischen Umsetzungsmöglichkeiten in der Gesundheitsförderung.

1 Aktuelle Entwicklungen einer geschlechtsbezogenen Gesundheitsforschung in der BRD

Die wichtigsten Transformationsphasen der Thematik ‚Geschlecht und Gesundheit' in der BRD lassen sich wie folgt skizzieren (vgl. Schmerl, 2002):

1. Biologie des Mannes gilt als Norm
Aus der Frauenbewegung der 1970er und 1980er Jahre entwickelte sich zunächst die Frauengesundheitsforschung. Ihr Ausgangspunkt lag in der Erkenntnis, dass die Besonderheiten der gesundheitlichen Lage von Frauen nicht untersucht wurden. Die Wissenschaft, insbesondere die Medizin, konzentrierte sich auf solche Krankheiten, die für Männer besonders relevant erschienen, wie z.B. Herzinfarkt und Lungenkrebs. Frauen blieben in dieser Forschung außen vor oder wurden allenfalls als statistische Größe im Sinne einer Abweichung von der Norm in Studien eingeschlossen. Die Konsequenz dieser androzentrischen Sichtweise lag in einer Übertragung der an männlichen Untersuchungspopulationen gewonnenen Ergebnisse auf die gesundheitliche Versorgung von Frauen. Dies geschah ohne Kenntnisse darüber, ob die therapeutischen Maßnahmen für Frauen wirkungsvoll oder sogar kontraindiziert waren.

2. Frauen werden als statistische Größe im Sinne einer Abweichung von der Norm in Studien eingeschlossen
In der nächsten Phase wurden Frauen zum Gegenstand wissenschaftlicher Studien. Da noch keine ausreichenden theoretischen Konzepte existierten, um geschlechtsbezogene Fragestellungen angemessen untersuchen zu können, ging es zunächst um die Analyse vorhandener Forschungsergebnisse unter frauenspezifischen Per-

spektiven. Im Mittelpunkt stand die Frage, ob Frauen und ihre spezifische Lebenssituation ausreichende Berücksichtigung finden. Außerdem wurden Themen aufgenommen, die besonders für Frauen von gesundheitlicher Bedeutung waren und von denen sie physisch und psychisch betroffen waren. Dazu gehörten z.B. häusliche und familiale Gewalt, Medikamentenge- und missbrauch, Sucht und Essstörungen.

3. Frauen werden zum Gegenstand von Studien, Entwicklung einer eigenständigen Fachdisziplin ‚Frauen und Gesundheit' und Integration dieser Fachdisziplin in andere Disziplinen

Mit der Einrichtung der Public-Health-Forschungsverbünde in den 1990er Jahren erlebte die Frauengesundheitsforschung einen weiteren Aufschwung, da konkrete Forderungen nach einer langfristigen Etablierung und Sicherung umgesetzt werden konnten. Es wurden drei Professuren in Public-Health-Studiengängen mit einem Schwerpunkt `Frauen- und geschlechtsspezifische Gesundheitsförderung´ eingerichtet (Berlin, Bremen, Bielefeld). In den Folgejahren wurden an weiteren Universitäten und Fachhochschulen Professuren mit dem Schwerpunkt ‚geschlechtsspezifische Gesundheitsförderung' etabliert.

4. Gesundheitliche Besonderheiten von Männern werden zunehmend thematisiert und eigenständige Untersuchungen gefordert

Die Verschiebung von der ‚Frauengesundheitsforschung' zur ‚geschlechtsspezifischen' Gesundheitsforschung bringt die Integration von Männergesundheit zum Ausdruck. Geschlecht wird neben Alter und sozialer Lage als ein wichtiger Einflussfaktor auf Gesundheit anerkannt. Unter dem Aspekt der „Geschlechtersensibilität" wird es in Gesundheitsförderung, Versorgung und Forschung berücksichtigt.

5. Forderung einer Integration von Geschlecht in Forschung, Gesundheitsförderung und Etablierung spezifischer Instrumente wie z.B. Gender Mainstreaming

Der letzte Schritt der Implementierung in den Forschungsmainstream (z.B. im Hinblick auf Gender Mainstreaming) bleibt derzeit noch auf der Ebene der Forderung verhaftet. Die Ursachen dafür lassen sich sowohl in einer mangelnden langfristigen finanziellen Absicherung sowie einer mangelnden Anerkennung und Ausstattung durch Institutionalisierung festmachen (vgl. Schmerl, 2002).

Die größten Erfolge der Frauengesundheitsforschung liegen in der Androzentrismuskritik und einer eigenen Wissensproduktion. Inzwischen existieren zahlreiche Forschungsergebnisse, in denen geschlechtsspezifische Unterschiede bei Gesundheit und Krankheit zum Ausdruck kommen. Diese beziehen sich z.B. auf Lebenserwartung, Mortalität und Art der Krankheiten aber auch auf gesundheitsrelevante Auswirkungen von Arbeits- und Lebensbedingungen, auf gesundheitsbeeinflussende körperlich-biologische Bedingungen, den Umgang mit Gesundheit, Krankheit und Belastungen sowie Risikoverhalten, Inanspruchnahme des Gesundheitswesens sowie auf die professionelle Wahrnehmung und Behandlung von Beschwerden und Krankheiten.

2 Gender Mainstreaming in der Gesundheitsförderung

GM erweist sich in der Gesundheitsförderung als relativ neu und noch wenig rezipiert, geschweige denn umgesetzt. Dies ist insbesondere bei der Betrachtung der über 30jährigen Geschichte von der Frauengesundheitsbewegung zur geschlechtsspezifischen Gesundheitsforschung erstaunlich, denn gerade hier wurde die Forderung nach geschlechtsdifferenzierenden bzw. geschlechtssensiblen Ansätzen bereits früh erkannt und gefordert (vgl. Altgeld & Maschewsky-Schneider, 2003).

GM in der Gesundheitsförderung kann wie folgt definiert werden: Es gilt

„in allen Projektplanungs- und Implementationsschritten von Gesundheitsförderungsmaßnahmen die Chancengleichheit von Frauen und Männern zu berücksichtigen. Angefangen bei einer geschlechtsdifferenzierenden Problemdefinition, über Berücksichtigung bei der Programmplanung, der Ausgestaltung der Intervention bis hin zur Evaluation und Qualitätssicherung von Maßnahmen" (ebd. 2003, S.46).

In der Praxis fehlen bislang jedoch sowohl konzeptionelle Grundlagen als auch konkrete Programme sowie die Instrumente – und scheinbar auch die Bereitschaft – für eine Implementierung, denn die

„Debatten um Qualitätssicherung, Evaluation und eine evidenzbasierte Medizin werden weiterhin unbeirrt vermeintlich geschlechtsneutral geführt. Sie bieten jedoch prinzipiell die Möglichkeiten, die Geschlechterfrage zu integrieren" (Kuhlmann, 2002, S. 113f.).

Voraussetzungen hierfür sind

„zum Ersten geeignete Instrumente, um den Einfluss der Kategorie Geschlecht zu ermitteln, zum Zweiten ein entsprechendes ExpertInnenwissen, um geschlechtssensible Konzepte zu entwickeln und zum Dritten Kontrollinstrumente, um die Implementierung zu evaluieren und beständig weiter zu entwickeln" (ebd.).

Insbesondere Letztere sind im Gesundheitswesen nicht einmal im Ansatz vorhanden. GM kann für die Gesundheitsforschung sowie für die Versorgungsstrukturen erst dann eine probate Strategie sein, wenn eine Spezifizierung für den Gesundheitssektor und eine entsprechende politische Unterstützung erfolgen. Bisher ist die Suche nach solchen Hinweisen in den einschlägigen Forschungsprogrammen und Förderrichtlinien allerdings eher erfolglos.

Auch die theoretische Auseinandersetzung um Gesundheit und Geschlecht wirft derzeit noch einige Probleme auf: Sie bewegt sich auf einer differenztheoretischen Ebene, die primär ein Differenzverständnis postuliert, in der es um das Finden von Geschlechtsunterschieden im Sinne von „geschlechtstypischen" und „geschlechtsspezifischen" Eigenschaften und Präferenzen geht. Ansätze der Frauengesundheitsbewegung, die nach gesellschaftlichen Strukturzusammenhängen gefragt hat, die Frauen und Männer zu Verschiedenen und Ungleichen macht, finden derzeit nur marginale Beachtung. Dies gilt gleichermaßen für Aspekte eines Doing Gender, ganz zu schweigen von einer dekonstruktivistischen Perspektive. Während in anderen Wissenschaftsdisziplinen im Sinne von Lorber (2004) ein „Degendering" eine „Entschlechtlichung" diskutiert wird, geht es im Gesundheitssektor zunächst einmal um eine Vergeschlechtlichung.

Egal, welches der verschiedenen GM-Konzepte verfolgt wird, wird es auch im Gesundheitssektor

> „bei allen Beteiligten in allen Entscheidungen und auf allen Ebenen immer neu darum gehen zu klären, nach welchen Differenzen gesucht wird, wie die gefundenen Differenzen interpretiert werden und welche Schlüsse daraus zu ziehen sind" (Wetterer, 2002, S. 145).

So wird es z.B. mit Blick darauf, dass Frauen einen größeren Anteil des Budgets der Krankenkassen beanspruchen und erhalten als Männer immer wieder darum gehen,

> „zu entscheiden, was die Daten – so sie denn vorliegen – eigentlich aussagen, in welchem Sinne die Differenzen, die sich in ihnen zeigen, zu verstehen sind, was denn daraus folgt und welche Instanzen bzw. welche Institutionen die zum Teil außerordentlich folgenreichen und deshalb legitimationsbedürftigen Entscheidungen fällen werden. Einen eingebauten Mechanismus jedenfalls, der die Weichen so stellt, dass Strukturdefizite in den Blick kommen statt geschlechtsspezifischer Eigenschaften oder Vorlieben, und dass daraus politische Konsequenzen gezogen werden, die sich am Abbau dieser Strukturdefizite orientieren, gibt es nicht" (Wetterer, 2002, S. 145).

Ob sich auch für den Gesundheitssektor die Prognose bewahrheiten wird, dass es zu einer Dezentralisierung und zu einer Verlagerung politischer Entscheidungen in die Verwaltung kommen wird, ist zum aktuellen Zeitpunkt noch unklar.

Neben den aufgeführten Problemen um GM sind aber auch erste ‚Signale' zu erkennen, die für die zunehmende Bedeutung von GM auch innerhalb der Gesundheitsförderung und der Gesundheitsversorgung sprechen:

- Im Rahmen der 2000 initiierten Gesundheitszieldiskussion in Deutschland wurde GM als Querschnittsaufgabe an alle zu formulierenden Gesundheitsziele benannt (vgl. Altgeld & Maschewsky-Schneider, 2003, S. 46).
- Sowohl auf Bundes- als auch auf Länderebene existieren Frauen-Gesundheitsberichte
- Einrichtung einer Enquete-Kommission „Zukunft einer frauengerechten Gesundheitsversorgung" in NRW
- Einrichtung eines Netzwerkes „Frauen und Gesundheit" NRW (Förderung durch das MfGSFF NRW)
- Finanzielle Förderung von Frauengesundheitszentren

3 Ansätze zur Umsetzung von Gender Mainstreaming in eine Gesundheitsförderung durch Sport

Eine Gesundheitsförderung durch Sport hat sich seit vielen Jahren in der BRD etabliert. Dies schlägt sich z. B. in Professionalisierungstendenzen wie gesundheitswissenschaftlichen Studienschwerpunkten oder – auf Verbandsebene – in der Einrichtung von Gütesiegeln wie z.B. „Sport pro Gesundheit" und damit verbundenen Qualifizierungsmaßnahmen oder auch in der zunehmenden Integration von Gesundheitssportangeboten in den Kanon der klassischen „Breiten-" Sportvereine nieder. Durch die Neufassung des § 20SGB V im Jahr 2000 ist die Bedeutung des Sports für die Gesundheitsförderung noch einmal gewachsen. In der Änderung

wurde der Handlungsspielraum für (Primär-)Prävention und Gesundheitsförderung erweitert. Seitens der Krankenkassen wurden Gesundheitsziele formuliert, in denen Bewegung und Sport neben Ernährung, Stressreduktion/ Entspannung und Genuss- und Suchtmittelkonsum eine tragende Säule bilden. Damit ist die Finanzierung von Gesundheitssport durch die Krankenkassen (wieder) gewährleistet.
Wie sieht es nun mit einer Implementierung von GM im Gesundheitssport aus? Da GM bei den Organisationen ansetzt, fällt der erste Blick auf das Dach des deutschen Sports: den DSB.
Das Präsidium des DSB hat GM im Jahre 2003 zur Handlungslinie seiner Arbeit gemacht, eine Steuerungsgruppe eingesetzt, eine Arbeitsgruppe einberufen und eine erste Fachtagung organisiert. In den Statuten ist GM als Strategie „zur Lösung der übergreifenden Problemlagen des Sports (z.B. Mitgliedergewinnung und -bindung, Rekrutierung von Ehrenamtlichen, Optimierung der Angebotsstrukturen)" einzusetzen. Während es im Breitensport erste Projekte gibt, GM zu installieren, ist obiges Postulat für den Gesundheitssport (bis auf vorsichtige Anregungen wie z.B. eine passgenaue Zuschneidung der Sportangebote auf Zielgruppen, um beispielsweise mehr Männer für den Gesundheitssport zu begeistern) bislang noch nicht konkretisiert worden.
Abschließend möchte ich erste Anregungen für eine produktive Verankerung von GM im Gesundheitssport aufzeigen:

1. GM als Top-Down-Strategie
GM als Top-Down-Strategie erfordert klare Positionen der sportpolitischen Spitzen, d.h. die Leitungsebene des LSB sollte die Ziele eindeutig vorgeben und den Umsetzungsprozess engagiert unterstützen. Wenn ich die oben aufgeführte GM-Definition von Maschewsky-Schneider & Altgeld (2003) zugrunde lege, müsste für den Gesundheitssport – bevor es um konkrete Maßnahmen und Projekte geht – definiert werden, was denn Chancengleichheit ist.
Bei den bekannten Analysemethoden kommt bislang ein Punkt zu kurz, und zwar die oben angesprochene Auseinandersetzung mit dem Gleichheits- bzw. Differenzbegriff und damit verbundenen Zieldefinitionen von „Chancengleichheit" und „Geschlechtergerechtigkeit".

2. Sammlung und Auswertung von Daten zu Frauen- und Männergesundheitsforschung und Integration dieser in den Sport
Hier geht es um Erklärungen für die nach Geschlecht variierenden Gesundheits- und Krankheitsdaten sowie daraus abgeleitete, für beide Geschlechter angemessene Versorgungskonzepte. Die in Kapitel 1 beschriebenen Ergebnisse der Frauengesundheitsforschung sollten für die geschlechtsbezogene Gesundheitsförderung im Sport fruchtbar gemacht werden. Welche Konsequenzen haben z.B. geschlechtsspezifische Unterschiede in Arbeits- und Lebensbedingungen für das Sport- und Bewegungsverhalten der Geschlechter und wie können die Sportanbieter angemessen reagieren? Wie kann der Sport auf eine geschlechtsspezifische Inanspruchnahme des Gesundheitswesens oder auf den unterschiedlichen Umgang mit Risikoverhalten reagieren?

3. *Auswertung existierender Vereins-/Verbandsstatistiken zu gesundheitssportlichem Verhalten von Frauen und Männern auf der einen Seite und der Angebotsstruktur der Vereine-/Verbände auf der anderen Seite.*
Im Mittelpunkt steht hier die Berücksichtigung der Chancengleichheit von Frauen und Männern bei der Planung der gesundheitsfördernden Sportangebote. Dies setzt eine Bestandsaufnahme des gesundheitssportlichen Verhaltens von Frauen und Männern in den Sportvereinen und -verbänden voraus. Die von den Vereinen und Verbänden geführten Jahresstatistiken sollten auf ihre Geschlechtsspezifika hin analysiert werden. Bei der Entwicklung und Umsetzung von Maßnahmen sollten geschlechtsbezogene Unterschiede Berücksichtigung finden. Voraussetzung hierfür ist die Entwicklung geschlechtergerechter Erfassungskriterien.
In der Logik der 3-R-Methode weitergedacht, wäre eine

4. *Analyse der Repräsentanz von Frauen und Männern in gesundheitsrelevanten Gremien angebracht.*

5. *Auf der Ebene der „Realia" müsste ein Leitbild/Selbstverständnis für Gremien entwickelt werden*
Allgemeine Leitbilder und Handlungskonzepte sollten konkrete Vorschläge zur Verankerung von GM enthalten.

6. *Integration von GM in das Qualitätsmanagement von gesundheitsorientierten Angeboten in Sportverbänden*
Die oben genannten Prinzipien des GM sollten in die Entwicklung von Programmen, Konzepten und Richtlinien zur Qualitätssicherung und -überprüfung im Sport einfließen.

4 Resümee

Resümierend lässt sich festhalten, dass die im GM-Konzept zum Ausdruck gebrachte politische Absichtserklärung die Chancen für eine geschlechterangemessene Gesundheitsförderung im Sport verbessern kann. Das Konzept eröffnet die Möglichkeit, Ressourcen zu mobilisieren sowie konkrete Vorschläge zu entwickeln und institutionell zu verankern. Was den gesundheitlichen Bedürfnissen von Frauen und Männern angemessen ist, bleibt jedoch eine offene Frage der Forschung und Praxis sowie der Machtkonstellationen in Sportverbänden und -vereinen.

Literatur

Altgeld, T. & Maschewsky-Schneider, U. (2003). Gender-Mainstreaming. In Bundeszentrale für gesundheitliche Aufklärung (Hrsg.), *Leitbegriffe der Gesundheitsförderung. Glossar zu Konzepten, Strategien und Methoden in der Gesundheitsförderung* (S. 45-47). Schwabenheim an der Selz: Fachverlag Peter Sabo.

Hahn, D. & Maschewsky-Schneider, U. (2003). Geschlechtsunterschiede und Gesundheit/ Krankheit. In Bundeszentrale für gesundheitliche Aufklärung (Hrsg.), *Leitbegriffe der Gesundheitsförderung. Glossar zu Konzepten, Strategien und Methoden in der Gesundheitsförderung* (S. 49-52). Schwabenheim an der Selz: Fachverlag Peter Sabo.

Kuhlmann, E. (2002). Gender-Theorien. In K. Hurrelmann & P. Kolip (Hrsg.), *Geschlecht, Gesundheit und Krankheit. Männer und Frauen im Vergleich* (S. 104-117). Bern: Hans Huber.

Lorber, J. (2004). Man muss bei Gender ansetzen, um Gender zu demontieren: Feministische Theorie und Degendering. *Zeitschrift für Frauenforschung und Geschlechterstudien, 22* (2+3), 9-24.

Schmerl, C. (2002). Die Frau als wandelndes Risiko. In K. Hurrelmann & P. Kolip (Hrsg.), *Geschlecht, Gesundheit und Krankheit. Männer und Frauen im Vergleich* (S. 32-52). Bern: Hans Huber.

Wetterer, A. (2002). Strategien rhetorischer Modernisierung. Gender Mainstreaming, Managing Diversity und die Professionalisierung der Gender Expertinnen. *Zeitschrift für Frauenforschung und Geschlechterstudien, 20*(3), 129-148.

SILKE SINNING

Aufbruchstimmung im Mädchen- und Frauenfußball! – Welche Wirkungen zeigt die aktuelle Erfolgsbilanz?

Der Leistungsbereich des bundesdeutschen Frauen- und Mädchenfußballs konnte in den zurückliegenden Jahren durch eine überdurchschnittliche Erfolgsbilanz auf sich aufmerksam machen. In diesem Zusammenhang ist vor allem die gewonnene Frauenfußball-Weltmeisterschaft 2003 in den USA, der dritte Platz bei den Olympischen Spielen 2004 in Athen, der Gewinn der U-19 Weltmeisterschaft 2004 in Thailand sowie der EM-Titel 2005 in England zu nennen. Als Konsequenz dieser Erfolge ist ein Popularitätsschub spürbar, der sich beispielsweise dadurch auszeichnet, dass die Medien mehr Berichte über Frauenfußball anbieten und die Spiele auch zu attraktiveren Sendezeiten ausgestrahlt werden. Außerdem wird in den Printmedien immer häufiger und zum Teil auch tiefgründig recherchiert, so dass interessierte Fußballexperten und -expertinnen sowohl quantitativ als auch qualitativ detailliertere Informationen über den Frauen- und Mädchenfußball erhalten.
Darüber hinaus sind auch auf der organisatorischen Ebene Veränderungen zu erkennen, die die Popularisierung des Leistungsfußballs der Frauen begünstigen: Der Deutsche Fußball-Bund hat beispielsweise durch Umstrukturierungsmaßnahmen eine erste und zwei zweite Frauenfußball-Bundesligen eingerichtet, was dazu beiträgt, dass sich leistungsstarke Spielerinnen stärker in Szene setzen können. Im „Sog" der Popularisierung ist mit dem „FF Magazin – Frauenfußball in Deutschland" des Weiteren eine einschlägige Frauen- und Mädchenfußballfachzeitschrift entstanden, die sich facettenreich mit dem Thema Frauenfußball auseinander setzt und alle zwei Monate erscheint.
Die Erfolgsbilanz und die dadurch ausgelöste Aufmerksamkeit ist aber nicht nur auf die Nationalmannschaften, sondern auch auf die erfolgreichen Vereinsmannschaften zurück zu führen. Denn neben den verschiedenen Nationalmannschaften gibt es einige Mannschaften in der Frauenfußballbundesliga, die im europäischen Vergleich als Aushängeschild für den deutschen Frauenfußball fungieren. Der 1. FFC Frankfurt hat beispielsweise seit der Einführung der Frauenfußball-UEFA-CUP-Spiele mehrfach erfolgreich am UEFA-Cup teilgenommen und wurde 2002 sogar UEFA-Cup Sieger. Da sie in der gleichen Saison zusätzlich den Meistertitel in der Frauenbundesliga und den DFB-Pokalsieg in Berlin gewannen, schafften sie mit drei ersten Plätzen in einer Saison das viel umschriebene Tripel. Mit dem 1. FFC Turbine Potsdam hat 2005 die zweite Bundesligamannschaft den UEFA-Cup nach Deutschland geholt und kann mit dem Pokalsieg noch das Double anstreben.
In Anbetracht dieser rasanten Entwicklungen im Feld des Leistungssports stellt sich zugleich die Frage, welche Veränderungen sich in den unteren Klassen, d.h. im Breitensport abzeichnen und wie die Gesamtsituation in Bezug auf die Mädchen- und

Frauenmannschaften aussieht? Lassen sich auch dort Imageverbesserungen erkennen, die für die Entwicklung des Mädchen- oder Frauenfußballs förderlich sein könnten? Oder erleben wir derzeit eine Aufmerksamkeitsfokussierung, die allein auf die leistungssportlichen Aushängeschilder beschränkt bleibt? Wird der Frauen- und Mädchenfußball innerhalb des Deutschen Fußball-Bundes und den einzelnen Landes- und Regionalverbänden wirklich stärker wahrgenommen? Gewinnen Frauen mehr Einfluss? Zeichnen sich somit auch auf der Funktionärsebene Veränderungen ab, die der Entwicklung des Frauenfußballs förderlich sind? Welche Auswirkungen haben die aufgeführten Erfolge und bisherigen Veränderungen auf die Talentförderung, auf pädagogische Fragestellungen innerhalb des Schulsports aber auch des Vereinssports? Zeigt sich eine Aufhebung oder eine weitere Ausprägung der typischen Geschlechterrollen bzw. -verhaltens?

Auf diese Fragestellungen und die daran gekoppelten Probleme werde ich nachfolgend näher eingehen. Um zu verdeutlichen, wie intensiv die Frauen und Mädchen darum kämpfen mussten, überhaupt Fußball spielen zu dürfen, werde ich im ersten Schritt wichtige historische Facetten skizzieren. Anschließend zeige ich an drei Aspekten den derzeitigen Stand im Frauen- und Mädchenfußball auf, wohl wissend, dass diese Aspekte die Gesamtsituation noch nicht umfassend darstellen, sondern lediglich einen Einblick bieten. Zu den weiteren Facetten, wie die derzeitige Entwicklung, die sich in der Zusammenarbeit mit den Medien widerspiegelt oder die wirtschaftlichen Entwicklungschancen, die den Gesamtüberblick eigentlich abrunden könnten, gibt es zurzeit wenig einschlägige Daten, so dass ich diese nicht einbezogen werden.

Dennoch werden aus den hier geschilderten Aspekten zum einen erste Handlungsschritte des Deutschen Fußball-Bundes deutlich und zum anderen grundlegende Perspektiven und fehlende Erkenntnisse ersichtlich.

1   Historische Facetten zur Einordnung der Gesamtsituation

„Bis 1970 war Fußball in Deutschland eine typische Männersportart und die Frauen mussten hartnäckig darum kämpfen, damit sich Fußball unter ihnen verbreiten und als Frauensportart neben dem Männerfußball etablieren konnte" (vgl. Sinning, 2005a, S. 81). Dazu mussten sie einerseits gegen medizinische Begründungen ankämpfen und waren andererseits u.a. philosophischen Gegenargumenten ausgesetzt. So sagte beispielsweise Buytendijk (1953) aus, dass es „...noch nie gelungen (ist), Frauen Fußball spielen zu lassen, wohl aber Korbball, Hockey, Tennis und so fort. Das Treten ist wohl spezifisch männlich; ob darum das Getretenwerden weiblich ist, lasse ich dahingestellt. Jedenfalls ist das Nichttreten weiblich" (Buytendijk, 1953, S. 20). Die Verantwortlichen des Deutschen Fußball-Bundes führten als weiteres Argument an, dass die Kondition der Frauen für ein Fußballspiel mit international gültigen Spielfeldmaßen und Spielzeiten nicht ausreichen würde, so dass sich 1955 ein offizielles Verbot des Fußballspiels für Frauen durchsetzen konnte (vgl. Sinning, 2005a, S. 82). Als Schiedsrichterinnen wurden die Frauen hingegen schon akzeptiert, d.h. obwohl „... der Damenfußball in Deutschland noch immer nicht zugelassen war, bildeten die Verbände in den 60iger Jahren bereits Schiedsrichterinnen aus" (Fechtig, 1995, S. 29). Das führte u.a. zu der provokativen Aussage von Frauenfußball-Experte Rainer Hennies, „daß die Frauen in den Anfängen nur in dienender Funktion anerkannt wurden, nicht aber als aktive Spielerinnen".[1] Damenfußball wurde zu der damaligen Zeit eher als eine Modeerscheinung – im Zuge der Emanzipationsbestrebungen von Frauen – angesehen.

Dennoch stieg die Anzahl der fußballinteressierten Frauen in Deutschland und anderen Ländern kontinuierlich und es bildeten sich immer mehr Mannschaften. Als in Italien ein Verband für Frauenfußball gegründet und eine inoffizielle Weltmeisterschaft durchgeführt werden sollte, führte dies im Oktober 1970 zur offiziellen Zulassung des Damenfußballs in Deutschland. „Ob zähneknirschend oder wohlwollend, ob zur Kontrolle oder zur Förderung des Frauenfußballs – der damalige DFB-Präsident Hermann Neuberger sah auf jeden Fall die drohende Gefahr gebannt: das Abgleiten des Frauenfußballs in die Niederungen der (angeblich) unseriösen Veranstalter wie zum Beispiel beim ‚Damen-catchen im Schlamm'" (Fechtig, 1995, S. 32). Bevor also die Frauen ihren eigenen Verband gründeten, sahen es die Männer als erstrebenswerter an, die Frauen dem Deutschen Fußball-Bund anzuschließen bzw. unterzuordnen. Ob dies eine gute Entscheidung für die Entwicklung des Mädchen- und Frauenfußballs war, kann man nicht eindeutig sagen, denn unter dem Dachverband des Deutschen Fußball-Bundes bekommen die Frauen einerseits verschiedene Ressourcen zur Verfügung gestellt, andererseits ist die Orientierung am Männerfußball unbeschreiblich groß.[2]

Um einer eigenständigen Entwicklung des Frauenfußballs vorzubeugen, musste auch die UEFA 1980 gezwungenermaßen relativ schnell reagieren. Ein italienischer Frauenfußball-Verband versuchte nämlich im April 1980 mit allen Nationalverbänden, die einen Frauenfußball-Spielbetrieb nachweisen konnten, den 1. Europäischen Kongress für Frauenfußball durchzuführen und damit einen eigenständigen internationalen Frauenfußball-Verband zu gründen. Dies war nur dadurch zu verhindern, dass man auch auf dieser Ebene den Frauenfußball offiziell anerkannte bzw. integrierte. 1990 führte das FIFA-Exekutiv-Komitee sogar eine ständige „Kommission für Frauenfußball" ein. Obwohl diese Kommission für die Belange des Frauenfußballs zuständig ist, war insbesondere zu Beginn die Kontrolle durch die Männer noch sehr deutlich. Dies verweist darauf, dass grundsätzlich mehr Frauen im administrativen Bereich tätig werden müssen (vgl. Ratzeburg & Biese, 1995, S. 66). Zunächst einmal blieb allerdings die Dominanz der Männer durchgängig bestehen. Aus der „Kommission für Frauenfußball" erwuchs die erste Weltmeisterschaft in China 1991, an der auch die deutsche Frauenfußballmannschaft teilnahm. Darauf folgte die noch wenig beachtete zweite WM 1995 in Schweden und schließlich sorgte die drit-

---

1 Hennies, R.: Entknäulen, entknäulen. Unveröff. Beitrag für den Niedersächsischen Fußballverband.
2 Beim Vergleich des Frauenfußball mit anderen Ländern z.B. der USA wird beispielsweise deutlich, dass sich der Frauenfußball in der USA – losgelöst von einem mächtigen Verband, aber mit Hilfe von zahlungskräftigen Sponsoren – einerseits viel schneller etablieren konnte, andererseits bei geringer Resonanz von Zuschauern und Aktiven nicht weiter unterstützt wird.

te WM 1999 in den USA für Furore. Dort waren auf einmal die Stadien voll besetzt und die Einschaltquoten höher als bei den Fußballspielen der Männer. Mit dem Gewinn der Goldmedaille bei der vierten WM in USA 2003 rückten dann die deutschen Fußball spielenden Frauen in den Blick. Neben diesen großen Turnieren entwickelte sich aber auch der Frauenfußball in den Vereinen und Verbänden weiter, so dass der Frauenfußball mit 20 Millionen Fußball spielenden Frauen und Mädchen mittlerweile zu einer Weltsportart zählt und sich in den unterschiedlichen Ländern mehr oder weniger etablieren konnte.

Für die deutschen Mädchen und Frauen war es somit von Beginn an relativ schwer, sich den Fußball in all seinen möglichen Facetten zu erschließen. Betrachtet man ihre internationalen Erfolge, so zeigt sich vor allem im Leistungsbereich eine äußerst positive Entwicklung. Immerhin wurden sie in insgesamt 35 Jahren bzw. in den vergangenen 15 Jahren sechsmal Europameister, sind derzeit amtierender Weltmeister und können verschiedene Erfolge auf Vereinsebene nachweisen. Gegenüber den insgesamt 105 Jahren offiziellem Männerfußball (fünfmal Europameister, dreimal Weltmeister, mehrere Vereinserfolge) sind sie in den vergangen drei Jahrzehnten sogar deutlich erfolgreicher.

2 Zum aktuellen Stand des deutschen Mädchen- und Frauenfußballs

Um den aktuellen Stand in seiner Gesamtheit zu erfassen, sollen nun drei Aspekte näher skizziert werden. Im ersten Unterkapitel werden die derzeitigen Mannschafts- bzw. Mitgliederzahlen vorgestellt, die wesentliche Grundlagen und erste Aussagen zur Bestimmung der Situation bieten. Aus den Daten lässt sich beispielsweise ein Vergleich zum Männerfußball ableiten, es lassen sich Entwicklungslinien nachzeichnen und die Situationen in den einzelnen Landes- und Regionalverbänden darstellen. Über diese Daten erhält man außerdem Aufschluss über den Leistungssport und über den Breitensport. Der Leistungssport und die damit verwobenen Erfolge sind im Wesentlichen bereits vorgestellt worden, so dass nun der Breitensport und die daran gebundenen Erkenntnisse stärker in den Fokus genommen werden sollen. Zur Bestandsaufnahme der Gesamtsituation gehört zweitens, dass die Strukturen, d.h. die Spielmöglichkeiten für die einzelnen Spielerinnen analysiert werden. Welche Spielangebote und -entwicklungen bieten sich den Spielerinnen in den Vereinen vor Ort, in den Spielklassen und individuell als mögliches Talent? Welche Talentförderprogramme werden vom Deutschen Fußball-Bund bzw. den Landesverbänden angeboten und wie ergeben sich Kooperationen zwischen Schule und Verein? Schließlich sollen als letzter Aspekt die Betreuungsangebote seitens der Landes- oder Regionalverbände aber auch der Vereine vorgestellt werden, d.h. gibt es Frauen- und Mädchenreferentinnen, die sich um strukturelle Fragen kümmern und gibt es Vereinstrainer und -trainerinnen bzw. -betreuer und -betreuerinnen, die eine adäquate d.h. mädchen- und frauensensible Spielvermittlung anbieten? Wie sehen die Personalentwicklung und die Qualifizierung des Personals im Bereich des Frauen- und Mädchenfußballs aus?

3 Mitglieder- und Mannschaftszahlen

In der Saison 2003-2004 gab es insgesamt 3.466 Frauen- und 3.400 Mädchenmannschaften, die am Spielbetrieb teilnahmen. Im Vergleich zum Männer- und Jungenfußball standen somit 6.866 Frauen- und Mädchenfußballmannschaften 163.240 Männer- und Jungenmannschaften gegenüber. Von insgesamt 170.106 am Spielbetrieb teilnehmenden Mannschaften stellten die Mädchen und Frauen demnach nur 4,0 %. Das macht deutlich, dass der Mädchen- und Frauenfußball grundsätzlich noch immer eher eine Randerscheinung ist bzw. gegenüber Fußball spielenden Jungen und Männern quantitativ noch enormes Entwicklungspotenzial vorhanden ist.

Betrachtet man nur den Mädchen- und Frauenfußball und damit die jeweiligen Mitglieder- und Mannschaftsstatistiken des Deutschen Fußball-Bundes innerhalb der letzten 6 Jahre, d.h. von 1999-2004 hinsichtlich seiner quantitativen Entwicklung von Frauen- und Mädchenmannschaften bzw. der Mitgliederzahlen im Frauen- und Mädchenbereich, so müsste sich nach den großen Erfolgen der letzten Jahre bei diesen Daten eine positive Entwicklung abzeichnen. Hier zeigt sich jedoch, dass sowohl die Anzahl der Frauen- als auch der Mädchenmannschaften stagniert bzw. im Vergleich zu 1999 bei den Mädchen sogar leicht gesunken ist (vgl. Tab. 1.). Nach den Erfolgen der letzten zwei Jahre ist demnach noch kein Boom zu verzeichnen.

Tab. 1. *Mitglieder- und Mannschaftsstatistik des Deutschen Fußball-Bundes zum Mädchen- und Frauenfußball.*

	1999	2000	2001	2002	2003	2004
Weibliche Mitglieder bis 16 Jahren	214.514	208.905	211.734	214.543	214.997	222.148
Mädchenmannschaften	3.473	3.450	3.206	3.113	3.134	3.400
Weibliche Mitglieder ab 16. Jahren	662.325	617.882	630.082	631.774	635.537	635.072
Frauenmannschaften	3.418	3.362	3.402	3.383	3.365	3.466

Bei den Mitgliederzahlen ist ebenfalls keine große Erhöhung zu erkennen. Die Mitgliederzahlen geben allerdings auch keinen eindeutigen Aufschluss über die Entwicklung der aktiv spielenden Frauen und Mädchen, da viele weibliche Mitglieder gemeldet sind, die kein Fußball spielen, sondern in einer anderen Sparte – zumeist rund um den Bereich Fitness – des Vereins aktiv sind. Auf eine detaillierte Aufstellung der Mädchen- und Frauenmannschaften in den einzelnen Landes- bzw. Regionalverbänden verzichte ich an dieser Stelle. Die Daten sind auf der Homepage des Deutschen Fußball-Bundes einzusehen und spiegeln im Grunde die Verbandsentwicklungen wieder. Daran lässt sich beispielsweise erkennen, welche Verbände den Frauen- und Mädchenfußball lange Zeit vernachlässigt haben oder noch vernachlässigen und welche Verbände dem Mädchen- und Frauenfußball positiv begegnen (vgl. Sinning, 2005b).

Wo bleiben also unsere aktiven, motivierten Mädchen, von denen einerseits die Vertreter in den Vereinen und andererseits die Lehrer und Lehrerinnen in den Schulen berichten? Da die Mitgliederanzahl im Mädchenbereich leicht angestiegen ist, könnte man vermuten, dass die Mädchen verstärkt in den Jungenmannschaften mitspielen und deshalb in den Statistiken zu den Mädchenmannschaften noch nicht positiv auffallen. Die in Aussicht gestellten Zahlen des Deutschen Fußball-Bundes für das Jahr 2005 sollen hingegen erste, einschlägig positive Wirkungen aufweisen. Wenn die Mädchen aber zumeist nur die Möglichkeit haben oder lieber die Chance nutzen, bei den Jungen mitzuspielen, dann müsste man allerdings kritisch diskutieren, ob die Verbände und Vereine den Mädchen zu wenig mädchenspezifische Spielmöglichkeiten, d.h. reine Mädchenmannschaften anbieten oder ob gerade die Maßnahme, vorrangig gemischtgeschlechtliche Mannschaften anzubieten, sinnvoll ist? Und was passiert mit unseren Fußball spielenden Frauen? Sind sie überaltert und melden ihre Mannschaften vom Spielbetrieb ab oder haben sie das Interesse verloren? Mit diesen Fragen müssen sich der Deutsche Fußball-Bund und die daran angeschlossenen Regional- und Landesverbände noch intensiver auseinander setzen, um Fußball spielende Mädchen und Frauen zukünftig besser unterstützen zu können.

Interpretiert man den Eingangs geschilderten Vergleich von Mädchen- und Frauenmannschaften zu Senioren- und Juniorenmannschaften positiv, so weist die geringe Prozentzahl von 4,0 % Frauen- und Mädchenmannschaften darauf hin, dass bei einem deutlichen Engagement für den Mädchen- und Frauenfußball sicherlich noch viele Mädchen und Frauen motiviert werden könnten, sich mit Fußball auf spielerischer Ebene auseinander zu setzen. Beispielsweise hat der Fußballverband Rheinland mit seiner Werbekampagne „Schnuppertraining und Autogrammstunden mit der Weltmeisterin Martina Müller" seine Mannschaftszahlen im Bereich der Mädchen um 51,4 Prozent von 72 auf 109 Mannschaften erhöhen können.

Ähnlichen Ansätzen geht der Deutsche Fußball-Bund derzeit mit seinem „Mädchenfußballprogramm" nach. Dazu werden einerseits die Mädchen- und Frauenreferentinnen in den Kreisen und Bezirken mit verschiedenen Materialien und Informationen unterstützt, andererseits versucht der DFB gemeinsam mit den Landesverbänden und anderen politischen Gremien inhaltlich Faktoren, auf die der Mädchen- und Frauenfußball trifft, stärker zu beleuchten. Mit dem ersten Frauen- und Mädchenfußballkongress 2005 in Köln mit dem Motto „Die Zukunft des Fußballs ist weiblich" haben sie auf dieser Ebene einen ersten Anfang gemacht und auf den Mädchen- und Frauenfußball positiv aufmerksam gemacht. Dort wurden u.a. die Themen Frauen- und Mädchenfußball im Breitensport, Mädchenfußball in der Schule, Talentförderung, Personalentwicklung, Qualifizierung und Gender Mainstreaming sowie die Medien und die Wirtschaft von Wissenschaftlern, DFB-Funktionären sowie weiteren Frauenfußball-Experten in den Blick genommen.

4 Förderung von Talenten

In den Landesverbänden sind in der Regel U-12, U-14, U-16 und U-18 Mannschaften in den einzelnen Bezirken vertreten, woraus sie die Auswahlspielerinnen des Landesverbandes rekrutieren. Die Bezirksauswahlmannschaften setzen sich wiederum aus den Spielerinnen der Vereine im Bezirk zusammen, so dass die Mädchen der einzelnen Jahrgänge eigentlich relativ große Chancen haben, gefördert zu werden. Problematisch ist vielmehr die Sichtung dieser Spielerinnen, da sie zum einen bei den Jungen spielen und dadurch nicht so deutlich auffallen. Zum anderen haben einige Vereinsvertreter die Sorge, dass bei Teilnahme an Sichtungslehrgängen und Auswahlmaßnahmen ihre herausragenden Spielerinnen zu höherklassig spielenden Vereinen wechseln, weshalb sie ihre Spielerinnen nur ungern für das Auswahltraining abstellen. Problematisch ist des Weiteren, dass nur wenig qualifizierte Trainer und Trainerinnen bzw. Betreuer und Betreuerinnen gefunden werden, die die Auswahlarbeit leiten. In der Regel genießen die Jungen noch immer ein weitaus größeres Prestige, so dass qualifizierte Trainer eher bei den Jungen und Männern arbeiten wollen als im Mädchen- und Frauenbereich. Interpretiert man die derzeitige Situation positiv, so bieten sich den Mädchen entsprechende Förderungen. Das System ist jedenfalls vergleichbar mit der Auswahlförderung bei den Jungen, wobei es die Jungen quantitativ betrachtet deutlich schwerer haben, sich in ihrer Altersklasse durchzusetzen. Bei näherer Betrachtung wird hingegen deutlich, dass die Qualität der Förderung relativ schnell und deutlich verbessert werden könnte.

Auch der Deutsche Fußball-Bund versucht talentierte Mädchen und Jungen mithilfe ihres Talentförderprogramms optimal zu unterstützen. In Stützpunkten, die flächendeckend über die gesamte Republik verteilt sind, bekommen Mädchen und Jungen, die noch nicht in eine Fördermaßnahme der Landesverbände integriert sind, die Möglichkeit, an einem qualifizierten Training von ausgewählten und qualifizierten Trainern und Trainerinnen teilzunehmen. Der Deutsche Fußball-Bund will damit sicher stellen, dass Jugendlichen im Alter zwischen 10 und 17 Jahren weitere Trainings- und Qualifizierungsmöglichkeiten für den Bereich Fußball zur Verfügung stehen und „dass jedes leistungswillige Talent in Deutschland auch tatsächlich erfasst und je nach aktuellem Können optimal gefördert wird".[3] Insgesamt bietet der Deutsche Fußball-Bund 390 Stützpunkte an, unterstützt 15 Schulen in den Verbänden des Nordostdeutschen Fußballverbandes (NOFV) und verpflichtet die Lizenzklubs der ersten und zweiten Bundesligavereine der Männer, Leistungszentren bereit zu stellen. Mithilfe der 390 Stützpunkte erhalten bundesweit 22.000 Talente aus 27.000 Vereinen von 1.200 lizensierte Trainer und 29 hauptamtliche Stützpunktkoordinatoren eine individuelle fußballbezogene Qualifizierung. Diese Trainer und Trainerinnen sind durch die vorgeschriebene B-Lizenz vielfach besser qualifiziert als die Bezirksauswahltrainer der Landesverbände. Dort versucht man zwar auch B-Lizenz-Inhaber und -Inhaberinnen für das Auswahltraining zu gewinnen, jedoch ist dies nicht immer durchsetzbar. Die Landesverbände müssten hier unbedingt ihr Engagement verbessern.

Von den 22.000 Kindern und Jugendlichen profitieren weniger als 700 Mädchen von den Fördermaßnahmen. Das heißt, bei 3.400 Mannschaften und ca. 15 Spielerinnen pro Mannschaft also bei rund 50.000 Spielerinnen kann jedes 71. Mädchen diese Maßnahme in Anspruch nehmen. Bei den Jungen sieht die Zahl etwas anders aus.

---

3   Aus: http://www.dfb.de, Zugriff am 3. April 2005.

Hier kommen auf ungefähr 60.000 Mannschaften und durchschnittlich ca. 15 Spieler pro Mannschaft also insgesamt 90.000 Spieler ca. 21.300 geförderte Spieler, so dass jeder 42. Spieler gefördert werden kann. Hier wird deutlich, dass einerseits zu wenig Mädchen gefördert werden, was der Deutsche Fußball-Bund sicherlich umgehend umstellen könnte. Andererseits ist aus sportpädagogischer Sicht unbedingt die Frage zu stellen, ob die Mädchen in der kleinen Anzahl und zumeist inmitten der Jungen aus pädagogischer und sportspieldidaktischer Sicht optimal gefördert werden können. Besondere Interessen und Wünsche der Mädchen können die Trainer und Trainerinnen sicherlich nur im eingeschränkten Rahmen nachkommen. Mit der Fördermaßnahme zeigt der Deutsche Fußball-Bund grundsätzlich ein hohes Engagement und unterstützt die Maßnahme auch mit qualifizierten Personen sowie mit entsprechenden finanziellen Mitteln. Ein besonderer Blick auf die Mädchen und deren Forderungen bzw. individuellen Entwicklungen geht in dieser großen Maßnahme sicherlich größtenteils verloren. Allerdings müsste zuerst genauer untersucht werden, welche Erwartungen die Mädchen an eine solche Fördermaßnahme stellen, auf welche Probleme und welche Vermittlungsmodelle sie treffen (vgl. Sinning, 2003; Kugelmann & Sinning, 2004) und welche Konsequenzen sich daraus ergeben.

5   Trainerinnen und Funktionärinnen

Hinsichtlich des Einsatzes von qualifizierten Frauen als Trainerinnen der Frauen-Nationalmannschaft zeigt sich der Deutsche Fußball-Bund mit den beiden Nationaltrainerinnen Tina Theune-Meyer und Sylvia Neid sehr offen und fortschrittlich. Kein anderer Verband, der sich mit einer Spielsportart auseinander setzt und beide Geschlechter vertritt, kann Frauen in diesen Positionen aufweisen (vgl. Gieß-Stüber, 1995, 1997; Zipprich 1996, 1998). Selbst im Bereich der Frauenfußball-Bundesliga waren bis vor kurzem noch relativ viele Frauen als Trainerinnen aktiv. In einer Saison stellten sie sogar 50 % aller Bundesligatrainer (vgl. Sinning 2005a, S. 59-61). Jedoch scheint mit der Attraktivität des Frauenfußballs auch das Interesse der Männer am Traineramt einer Bundesligamannschaft gestiegen. Lediglich 25 % der ersten Bundesliga- und ungefähr 18 % der zweiten Bundesligamannschaften werden derzeit von Frauen trainiert. Im Basketball- und im Handballsport sowie im Tennis sind hingegen im Leistungsbereich nur ganz selten Trainerinnen tätig, obwohl das Handballspiel sogar gezielt für Frauen erfunden wurde (vgl. Pfister, 2002). Grundsätzlich ist aber zu hinterfragen, warum sich die Trainerinnen wieder zurückdrängen lassen bzw. warum nicht mehr Frauen das Amt der Trainerin innehaben. Erste Erkenntnisse dazu liegen für den Landesverband Hessen vor (vgl. Sinning, 2005a).

Obwohl sehr viele Nationalspielerinnen eine Trainerlizenz nachweisen können, sind sie derzeit im Bereich der Bundesliga kaum aktiv. Sie werden momentan eher in den Landesverbänden als Trainerinnen und Funktionärinnen eingesetzt und zeigen dort mit ihrem großem Engagement und ihrer positive Erscheinung erste Wirkungen hinsichtlich steigender Mitgliederzahlen. Ob von ihnen auch qualitative Verbesserungsvorschläge, -strategien und -umsetzungen ausgehen, müsste entsprechend genauer analysiert werden.

Im Bereich der Funktionärinnen ist der Deutsche Fußball-Bund ebenfalls relativ fortschrittlich, denn in allen wichtigen Gremien wurden einerseits Vertreter für den Frauen- und Mädchenfußball gesucht und zu einem großen Anteil auch Frauen als Vertreterinnen bestimmt. So vertritt Frau Ratzeburg den Frauenfußball im DFB-Ausschuss, Frau Gattringer als Vorsitzende den Mädchenfußballausschuss, die DFB-Zentralverwaltung hat einen Schwerpunkt Frauenfußball, der von Herrn Hink und Frau Ullrich vertreten wird und schließlich haben die meisten Landes- und Regionalverbände Vertreter und Vertreterinnen in den Frauen- und Mädchenfußballausschüssen der Länder, der Bezirke und der Kreise. Welchen Beitrag diese Personen dazu leisten können, dass der Mädchen- und Frauenfußball stärker ins Zentrum bzw. differenzierter gefördert wird bzw. in welcher Form sie sich und ihre Ziele durchsetzen können und wie sie in ihren Gremien wahr- und ernstgenommen werden, bleibt allerdings noch zu erforschen. Grundsätzlich ist einerseits auf der organisatorischen Ebene noch vieles zu leisten, was der Deutsche Fußball-Bund mit seiner Informationsoffensive und einem ausgearbeiteten Mitarbeiter- und Mitarbeiterinnenordner derzeit gezielt forciert. Andererseits muss auf der inhaltlichen Ebene eruiert werden, wie die einzelnen Personen, die dieses Amt betreuen und entsprechende Überzeugungsarbeit leisten müssen, zu qualifizieren sind. Welche inhaltlichen Schwerpunkte und Unterstützungen benötigen die einzelnen Führungspersonen bzw. Referentinnen und welche Kompetenzen sollten sie besitzen?

6 Fazit und Perspektiven

Von einer Aufbruchstimmung im Frauenfußball sind wir in Deutschland – jedenfalls nach den offiziellen Daten – teilweise noch sehr weit entfernt, obwohl der Deutsche Fußball-Bund der Stagnation mit dem „Mädchenfußballprogramm" und dem ersten Frauen- und Mädchenfußballkongress gezielt entgegenwirkt. Auf organisatorischer Ebene scheint vieles auf den Weg gebracht bzw. angeschubst worden zu sein. Jedoch muss im Detail noch vieles analysiert, differenziert interpretiert und je nach Ausgangssituation zielgerichtet umgesetzt werden. Die folgenden zwei Aspekte müssen dabei meiner Meinung nach im Vordergrund stehen:

6.1 Strukturen vor Ort analysieren

Um effektive Maßnahmen einleiten zu können, müssen die jeweiligen Strukturen vor Ort genauer analysiert werden. Der Deutsche Fußball-Bund ist als Dachverband einfach viel zu groß und seine Landes- und Regionalverbände zu unterschiedlich, als dass die gleichen Maßnahmen für alle gleichermaßen zu sinnvollen Ergebnissen führen können. Hier sind zum einen differenzierte quantitative Daten zur Bestimmung der Ausgangslage einzuholen und zum anderen müssen auf allen Ebenen qualitative Erkenntnisse bereitgestellt werden. Nur darauf aufbauend lassen sich strukturierte und gezielte Maßnahmen einleiten und entsprechende Förderungen durchführen.

6.2 Flexiblere Lösungswege suchen und nutzen

Grundsätzlich ist entscheidend, dass die Vereins- und Verbandsvertreter wie auch die Trainer und Spielerinnen viel mehr individuelle und teilweise auch kreative Lösungen finden müssen, um allen Mädchen und Frauen die Möglichkeiten zum Spielen zu geben. Man muss auch mal den Mut haben, ganz andere Herangehensweisen und neue Ideen umzusetzen, d.h. auf Vereins- wie Verbandsebene, im Umgang mit den Medienvertretern oder bei wirtschaftlichen Erwägungen wie der Planung von Turnieren und dem Suchen von Sponsoren innovative Wege gehen. Das würde nicht nur den Frauen- und Mädchenfußball fördern, sondern langfristig auch dem Jungen- und Männerfußball wichtige Anregungen geben. Schließlich weisen die steigenden Anmeldungszahlen bei kommerziellen Fußballschulen auf den Bedarf hin, nicht nur gemeinsam mit anderen Fußball zu spielen, sondern auch auf anderen Ebenen mit einander etwas zu erleben bzw. mit anderen Spielerinnen und Spielern aktuelle Interessen auszutauschen.

Literatur

Buytendijk, F.J.J. (1953). *Das Fußballspiel – eine psychologische Studie.* Würzburg: Werkbund.
Deutscher Fußball-Bund (o.J.). *Talentförderung. Nachwuchskonzept.* Zugriff am 3. April 2005 unter http://www.dfb.de/dfb-info/juniorecke/index.html
Fechtig, B. (1995). *Frauen und Fußball: Interviews, Porträts, Reportagen.* Dortmund: eFeF-Verlag.
Gieß-Stüber, P. (1995). Trainerinnen im deutschen Tennisbund – „Seltenheitsmitglieder" in einer Männerdomäne. In M.-L. Klein (Hrsg.), *„Karrieren" von Mädchen und Frauen im Sport* (Schriften der Deutschen Vereinigung für Sportwissenschaft, 69, 117-130). Sankt Augustin: Academia.
Gieß-Stüber, P. (1997). Trainerinnen – (k)ein Beruf für Frauen. In I. Hartmann-Tews & K. Petry (Hrsg.), *Die bewegte Frau. Dokumentation des Symposiums „Frauenforschung im Sport" am 25. Juni 1997 an der Deutschen Sportschule Köln* (S. 15-20). Köln: Sport und Buch Strauß.
Kugelmann, C. & Sinning, S. (2004). Wie lernen Mädchen Fußball-Spielen? Ein Exempel zur adressatenbezogenen Sportspieldidaktik. In C. Kugelmann, G. Pfister & C. Zipprich (Hrsg.), *Geschlechterforschung im Sport – Differenz und/oder Gleichheit* (Schriften der Deutschen Vereinigung für Sportwissenschaft, 143, S. 135-152). Hamburg: Czwalina.
Pfister, G. (2002). Ist Spielen Männersache? In K. Ferger, N. Gissel & J. Schwier (Hrsg.), *Sportspiele erleben, vermitteln, trainieren* (Schriften der Deutschen Vereinigung für Sportwissenschaft, 124, S. 71-92). Hamburg: Czwalina.
Ratzeburg, H. & Biese, H. (1995). *Frauen-Fußball-Meisterschaft: 25 Jahre Fußball.* Kassel: Agon.
Sinning, S. (2003). *Fußball Lehren und Lernen – Handlungsökologische Hintergründe eines spielbezogenen Vermittlungskonzepts.* Hamburg: Kovac.
Sinning, S. (2005a). *Trainerinnen im Frauenfußball – eine qualitative Studie. Reihe Junge Sportwissenschaft.* Schorndorf: Hofmann.
Sinning, S. (2005b). „Die Zukunft des Fußballs ist weiblich!" Fragen und Antworten zum ersten Kongress „Frauen- und Mädchenfußball". *Hessen-Fußball,* (1 & 2); 15.
Zipprich, C. (1996). Die unvollendete Karriere – Probleme und Hemmnisse für die Tätigkeit von Trainerinnen sowie die Nichttätigkeit von Trainerinnen im Volleyball. In K. Behm & K. Petzsche (Hrsg.), *Mädchen und Frauen im Sport* (Schriften der Deutschen Vereinigung für Sportwissenschaft, 91, S. 181-188). Hamburg: Czwalina.
Zipprich, C. (1998). Trainerin – die große Unbekannte in der Sportwissenschaft. In P. Franke & B. Schanz (Hrsg.), *FrauenSportKultur. Beiträge zum 1. Frauen-Sport- und Kulturfestival des adh* (S. 173-181). Butzbach-Griedel: Afra.

ULRIKE RÖGER & CLAUDIA KUGELMANN

„Mädchenfußball unter der Lupe"

1 Einleitung

Die aktuelle Talentförderung des Deutschen Fußball-Bundes (DFB) sieht vor, neben der Förderung über die Verbände und die Junioren-Nationalmannschaften flächendeckend über ganz Deutschland verteilt zusätzliche Talentförderstützpunkte einzurichten. Diese dienen grundsätzlich dazu, Jungen und Mädchen im Alter zwischen 10 und 17 Jahren weitere Trainings- und Qualifizierungsmöglichkeiten für den Bereich Fußball zu eröffnen; denn letztlich soll jedes Talent „überall die gleiche Chance haben, gesichtet und gefördert zu werden" (vgl. DFB, o.J.a).
In diesen 390 Talentstützpunkten werden bundesweit insgesamt ca. 22.000 Talente gefördert. Davon sind – trotz der Erfolge der Frauen-Fußball-Nationalmannschaft und der damit verbundenen steigenden Mitgliederzahlen im Frauen- und Mädchenbereich des DFB[1] (vgl. DFB, o.J.b; Jöcks, 2002; Kugelmann & Sinning, 2004a) – nur ca. 700 Mädchen, das entspricht ungefähr 3% (vgl. Kugelmann & Sinning, 2004b). Eine ähnliche Unterrepräsentanz des weiblichen Geschlechts zeigt sich bei den an den Talentstützpunkten beteiligten Trainern und Stützpunktkoordinatoren. Beispielsweise ist unter 29 hauptamtlichen Stützpunktkoordinatoren nur eine Frau vorzufinden. Vergleichbar ungleiche Verteilungen der Geschlechter wurden bereits bei verschiedenen geschlechtsspezifischen Untersuchungen von Führungspositionen im Sportbereich – auch z.T. in weniger männerdominierten Sportarten – ermittelt (vgl. Hartmann-Tews, Combrink & Dahmen, 2003; Doll-Tepper & Pfister, 2004). Dementsprechend profitieren viel weniger Mädchen als Jungen von den Talentförderstützpunkten des DFB und werden darüber hinaus innerhalb dieses Förderprogramms eher von Männern als von Frauen betreut. Vor diesem Hintergrund und anknüpfend an die aktuelle Diskussion im Bereich der sportwissenschaftlichen Geschlechterforschung (vgl. hierzu auch Hartmann-Tews, 2003, S. 20) ergibt sich das Forschungsinteresse des vorliegenden Forschungsprojekts mit dem Titel „Mädchenfußball unter der Lupe", das auch ein wesentliches Schwerpunktthema des vorliegenden Tagungsbands darstellt. Im ersten Schritt steht die Frage im Vordergrund, durch welche Faktoren diese ungleiche Verteilung der Geschlechter im Nachwuchssichtungs- und -förderungsprogramm des DFB ausgelöst wird. Daran anknüpfend wird es im zweiten Schritt darum gehen, Strategien zu entwickeln, um diesem Phänomen entgegenzuwirken.

---

[1] Derzeit sind 857.220 (d,h, 13,7%) weibliche Mitglieder im DFB registriert (vgl. DFB, o.J.b).

2 Theoretischer Rahmen der Untersuchung

Als Grundlage für die Untersuchung dient ein handlungstheoretisches Modell von von Wright (1976), das bereits im Rahmen einer international vergleichenden Untersuchung zur Überprüfung der Qualität der Nachwuchssichtung und -förderung in Deutschland auf den Bereich der Talentsuche, -auswahl und -förderung angewendet wurde. Die Untersuchung wurde in vier Sportarten durchgeführt: Gerätturnen, Leichtathletik, Schwimmen und Volleyball (vgl. Rütten, Ziemainz & Röger, 2005).

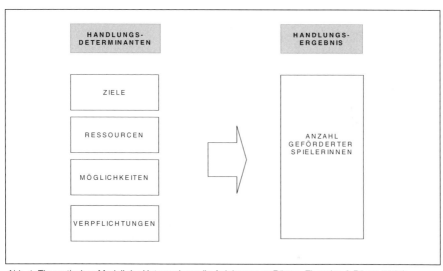

Abb. 1. Theoretisches Modell der Untersuchung (in Anlehnung an Rütten, Ziemainz & Röger, 2005).

Laut von Wright (1976) werden Handlungen von Individuen, auch in organisatorischen Kontexten wie z. B. in diesem Fall innerhalb der Einrichtung „Talentförderstützpunkte" des DFB, von vier Faktoren beeinflusst: (1) Ziele, (2) Ressourcen, (3) Verpflichtungen und (4) Möglichkeiten. Gleichzeitig macht von Wright in seinen Ausführungen deutlich, dass nicht nur die menschlichen Handlungen von den genannten Faktoren beeinflusst werden, sondern vielmehr auch von einer umgekehrten Beeinflussung auszugehen ist:

> "With changes in these societal determinants of actions, actions too will be different. But changes in determinants are in their turn the result of action – except for the cases when they are man-independent changes in nature. Thus actions of men are determined by their historical situation, but the historical situation is itself the result of the actions of men. There is no circularity of a logically vicious kind in this fact that mankind is both slave and master of its own destiny" (von Wright, 1976, S. 435).

Von Wright geht damit – ähnlich wie auch z. B. Bourdieu (1983, S. 183) oder Giddens (1988) – von einer Rekursivität von sozialem Handeln und sozialen Strukturen aus, die sich immer wieder gegenseitig (re-)produzieren.

Folgendes Beispiel aus dem Nachwuchsleistungssport im (Mädchen-)Fußball soll den Zusammenhang der von von Wright postulierten Handlungsdeterminanten bezüglich des Handelns eines Akteurs in diesem Bereich verdeutlichen. Weiter unten werden die Handlungsdeterminanten Bezug nehmend auf die Nachwuchssichtung und -förderung im DFB definiert: Nach seiner Wahl als verantwortlicher Funktionär für den Bereich der Nachwuchssichtung und -förderung im DFB entwickelt ein ehemaliger Trainer die Zielvorstellung, Förderstützpunkte für den Fußballnachwuchs zu implementieren, in denen fußballbegeisterte und talentierte Mädchen und Jungen gleichermaßen trainieren können (neue Möglichkeit). Die Realisierung dieser Zielvorstellung wird jedoch von den folgenden beiden Voraussetzungen determiniert: von den ihm im Rahmen seiner Position künftig zur Verfügung stehenden Mitteln (z. B. gleicher Anteil von Finanzmitteln für Jungen und Mädchen) (Ressourcen) und von seinem Zuständigkeitsbereich (Verpflichtungen).

Bezüglich des Handelns einer Spielerin wäre folgender Zusammenhang denkbar: Durch die Errichtung von Förderstützpunkten für Jungen und Mädchen im DFB (neue Möglichkeiten), bleibt die Absicht einer Spielerin, leistungsorientiert Fußball zu spielen und sich zu verbessern nicht mehr nur eine individuelle Zielvorstellung, sondern kann vielmehr realisiert werden. Die Umsetzung dieser Zielvorstellung ist jedoch wiederum beeinflusst von den dem Mädchen zur Verfügung stehenden Rahmenbedingungen (z. B. die Möglichkeit, ein Sportinternat in der Nähe des DFB-Talentzentrums zu besuchen, das sich möglicherweise nicht an ihrem Wohnort befindet) (Ressourcen) und auch von ihren Verpflichtungen (z. B. die Erwartungen, die von anderen Personen – beispielsweise von ihren Eltern, Freunden u.ä. – an sie gerichtet werden; möglicherweise sind die Eltern dagegen, dass ihre Tochter leistungsmäßig Fußball spielt).

Im Kontext von kollektivem politischem Handeln ist von einem wesentlich komplexeren Zusammenhang dieser Determinanten auszugehen. Beispielsweise ist die Zielvorstellung des Trainers, im Falle seiner Wahl Talentförderstützpunkte für Jungen und Mädchen gleichermaßen zu implementieren, möglicherweise rein durch seine individuellen Vorstellungen und Wünsche geprägt. Ob solche Stützpunkte tatsächlich implementiert werden, ist jedoch auch von den politischen Vorstellungen des DFB abhängig. Demnach werden politische Handlungen nicht rein durch die persönlichen Ziele eines einzelnen Akteurs bestimmt. Vielmehr sind sie abhängig von Zielvorstellungen kollektiver Akteure, wie beispielsweise Institutionen oder Organisationen (im Falle der Talentförderstützpunkte z. B. der DFB). Diese werden üblicherweise in Form von Positionspapieren u.ä. formal festgelegt.

Vor diesem Hintergrund wird im vorliegenden Zusammenhang unter dem Begriff *Ziele* das verstanden, was durch die Nachwuchssichtung und -förderung im DFB angestrebt und erreicht werden soll. Es sind dabei persönliche Ziele einzelner Beteiligter des Systems von Interesse (z. B. wollen möglicherweise Mädchen nicht leistungsorientiert Fußball spielen), aber auch kollektive Ziele des DFB – z. B. deren formalen Charakteristika sowie deren inhaltliche Gesichtspunkte (z. B. Jungen und Mädchen sollen gleichermaßen und gemeinsam gefördert werden).

Auch die *Ressourcen* sind in Verbindung mit kollektivem politischem Handeln in einem komplexeren Kontext zu betrachten. Darunter sind nicht nur zur Verfügung stehende Kapazitäten eines einzelnen Akteurs im Rahmen seiner Position in der Organisation zu verstehen. Vielmehr sind damit Kapazitäten einer ganzen Organisation bzw. Institution, wie beispielsweise dem System der Talentstützpunkte des DFB, gemeint. Demzufolge werden unter dem Begriff Ressourcen im vorliegenden Zusammenhang eher interne Kapazitäten des Nachwuchssichtungs- und -förderungssystems subsumiert, wie beispielsweise dessen personelle, finanzielle und infrastrukturelle Ressourcen. Es ist z. B. von Interesse, wie viel Personal für die Talentstützpunkte des DFB zur Verfügung steht und wie diese Personalien verteilt sein sollen (d. h. z. B. ob formal vorgesehen ist, dass Männer und Frauen zu gleichen Anteilen Trainer- und Funktionärspositionen besetzen). Auch wird es in diesem Zusammenhang darum gehen, ob und inwiefern die Mädchen in der Schule Unterstützung für ihr Fußballspiel bekommen (vgl. hierzu auch Pfister, 1999, S. 271).

Ähnlich bezieht sich der Begriff *Verpflichtungen* nicht lediglich auf die beruflichen Vorgaben, die an einen individuellen Akteur innerhalb eine Organisation gerichtet sind. Vielmehr sind unter dem Oberbegriff Verpflichtungen neben formalen und informalen Erwartungen, die an verschiedene Rollenträger im System herangetragen werden, außerdem institutionelle bzw. strukturelle Vorgaben des Systems der Talentstützpunkte des DFB zusammengefasst. Beispiele hierfür sind Vorschriften von Seiten des DFB und von anderen Verbänden, wie z. B. dem DSB oder der FIFA, oder auch von Seiten des Staates. Beispielsweise könnte vom DFB genau vorgeschrieben sein, wie viele Mädchen und Jungen anteilig zu fördern sind. Darüber hinaus sind Erwartungen, die an die Position eines Trainers bzw. Funktionärs im Rahmen des Talentförderprogramms des DFB gerichtet werden von Interesse. Beispielsweise liegt nahe, dass in einer immer noch stark männerdominierten Sportart wie Fußball die Erwartungen an Trainer und Funktionäre eher an Männlichkeitsstereotype anschließen (vgl. Hartmann-Tews, 1998) und vor diesem Hintergrund weniger Frauen zu diesen Positionen zugelassen werden (vgl. Hovden, 2000; Combrink, 2004).

Möglichkeiten – als Ausgangspunkt menschlicher Handlungen im Sinne von von Wright (1976) – beinhalten eher externe Kapazitäten der Talentstützpunkte im Fußball. Hierzu zählen Optionen, die sich z. B. durch die Unterstützung verschiedener Organisationen u. a. aus der Politik, Wirtschaft, Wissenschaft und den Medien ergeben. Beispielsweise ist nicht nur aus wissenschaftlichen Studien bekannt, dass der Mädchen- und Frauensport in den Medien und aus der Wirtschaft in den meisten Sportarten weitaus weniger Unterstützung bekommt als der Jungen- und Männerfußball (vgl. u. a. Hartmann-Tews & Rulofs, 2002).

3 Methodik

Die Datenerhebung erfolgt in zwei Phasen. In einer ersten qualitativen Phase wird zunächst eine Dokumentenanalyse durchgeführt, um einen ersten Überblick über die Repräsentanz der oben aufgeführten Handlungsdeterminanten im System der

Talentstützpunkte des DFB auf der einen Seite sowie auf der anderen Seite noch konkretere und neueste Zahlen zur Unterrepräsentanz von Mädchen und Frauen im Talentförderprogramm des DFB zu bekommen. Auf dieser Basis und auf der Grundlage des theoretischen Modells wird ein Interviewleitfaden erstellt, mit dessen Hilfe 12 ExpertInnen (4 Funktionäre /-innen, 4 TrainerInnen, 4 SpielerInnen an den Talentstützpunkten und 3 Spielerinnen, die nicht an den Stützpunkten sind) interviewt werden, um einen weiteren Überblick über die angesprochenen Aspekte zu bekommen. In der zweiten Phase der Datenerhebung schließt sich eine standardisierte Befragung an, die auf den Erkenntnissen der ersten Erhebungsphase aufbaut. Diese erfolgt einerseits in Form einer mündlichen Befragung mit Hilfe der Methode des Computer-Aided Telephone Interviewing (CATI) und andererseits in Form einer schriftlichen Befragung. Dabei werden insgesamt 250 Spielerinnen und Spieler in den Talentstützpunkten des DFB (aus zwei Altersgruppen: U12-U13 und U14-U18) und 20 TrainerInnen bzw. StützpunktkoordinatorInnen einbezogen.

4 Ausblick

Anknüpfend an die qualitative und quantitative Forschungsphase wird es schließlich im folgenden dritten Schritt darum gehen, die gewonnenen Erkenntnisse in die Praxis umzusetzen. In diesem Zusammenhang soll ein Konzept zur Förderung von Mädchen und Frauen speziell in der Nachwuchssichtung und -förderung im DFB erarbeitet und umgesetzt werden.

Literatur

Bourdieu , P. (1983). Ökonomisches Kapital, kulturelles Kapital, soziales Kapital. In R. Kreckel (Hrsg.), *Soziale Ungleichheiten* (S. 183-198). Göttingen: Schwarz.
Combrink, C. (2004). *Relevanz und Irrelevanz von Geschlecht in ehrenamtlichen Führungsgremien von Sportjugendverbänden. Eine vergleichende Analyse der Jugendvorstands- und Präsidiumsmitglieder nordrhein-westfälischer Sportfachverbände.* Münster: Lit.
DFB (o.J. b). *DFB-Eigenprofil.* Zugriff am 19. Januar 2005 unter http://www.dfb.de
DFB (o.J. a). *Talentförderung. Nachwuchskonzept.* Zugriff am 19. Januar 2005 unter http://www.dfb. de/ dfb-info/ juniorecke/ talent_neu/right.php.
Doll-Tepper, G. & Pfister, G. (2004). *Hat Führung ein Geschlecht? Genderarrangements in Entscheidungsgremien des deutschen Sports.* Köln: Sport und Buch.
Giddens, A. (1988). *Die Konstitution der Gesellschaft: Grundzüge einer Theorie der Strukturierung.* Frankfurt/Main: Campus.
Hartmann-Tews, I. (1998). Gesellschaftliche und familiäre Rahmenbedingungen des Hochleistungssports von Mädchen und Frauen. In G. Anders & E. Braun-Laufer (Hrsg.), *Karrieren von Mädchen und Frauen im Leistungssport* (S. 15-28). Köln: Sport und Buch Strauß.
Hartmann-Tews, I. (2003). Soziale Konstruktion von Geschlecht: Neue Perspektiven der Geschlechterforschung in der Sportwissenschaft. In I. Hartmann-Tews, P. Gieß-Stüber, M.-L. Klein, C. Kleindienst-Cachay & K. Petry (Hrsg.), *Soziale Konstruktion von Geschlecht im Sport* (S. 13-27). Opladen: Leske + Budrich.
Hartmann-Tews, I., Combrink, C. & Dahmen, B. (2003). Gendering Prozesse in Sportorganisationen – Zur (Re-)produktion von Geschlechterverhältnissen in Führungsgremien des Sports. In I. Hartmann-Tews, P. Gieß-Stüber, M.-L. Klein, C. Kleindienst-Cachay & K. Petry (Hrsg.), *Soziale Konstruktion von Geschlecht im Sport* (S. 151-186). Opladen: Leske + Budrich.

Hartmann-Tews, I. & Rulofs, B. (2002). Ungleiche (Re-)Präsentation von Sportlerinnen und Sportlern in den Medien? – Internationaler Forschungsstand und aktuelle Befunde. In G. Pfister (Hrsg.), *Frauen im Hochleistungssport* (Schriften der Deutschen Vereinigung für Sportwissenschaft, 127, S. 27-40). Hamburg: Czwalina.

Hovden, J. (2000). Gender and Leadership Selection processes in Norwegian sporting organizations. *International Review for the Sociology of Sport, 35*(1), 75-82.

Jöcks, U. (2002). Nachwuchs für die Bundesliga? Konflikte von Mädchen in der Sportart Fußball. In G. Pfister (Hrsg.), *Frauen im Hochleistungssport* (Schriften der Deutschen Vereinigung für Sportwissenschaft, 127, S. 135-139). Hamburg: Czwalina.

Kugelmann, C. & Sinning, S. (2004a). Wie lernen Mädchen Fußball-Spielen? Überlegungen zu einer adressatengerechten Spieldidaktik. In C. Kugelmann, G. Pfister & C. Zipprich (Hrsg.), *Geschlechterforschung im Sport. Differenz und/oder Gleichheit* (Schriften der Deutschen Vereinigung für Sportwissenschaft, 143, S. 135-152). Hamburg: Czwalina.

Kugelmann, C. & Sinning, S. (2004b). *Nachwuchssuche, -auswahl und -förderung und Vereinstraining/Sportunterricht aus Gender-Sicht*. Unveröff. Forschungsantrag. Universität Erlangen-Nürnberg, Universität Münster:

Pfister, G. (1999). *Sport im Lebenszusammenhang von Frauen*. Schorndorf: Hofmann.

Rütten, A., Ziemainz, H. & Röger, U. (2005). *Qualitätsgesichertes System der Talentsuche, -auswahl und -förderung. Ein internationaler Vergleich*. Köln: Sport und Buch Strauß.

Wright, G.H. von (1976). Determinism and the study of man. In J. Manninen & R. Tuomela (Eds.), *Essays on Explanation and Understanding* (S. 415-435). Dordrecht: Reidel.

MARIT MÖHWALD & CLAUDIA KUGELMANN

Begleitstudie zum „DFB Mädchenfußball-Programm"

1 Zusammenfassung

Der folgende Beitrag thematisiert Probleme und Chancen im Bereich des Mädchenfußballs aus Verbands- und wissenschaftlicher Perspektive. Die Begleitstudie zum DFB Mädchenfußball-Programm der Erlanger Forschungsgruppe Mädchenfußball befasst sich damit, unterstützende und hemmende Faktoren des Zugangs von Mädchen zum Vereinsfußball zu erkennen, zu analysieren und darüber hinaus neue Perspektiven für Mädchen und Frauen im Fußballsport aufzuzeigen. Einleitend werden Ziel und Forschungsfrage der Untersuchung beschrieben, ferner der gewählte theoretische Zugang und die Methodik erörtert und anschließend ausgewählte Ergebnisse der ersten Projektphase vorgestellt und diskutiert. Im Ausblick wird das weitere Forschungsvorhaben skizziert.

2 Einleitung

Die jüngeren Erfolge der Frauen und Juniorinnen bei den Fußball-Weltmeisterschaften haben das Thema Mädchen- und Frauenfußball für bisher wenig Interessierte, für Politik und nicht zuletzt auch für die Wissenschaft attraktiv gemacht. Vor dem Hintergrund stagnierender oder gar rückläufiger Mitgliederzahlen und des damit verbundenen mangelnden Nachwuchses im Bereich des organisierten Sports sieht der DFB hohe Zuwachschancen im Bereich der weiblichen Bevölkerung (DFB, 2004; DSB, 2004; Janssen, 1998). Den Breiten- und Spitzensport im Mädchen- und Frauenfußball zu stärken und mehr Mädchen für die Fußballvereine zu gewinnen, ist daher Ziel des im August 2004 verabschiedeten Mädchenfußball-Programms des DFB. In diesem Kontext ist auch die vorliegende wissenschaftliche Untersuchung als sportpädagogische Begleitstudie einzuordnen.

Ziel der Untersuchung ist es, Faktoren zu eruieren, die ermöglichen oder verhindern, dass Mädchen lang- und längerfristig im organisierten Vereinsbetrieb Fußball spielen. Auf Grundlage der gewonnenen Ergebnisse soll schließlich ein sportspieldidaktisch fundiertes, bedürfnis- und mädchenorientiertes Konzept der Vermittlung von Fußball entwickelt, erprobt und evaluiert werden.

Vor dem Hintergrund der Tagung „Gleichheit und Differenz *in Bewegung*" sowie im aktuellen wissenschaftlichen Diskurs versteht sich das Forschungsvorhaben als ein Beitrag im Rahmen der sportwissenschaftlichen Geschlechterforschung.

3 Aktueller Forschungsstand

Sportliches Engagement von Kindern und Jugendlichen im organisierten Sport, d.h. von Fußball spielenden Mädchen im Verein, wird im Rahmen der Begleitstudie zum DFB Mädchenfußball-Programm als komplexes Geschehen betrachtet. Im Zusammenspiel gesellschaftlicher, organisatorischer und interaktionaler Konstellationen sowie persönlicher Entwicklungen werden Bewegungs- und Sportkarrieren von Fußball spielenden Mädchen, von nicht oder nicht mehr Fußball spielenden Mädchen sowie aus Sicht von Experten (Lehrerinnen und Trainer) betrachtet, verglichen und analysiert. Der dieser Sichtweise zu Grunde liegende zunächst sozialökologisch und sozialisationstheoretisch orientierte Ansatz (vgl. z.B. auch Brettschneider & Kleine, 2002; Brinkhoff & Sack, 1999; Dietrich & Landau, 1990, 1999; Hurrelmann, 1997) wird dabei durch ausgewählte Themen aus der Bindungs- und Dropoutforschung (Fröhlich & Würth, 2003; Pahmeier, 1994; Wagner, 2000) sowie aus der Geschlechterforschung (z.B. Hartmann-Tews u.a., 2003) ergänzt.

Der Blick auf den Forschungsstand zum Thema Mädchenfußball lässt zunächst drei grundlegende Tendenzen erkennen. Erstens liegen im deutschsprachigen Raum überhaupt nur einige wenige Arbeiten vor, die sich (ausschließlich) mit Mädchenfußball beschäftigen (z.B. Süßenbach, 2004; Kugelmann & Sinning, 2004; Pahmeier & Zellmer, 2004). Zweitens ist festzustellen, dass in verschiedenen, auch größer angelegten sport- und bewegungsbezogenen Kinder- und Jugendstudien durchaus Geschlechterverhältnisse bzw. -differenzen thematisiert werden (z.B. Brettschneider & Kleine, 2002; DSJ, 2002; Schmidt, Hartmann-Tews & Brettschneider, 2003). Allerdings bedienen derartige Zugangsweisen aus Perspektive der Geschlechterforschung eher die in der Frauenforschung umstrittenen Gleichheits- bzw. Differenzparadigmen. Drittens ist anzumerken, dass die vorliegenden Arbeiten insgesamt den Anspruch einer vertieften Betrachtung von Geschlecht im Bereich Mädchenfußball nicht erfüllen. Anhand zweier Beispiele soll dies verdeutlicht werden.

Pahmeier und Zellmer (2004) untersuchen in ihrer Studie mit dem Titel „Macht Fußball stark?" aus sportpsychologischer Perspektive das mehrdimensionale Konstrukt „Selbst- und Körperkonzept" Fußball spielender Mädchen. Sie kommen im positiven Sinne zu dem Schluss, dass Fußball spielen Mädchen bei der Bewältigung bestimmter Entwicklungsaufgaben im sozialen/ emotionalen Bereich unterstützen und letztlich zu einer „gelingenden Persönlichkeitsentwicklung" (Pahmeier & Zellmer, 2004, S. 48) beitragen kann.

Auch Süßenbach (2004) liefert aufschlussreiche Erkenntnisse zum Thema Mädchenfußball. Sie untersucht in ihrer Arbeit „Mädchen im Sportspiel" auch Fußball spielende Mädchen, indem sie Spielerinnen von vier verschiedenen Spielsportarten miteinander vergleicht. Um hemmende bzw. förderliche Einflüsse für ein Engagement von Mädchen im Sportspiel herauszuarbeiten, wählt sie als theoretischen Zugang verschiedene Perspektiven und Konstrukte. Sie greift Sozialisationsmodelle mit dem Konzept der Entwicklungsaufgaben und identitätstheoretische Überlegungen auf, berücksichtigt ebenso das Selbstkonzept wie die Geschlechterthematik.

Mit dem Entwurf einer Typologie von Sportspielerinnen gelingt es ihr, wichtige sportbiographische Aspekte des Zugangs zum Sportspiel herauszuarbeiten, die auch für den Bereich Mädchenfußball einen wichtigen Ansatzpunkt darstellen. Beide Arbeiten tragen insgesamt im deutschsprachigen Raum dazu bei, das Schattendasein des Mädchenfußballs nicht nur innerhalb der Sportwissenschaft, sondern auch in der Sportpraxis zu erhellen. Gleichwohl sind nach wie vor viele Fragen aus sportwissenschaftlicher, bewegungspädagogischer und nicht zuletzt aus der Geschlechterperspektive offen. Unbeantwortet bleiben beispielsweise Fragen zur gesellschaftlichen Bedeutung von Mädchenfußball, zum Einfluss, den Eltern oder Lehrer auf den Zugang zum Fußballspielen im Verein von Mädchen haben oder auch zu strukturell-organisatorischen Bedingungen im Mädchenfußball. Beide Arbeiten verdeutlichen ferner, dass bisher im Kontext Fußball mädchenspezifische Aspekte aus geschlechtertheoretischer Perspektive nicht ausreichend untersucht wurden. Neuere Theorieansätze aus der Geschlechterforschung (Heterogenität und Dekonstruktion) legen eine Betrachtungsweise nahe, die Differenzen innerhalb des weiblichen Geschlechts thematisiert und Geschlecht dabei auch als politische Kategorie versteht. Übertragen auf die Begleitstudie zum DFB Mädchenfußball-Programm heißt das, dass Mädchen nicht als einheitliche Gruppe zu behandeln sind. Dekonstruktion in diesem Sinne heißt nicht bestehende Strukturen umzuwerfen, sondern die Konstruktion der Geschlechterverhältnisse aufzudecken und zu verändern. Die Begleitstudie zum DFB Mädchenfußball-Programm möchte sich einem Teil dieser noch ungeklärten Themenbereiche im Zusammenhang mit Mädchenfußball widmen.

Zusammenfassend werden angesichts des Forschungsstandes im Bereich Mädchenfußball folgende Überlegungen der weiteren Forschungsarbeit zu Grunde gelegt. Der theoretische Rahmen für die Begleitstudie zum DFB Mädchenfußball-Programm erschließt sich zunächst in Anlehnung an aktuelle Studien aus der sportwissenschaftlichen und sportpädagogischen Kinder- und Jugendforschung über sozialisationstheoretische Grundlagen. Diese individuumbezogene Perspektive wird erweitert um die umweltbezogenen Betrachtungsebenen Gesellschaft, Organisation und Interaktion. In Anlehnung an Dietrich & Landau (1990, 1999) ist Mädchenfußball grundlegend als eine spezifisch inszenierte Form einer Sportwirklichkeit zu verstehen, die in der Schnittmenge dieser drei Betrachtungsebenen entsteht. Insofern sind die Betrachtungsebenen nicht losgelöst von einander zu sehen, sondern sie bedingen sich wechselseitig. Zugleich bilden Sie eine Art Analyseraster, um die komplexe Wirklichkeit Mädchenfußball strukturieren und abbilden zu können. Aus der Geschlechterperspektive ist hinzuzufügen, dass „gender" auf allen Betrachtungsebenen konstruiert wird. Und schließlich werden auf all diesen Ebenen auch pädagogische Bezüge hergestellt.

Im Einzelnen heißt dies auf der *gesellschaftlich-kulturellen Ebene,* dass Mädchenfußball als gesellschaftliche Tatsache in seiner historisch-kulturell gewachsenen wie auch in seiner aktuellen Entwicklung zu analysieren ist (vgl. z.B. Balz & Kuhlmann, 2004). Auf der *organisatorischen Ebene* rücken Ressourcen und Prozesse von Mädchenfußball als institutionalisierte Spielsportart in den Mittelpunkt der Analyse. Ziel ist es beispielsweise, strukturelle Bedingungen des Trainings, d.h. räumliche, materielle, zeitliche und inhaltlich-konzeptuelle Aspekte beschreiben zu können. Auf der *interaktionalen Ebene* werden schließlich die beteiligten Akteure und Mädchenfußball als Thema in der sozialen Interaktion betrachtet. Dabei werden beispielsweise die Bedeutung und soziale Unterstützung von Peers und Familie oder das Spielerinnen- und Trainer-/Trainerinnenverhältnis relevant. Ergänzt werden diese drei Betrachtungsebenen schließlich durch einen sportbiographisch-lebensgeschichtlichen Zugang, um Erfahrungen von Mädchen mit Fußballspielen im Rahmen des *individuellen Kontextes* sowie im *Bereich Schule* als eine der wichtigsten Sozialisierungsinstanzen zu erschließen.

Der skizzierte mehrdimensionale Ansatz zielt darauf, sich der Thematik Mädchenfußball im Sportverein aus verschiedenen Blickwinkeln zu nähern, um die Forschungsfrage umfassend beantworten zu können.

4 Methodik

Das Forschungsvorhaben gliedert sich in drei Phasen. Ziel der Projektphase I ist ein explorativer Zugang zu der Forschungsfrage. Qualitative Verfahren sollen Faktoren erkennen lassen, die es verhindern oder ermöglichen, dass Mädchen, lang- und längerfristig im organisierten Vereinsbetrieb Fußball spielen. Im Anschluss daran zielt die Projektphase II mit einer quantitativ angelegten schriftlichen Fragebogenerhebung auf die Überprüfung der Ergebnisse aus der Projektphase I. In der Projektphase III soll schließlich auf Grundlage der bis dahin gewonnenen Ergebnisse ein bedürfnis- und mädchenorientiertes Konzept entwickelt, erprobt und evaluiert werden, das bewegungspädagogische und sportspieldidaktische Grundlagen mit empirischen Befunden kombiniert. Das Konzept ist als Beitrag zu verstehen, Fußball im Verein für Mädchen attraktiver und interessanter zu machen, um letztlich mehr Mädchen und Frauen für den Vereinsfußball gewinnen zu können.

4.1 Stichprobe

Um die Fragestellung umfassend und mit einer möglichst großen Vielfalt an Meinungen beantworten zu können, wurden verschiedene zu befragende Perspektiven in die Untersuchung einbezogen. Hierzu zählen:

– Mädchen, die Fußball spielen;
– Mädchen die nicht mehr Fußball spielen;
– Mädchen, die kein Fußball spielen;
– Experten und Expertinnen: Lehrerinnen und Lehrer;
– Experten und Expertinnen: Trainerinnen und Trainer.

Die qualitativen Interviews wurden in Bayern überwiegend in ländlichen Regionen zwischen August und November 2004 durchgeführt. Die Auswertung der ersten

Forschungsphase ist erst kürzlich abgeschlossen worden. Die vorliegenden Interviews zeigen viele interessante Aspekte auf, die auch im weiteren Forschungsverlauf genauer zu betrachten sein werden. Es wurden insgesamt 33 qualitative leitfadengestützte Intensivinterviews sowie zwei Focusgruppeninterviews durchgeführt. In die Auswertung wurden 31 Intensiv- und ein Focusgruppeninterview einbezogen (siehe Tabelle 1).

Tab. 1. *Stichprobenverteilung der Intensiv- und Focusgruppeninterviews nach Perspektive und Alter (N =Anzahl der Fälle; Ø Alter = Durchschnittsalter).*

Interview-Methode	Mädchen, die Fb spielen	Mädchen, die nicht mehr Fb spielen	Mädchen, die kein Fb spielen	Expertinnen: Lehrerinnen	Experten: Trainer
Leitfadengestütze Intensivinterviews	N = 7	N = 8	N = 6	N = 9	N = 3
	Ø Alter: 16-21 Jahre	Ø Alter: 15-20 Jahre	Ø Alter: 14-20 Jahre	Ø Alter: 27-56 Jahre	Ø Alter: 17-37 Jahre
Focusgruppen	N = 9	-	N = 10	-	-
	Ø Alter: 12-16 Jahre	-	Ø Alter: 12-13 Jahre	-	-

Für die Durchführung der qualitativen Intensivinterviews und der Focusgruppeninterviews wurde ein Interviewleitfaden erstellt. Der Interviewleitfaden enthält alle forschungsrelevanten Themen gemäß des skizzierten theoretischen Zugangs. Um eine gewisse Vergleichbarkeit der Interviews herstellen zu können, wurde für alle Befragungsgruppen ein einheitlicher Interviewleitfaden verwendet.

Die Auswertung der Interviews erfolgte mit Hilfe der qualitativen Inhaltsanalyse nach Mayring (2000). Aufgrund der größeren Anzahl an Interviews wurde dabei auf die computergestützte Auswertungsmöglichkeit mit der Software MaxQDA zurückgegriffen.

5 Ausgewählte Ergebnisse

Das für die Auswertung entwickelte Kategoriensystem thematisiert in Anlehnung an den theoretischen Zugang und an den Interviewleitfaden den *gesellschaftlichen*, den *organisatorischen* und den *interaktionalen* sowie den *individuellen Kontext* von Mädchenfußball im Verein. Darüber hinaus werden Erfahrungen mit Mädchenfußball im *schulischen Kontext* in die Analyse einbezogen.

Um einen ersten Einblick zu vermitteln, greift dieser Beitrag nun zwei interessante Ergebnisse aus den vorliegenden Interviews auf und spiegelt dabei die Perspektiven der Fußball spielenden und der nicht spielenden Mädchen sowie die Experten- und Expertinnenperspektive wieder.

5.1 Der interaktionale Kontext: Mütter als Barriere und Chance für den Mädchenfußball

Der häufigste Zugang zum Fußballspielen im Verein, den die befragten Mädchen in bayrischen Regionen beschreiben, ist der Weg über selbst aktiv spielende Familienmitglieder und Freunde. Bei den Familienmitgliedern sind es zumeist die Geschwister (Brüder) und Väter. Die Mütter hingegen werden besonders häufig von den Mädchen benannt, die nicht Fußball spielen. Der Zugang zum Fußball scheitert mehrheitlich bei den befragten Fällen, weil Unkenntnisse und Vorurteile über Mädchen- und Frauenfußball bei den Familienmitgliedern, besonders aber bei den Müttern der befragten Mädchen weit verbreitet scheinen. Noch immer vorherrschende Argumente sind beispielsweise, „[...], dass Fußball meist mit Jungs in Verbindung gebracht wird – niemand redet über Frauen- oder Mädchenfußball. Dadurch kommt es eigentlich nie zur Sprache" (MNF1.14) oder auch „...weil es ein typischer Männersport ist und für Mädchen untypisch ist. [...] weil die Frauen alle so männlich aussehen, alle kurze Haare haben und Fußball ein Männersport ist" (MNF3.20). In einigen Fällen scheinen die Mütter sogar den Zugang ihrer Töchter zum Fußballspielen bewusst zu verhindern: „Weil mir das meine Mutter immer verboten hat! Hätten meine Freunde etwas dagegen, würde mich das eher wenig stören! Meine Mutter steht einfach nicht dahinter. [...] Volleyball fand sie dann schon viel besser" (MNF 6.17).

Ob Mädchen zum Fußball spielen in den Verein kommen oder nicht, scheint abhängig zu sein von den Interessen und der Unterstützung des Elternhauses. Interessant dabei ist, dass gerade die Mütter und deren Einstellungen den Zugang ihrer Töchter zum Fußball fördern oder eben hemmen.

5.2 Erfahrungen mit Mädchenfußball im schulischen Kontext

Mangelndes Interesse, wenige Erfahrungen und geringe Qualifikation vieler Lehrerinnen in den untersuchten bayerischen Regionen tragen dazu bei, dass im Schulsportunterricht wenig Mädchenfußball gespielt oder gar nicht erst angeboten wird. „Ja, in der 10.Klasse haben wir im Sport einmal Fußball gespielt, aber das war das totale Chaos. Seither hab ich, glaub ich, nie mehr selber gespielt! [...] Wie schon erzählt, hab ich dort das einzige Mal Fußball gespielt. Aber die Lehrerin war auch dagegen, dass wir im Schulsport Fußball spielen. Für sie ist Fußball nur Zeitvertreib und kein anständiger Sport" (MNF 6.17).

Im Bereich der befragten jüngeren Lehrerinnen (Expertinnen) kann gesagt werden, dass Mädchenfußball auf Grund der fortschrittlichen Sportlehrerausbildung im bayerischen Raum weitgehend etabliert und die Bereitschaft zur Fortbildung im Bereich Fußball vorhanden ist. Ältere Lehrerinnen hingegen sehen Fußball eher als Männersport und bieten diesen demnach auch nicht ihren Schülerinnen an.

Vor dem Hintergrund der skizzierten Ergebnisse können geschickt inszenierte mediale Werbekampagnen, die an aktuellen mädchenspezifischen Themen ansetzen und darüber hinaus auch Mütter begeistern können, zur Stärkung des Mädchen- und Frauenfußballs beitragen. Vereine könnten stärker ihre fußballbezogenen Angebote auf die gesamte Familie ausrichten und neben der Gewinnung aktiv spielender Mädchen die Mütter und Väter für ehrenamtliche Aufgaben begeistern. Darüber hinaus haben die Ergebnisse gezeigt, dass sich Mädchen wünschen, im Schulsport Fußball zu spielen – wenn es denn fachlich fundiert und ansprechend vermittelt wird. Auch könnten mehr als bisher bereits bestehende Kooperationen von Schule und Verein genutzt und diese als Multiplikatoren für die Stärkung des Mädchenfußballs genutzt werden. In diesem Sinne ist es beispielhaft, dass der Bayrische Fußballverband (BFV) erstmalig und ausschließlich für Lehrerinnen im Sommer 2005 ein spezielles fußballspezifisches Qualifizierungsangebot anbietet.

6 Ausblick

Während gegenwärtig der DFB bundesweit Multiplikatorenschulungen zum DFB Mädchenfußball-Programm durchführt, befindet sich die wissenschaftliche Begleitstudie in der zweiten Projektphase. Ziel ist es, die vorliegenden Erkenntnisse aus der qualitativen Teilstudie zu überprüfen. Dabei ist zunächst ein standardisiertes Befragungsinstrument zu entwickeln. Im Rahmen einer quantitativen und repräsentativen Untersuchung werden schließlich in schriftlicher Form Daten erhoben. In Bezug auf die Stichprobe ist geplant, sowohl weitere Bundesländer als auch städtische Regionen mehr als in der ersten Forschungsphase einzubeziehen.
In der dritten, darauf aufbauenden Projektphase (zweite Jahreshälfte 2005) wird ein sportspielpädagogisches Konzept entwickelt, erprobt und evaluiert, um letztlich mehr Mädchen auch langfristig in den Vereinsfußball integrieren zu können. Das Konzept soll vor allem auch dazu beitragen, Fußball im Verein für Mädchen attraktiver und interessanter zu machen.

Literatur

Balz, E. & Kuhlmann, D. (Hrsg.). (2004). *Sportliches Engagement von Kindern und Jugendlichen.* Aachen: Meyer & Meyer.
Brettschneider, W.-D. & Kleine, T. (2002). *Jugendarbeit in Sportvereinen: Anspruch und Wirklichkeit.* Schorndorf: Hofmann .
Brinkhoff, K.-P. & Sack, H.-G. (1999). *Sport und Gesundheit im Kindesalter. Der Sportverein im Bewegungsleben der Kinder.* Weinheim: Juventa.
Fröhlich, S. & Würth, S. (2003). Dropout im Kinder- und Jugendsport: Die Bedeutung von Eltern und Trainerverhalten. *Spectrum, 15*(1), 26-43.
Deutsche Sportjugend (DSJ) (2002). *Geschlechtsspezifische Jugendarbeit im Sportverein.* Frankfurt/Main: DSJ.
Dietrich, K. & Landau, G. (1990). *Sportpädagogik.* Reinbek bei Hamburg: Rowohlt.
Dietrich, K. & Landau, G. (1999). *Sportpädagogik.* Butzbach-Gridel: Afra.
DFB (2004). *Mädchenfußball-Programm. Leitfaden für die Arbeit an der Basis.* Frankfurt/Main: DFB.
DSB (2004). *Bestandserhebungen.* Zugriff am 3. Dezember 2004 unter http://www.dsb.de
Janssen, I. (1998). Fußball ist mein Leben. *Olympische Jugend, 43*(11), 4-7.
Hartmann-Tews, I., Gieß-Stüber, P., Klein, M.-L., Kleindienst-Cachay, C. & Petry, K. (2003). *Soziale Konstruktion von Geschlecht im Sport.* Opladen: Leske + Budrich.
Hurrelmann, K. (1997). *Lebensphase Jugend. Eine Einführung in die sozialwissenschaftliche Jugendforschung.* Weinheim: Juventa.

Kugelmann, C. & Sinning, S. (2004). Mädchen spielen Fußball. *sportpädagogik, 28*(3), 4-9.
Mayring, P. (2000). *Qualitative Inhaltsanalyse. Grundlagen und Techniken.* Weinheim: Deutscher Studienverlag.
Pahmeier, I. (1994). Drop-out und Bindung im Breiten- und Gesundheitssport. Günstige und ungünstige Bedingungen für eine Sportpartizipation. *Sportwissenschaft, 24*(2), 117-150.
Pahmeier, I. & Zellmer, S. (2004). *Fußball macht Mädchen stark? Eine Studie zum Zusammenhang von Fußballspielen und dem Körper- und Selbstkonzept weiblicher Jugendlicher.* Projektbericht, Hochschule Vechta.
Schmidt, W., Hartmann-Tews, I. & Brettschneider, W.-D. (Hrsg.). (2003). *Erster Deutscher Kinder- und Jugendsportbericht.* Schorndorf: Hofmann.
Süßenbach, J. (2004). *Mädchen im Sportspiel: Analysen zur Identitätsentwicklung im Jugendalter.* Hamburg: Czwalina.
Wagner, P. (2000). *Aussteigen oder Dranbleiben? Determinanten der Aufrechterhaltung sportlicher Aktivität.* Darmstadt: Wissenschaftliche Buchgesellschaft.

JESSICA SÜßENBACH

Mädchen im Sportspiel – Entwicklungschancen und -grenzen

1 Einleitung und Ausgangsfrage

Sportspiele wie Fußball, Handball, Basketball und Hockey spielen nicht nur im Alltag von Jungen eine bedeutende Rolle, sondern auch Mädchen begeistern sich zunehmend für das Spiel mit Ball um Tore und Körbe. Immerhin sind mehr als ein Drittel aller weiblichen Vereinsmitglieder zwischen 15 und 18 Jahren in einem Sportspiel aktiv (vgl. DSB, 2002).
Daher stellt sich die Frage, inwiefern ein Sportspiel-Engagement die Entwicklungspotentiale von weiblichen Jugendlichen fördert und ihnen entwicklungsgerechte Herausforderungen und Neuorientierungen ermöglicht, die zum Aufbau einer stabilen Identität beitragen. Mit Blick auf das leitende Erkenntnisinteresse werden zunächst die zugrunde liegenden Annahmen über jugendliche Entwicklung und die Aneignung von Geschlechtsidentität umrissen. Dabei ist die bestehende Geschlechterordnung im Handlungsfeld der Sportspiele von besonderer Bedeutung und bedarf hinsichtlich der weiblichen Identitätsfindung einer geschlechtssensiblen Analyse. Aus der ganzheitlichen Betrachtung der Einzelfalldarstellungen resultieren drei Typen von Sportspielerinnen, die die gesamte Bandbreite der aktiven Mädchen innerhalb der hier vorgestellten Studie sportspielübergreifend abbilden. Abschließend möchte ich mit dem Entwurf eines weiblichen Sportspiel-Leitbildes die zentralen Erkenntnisse der Arbeit zusammenfassen.

2 Theoretisches Rahmenkonzept

Das Ziel der Arbeit ist, die Entwicklungsverläufe von jugendlichen Sportspielerinnen zu erkunden, um die komplexen Einflüsse zu identifizieren, die das Sportspielengagement kennzeichnen. Der zugrunde liegende heuristische Bezugsrahmen betont die aktive Rolle des Individuums im Sozialisationsprozess, so dass auf Basis einer interaktionistischen Entwicklungstheorie das alltägliche Handeln der Sportspielerinnen in ihrem sozialen Umfeld analysiert wird. Dieses Handeln ist wiederum eingebettet in institutionelle Arrangements und das kulturelle Symbolsystem der Gesellschaft (vgl. Hurrelmann, 1997, 2002).
Insbesondere während der Jugendphase, die sich im Vergleich zu früheren Generationen stark gewandelt hat, sind Anforderungen an die Selbstorganisation der Heranwachsenden hoch, diesen Lebensabschnitt erfolgreich zu bewältigen; vor allem die Reorganisation der Beziehungen zu Eltern, der Aufbau neuer Beziehungsmuster zu Peers, steigende Leistungsanforderungen in der Schule und die Akzeptanz

der eigenen veränderten körperlichen Erscheinung stellen wichtige Momente der Entwicklung dar (vgl. u.a. Fend, 2000).

Das Konzept der Entwicklungsaufgaben (vgl. u.a. Oerter & Dreher, 1998) strukturiert den engen Zusammenhang von körperlichen, psychischen und sozialen Entwicklungsprozessen – und dient der Spezifizierung des transaktionalen Sozialisationsmodells. Jedoch gilt es zu berücksichtigen, dass die zentralen Entwicklungsaufgaben von Jugend zunehmend Inkonsistenzen und Spannungen aufweisen und Sinn, innere Qualität und Zuschnitt sich zunehmend enttraditionalisieren, differenzieren und individualisieren. Als Resultat der reflexiven Auseinandersetzung mit den Entwicklungsaufgaben ergibt sich ein realitätsnahes Bild der eigenen Person – das so genannte Selbstkonzept. Die Facetten des Selbstkonzeptes korrespondieren inhaltlich eng mit dem Konzept der Entwicklungsaufgaben und werden als naive Theorie einer Person über sich selbst verstanden (vgl. u.a. Filipp, 1979, 2000). Das Bild, das die Heranwachsenden über sich selbst entwickeln im Zuge von Selbstwahrnehmungen, Bewertungen und Selbstreflexionen ist als Voraussetzung und Grundlage der Identität[1] zu begreifen (vgl. u.a. Keupp & Höfer, 1999; Krappmann, 2000). Zur Unterstützung dieser Entwicklungsprozesse sind personale und soziale Ressourcen erforderlich – diese sind besonders dann von großer Bedeutung, wenn sich die persönliche Entwicklung von gesellschaftlich vorgegebenen Normen und Regeln entfernt. Dieses gilt es mit Blick auf die Persönlichkeitsentwicklung von jugendlichen Mädchen im Sportspiel zu bedenken. Denn dem Aufbau der Geschlechtsidentität ist in der Zeit der Adoleszenz enorme Bedeutung beizumessen, da sie Stabilität gewährt und eine wichtige Quelle für die Selbstdefinition darstellt (vgl. u.a. Flaake & King, 1998).

Anknüpfend an die transaktionale Sozialisationstheorie wird die Geschlechtsidentität als soziale Konstruktion begriffen. Die Entwicklung von Menschen mit individuellen, geschlechtsbezogenen Verhaltensweisen, Eigenschaften und Fähigkeiten verläuft in einem kulturellen System der Zweigeschlechtlichkeit. Dieses ist zugleich Voraussetzung und Ergebnis von Konstruktionsprozessen, dem „doing gender" (vgl. u.a. Hagemann-White, 1984; Bilden, 1998). In diesem Prozess werden alle Menschen einer Geschlechterkategorie zugeordnet, die jeweils mit spezifischen Erwartungen (z.B. Leistungsfähigkeit, Körperbau, soziale Handlungsmuster, Bewegungspräferenzen) verbunden sind (vgl. u.a. Metz-Göckel, 2000). Daraus folgt die Konsequenz, dass die Geschlechter selbst dann, wenn sie Gleiches tun, es doch verschieden erfahren und verarbeiten. Übertragen auf die Sportspiele bedeutet dies, dass Fußball spielende Mädchen anders wahrgenommen werden als Jungen auf dem Fußballplatz. Es herrscht also auch im Mikrokosmos „Sportspiel" ein dichotomes Denken vor. Denn gerade im Sport vollzieht sich die Entwicklung von Geschlechtsidentität besonders effektiv, da Körper und Bewegungen sehr präsent sind und vor dem Hintergrund der Geschlechterdualität wahrgenommen und interpretiert werden.

---

[1] Das dieser Arbeit zugrunde liegende Verständnis von Identität basiert auf dem interaktionistischen Ansatz einer modernen Sozialisationstheorie. In diesen Modellen wird Identität als lebenslanger Prozess angesehen, der sich in der aktiven Auseinandersetzung mit der Umwelt entwickelt, in Interaktionen konstituiert und eine Balance zwischen personalen und sozialen Erwartungen erfordert.

Der Charakter der Sportspiele ist gekennzeichnet durch Körpereinsatz, Härte, Kraft und Dynamik und ist damit eher männlich konnotiert. Dies führt überspitzt formuliert dazu, dass die Sportarten selbst ein Geschlecht besitzen bzw. es in gewisser Weise selbst herstellen (Fußball = männlich, Tanzen = weiblich). Im Sport wird aber nicht nur „Geschlecht" reproduziert, sondern kann auch von den Akteuren aktiv verändert werden. Übertragen auf die Beteiligung von Mädchen am Sportspiel kann dies bedeuten, dass die tradierte Geschlechterordnung „aufgeweicht" und so die Konstruktion von Geschlecht sichtbar wird. Dass sich die Sportspielpartizipation von Mädchen und Frauen allerdings nur sehr langsam auf die bestehenden Geschlechterverhältnisse im Sportspiel auswirken, zeigt u.a. die Unterrepräsentanz von Frauen als Funktionsträgerinnen. Auch die mediale Inszenierung von Frauen im Sport führt zu einer Verstärkung geschlechtstypischer Zuschreibungen. Dies gilt sowohl in Bezug auf die quantitative Medienpräsenz als auch auf die Art und Weise der Darstellung (vgl. Hartmann-Tews & Rulofs, 2002).

Es bleibt festzuhalten, dass die hierarchische Geschlechterordnung sich auf die Entwicklungsprozesse von Mädchen auswirkt. Für den Aufbau von Geschlechtsidentität sind einerseits Brüche zu erwarten, da die männlich konnotierten Eigenschaften des Sportspiels wenig hilfreich für eine weibliche Entwicklung erscheinen; andererseits bieten sich aber durchaus Chancen für eine gelingende Identitätsfindung. Diese „Gratwanderung" soll anhand einer Studie mit jugendlichen Mädchen, die auf mittlerem Leistungsniveau in einem Sportspiel aktiv sind, konkretisiert werden.

3 Anlage und Methodik der Studie

Der methodische Zugang zum Forschungsfeld erfolgte über ein qualitatives Forschungsdesign in Form von Leitfaden-Interviews mit Spielerinnen und Trainern sowie qualitativen Beobachtungen. Mit dieser subjektzentrierten Forschungsstrategie konnte eine genaue, dichte Beschreibung der Lebenswelten jugendlicher Sportspielerinnen erfolgen, die im Kontext sozialer Rahmung und individueller Gestaltung analysiert wurden (vgl. u.a. Mayring, 1996). Aus den individuellen Sichtweisen der Mädchen sowie den subjektiven und sozialen Konstruktionen ihrer Welt ergaben sich konkrete und plastische Bilder, die zu einem besseren Verständnis sozialer Wirklichkeiten im Handlungsfeld Sportspiel beitragen. Die im Sinne der Grounded Theory[2] ausgewerteten Sportspielbiographien der 28 Mädchen zwischen 12 und 18 Jahren eröffnen dichte Einblicke in ihre Entwicklungsprozesse. So konnten aus dem vielschichtigen Bedingungsgeflecht durch permanentes Vergleichen und Kontrastieren Kennlinien identifiziert werden, die für die Mädchen bedeutsam sind und damit zu ihrer Persönlichkeitsentwicklung im Kontext des Sportspiels beitragen.

---

2 Der Grounded Theory-Ansatz wurde in den 60er Jahren von Barney Glaser und Anselm Strauss vorgelegt und später vor allem von Anselm Strauss weiter entwickelt. Es handelt sich um einen Forschungsstil oder ein Paradigma mit dem Ziel der Theoriegenerierung, die eng in den Daten verankert ist (grounded). Durch ein systematisches Erheben und Analysieren von Daten, die sich auf das entdeckte Phänomen beziehen, wird eine gegenstandsbezogene Theorie entdeckt, ausgearbeitet und vorläufig bestätigt (vgl. Strauss, 1998; Strauss & Corbin, 1996; Glaser & Strauss, 1967).

4 Ergebnisse

Das subtile Zusammenspiel von Einzelfaktoren hinsichtlich der Beteiligung von Mädchen in Sportspielen konnte auf der Folie der heuristischen Rahmenkonzeption näher beleuchtet werden. Eine Identitätsfindung, eigentlich ein lebenslanges Projekt, das in der Jugendphase mit besonderer Intensität vorangetrieben wird, zeichnet sich durch folgende Kennzeichen aus: Die Mädchen verfügen über Handlungskompetenzen und Gestaltungsfähigkeit, um ihre verschiedenen Lebensbereiche (Familie, Schule, Freunde, Verein) miteinander abzustimmen. Dazu gehören auch Bewältigungsstrategien, um mit belastenden Situationen umgehen zu können (z. B. Schulstress, familiäre Umbrüche).

Der Rückgriff auf soziale Ressourcen wie z.b. die positive Verstärkung und soziale Unterstützung durch das nahe Umfeld ist von großer Bedeutung. Dazu gehören Eltern, Geschwister, Freunde aus Schule und Verein sowie Trainer und auch die Sportlehrer. Die soziale Unterstützung (vgl. Diewald, 1991) umfasst dabei mehrere Aspekte: den emotionalen Beziehungsaspekt, der einher geht mit motivationaler Unterstützung; den Verhaltensaspekt, der sich beispielsweise ausdrückt in elterlichen Fahrdiensten und materieller Unterstützung; sowie den kognitiven Beziehungsaspekt, der z.B. in der Vermittlung von Wertschätzung zum Ausdruck kommt.

Ein weiteres Identität förderndes Element ist die Anerkennung, die die Mädchen in ihrer Rolle als Sportspielerin bekommen; ihre Sport bezogenen Kompetenzerfahrungen wie Kraft, Stärke und Durchsetzungsvermögen verbessern das Vertrauen in den eigenen Körper und die eigene Leistungsfähigkeit. Dieses wirkt sich auf das Fähigkeits-Selbstbild positiv aus – aber auch auf das Körperkonzept. Allerdings gilt das in erster Linie für die sportlich-leistungsfähige Komponente des Körpers – eine eher negative Einschätzung artikulieren die Mädchen dagegen in Bezug auf ihr äußeres Erscheinungsbild in ästhetisch-attraktiver Hinsicht.

Entscheidend für ein positives Selbstwertgefühl verbunden mit einer hohen internalen Kontrollüberzeugung ist das Bezugssystem bei der Einschätzung eigener sportlicher Fähigkeiten.[3] Problematisch sind der Vergleich und die oft unbewusste Orientierung am männlichen Spiel – diese inadäquate Bezugsgröße führt zu einer Defizit-Sicht auf das eigene Spiel wie die Aussagen einer 16-jährigen Hockeyspielerin verdeutlichen:

> „Ich würde lieber bei einem Männerspiel zu gucken, das ist spannender auf jeden Fall. Das geht einfach schneller, man merkt den Unterschied irgendwie. Das ist einfach lebendiger [...] Es ist das Ziel, was wir anstreben [...] so zu spielen und ich denke, deshalb guckt man da lieber zu" (Süßenbach, 2004, S. 119).

---

[3] Haußer (1998) entwickelt ausgehend von der allgemeinen Triade psychischer Funktionen aus Kognitionen, Emotionen und Motivationen Fragen zum Identitätsgegenstand eigener Fähigkeiten, die für die vorliegende Studie in folgenden Fragen konkretisiert wurden: Wie gut spiele ich Fußball? (kognitiv); Wie finde ich es, dass ich nicht so toll spiele? (emotional); Kann ich auf meine Defizite im Spiel Einfluss nehmen oder finde ich mich damit ab? (motivational).

Sobald die Mädchen allerdings ihre Spielweise, wie z.B. das kooperative Zusammenspiel ohne Einzelstars und flache Hierarchien schätzen und positiv bewerten, verfügen sie auch über ein besseres Fähigkeits-Selbstkonzept.
Die soziale Dimension des Sportspielengagements wird besonders deutlich, wenn man die Einstellungen der Mädchen in Bezug auf Trainings- und Leistungsbereitschaft betrachtet. Sofern den Mädchen das Bewusstsein vermittelt wird, dass sie gebraucht werden, fühlen sie sich mitverantwortlich und erfahren auf diese Weise ein Zugehörigkeitsgefühl. Diese Erfahrung äußert sich in einer pflichtbewussten Haltung gegenüber ihrer Mannschaft.
Idealerweise kommen die identitätsrelevanten Komponenten Anerkennung, Zugehörigkeit und Orientierung zusammen und führen dazu, dass die Mädchen ihre im Sportspiel ausgelebten Eigenschaften und Verhaltensweisen (z. B. Härte, Robustheit, Durchsetzungsfähigkeit, kraftvolle Aktionen) als selbstverständliche Elemente in ihre Identität integrieren können.
Jedoch ist nicht selten das Fehlen dieser identitätsrelevanten Faktoren zu beobachten. In diesen Fällen werden die sportspielspezifischen Potentiale der Mädchen reduziert oder gar blockiert. Auf unterschiedlichen Ebenen und von verschiedenen Personengruppen wird mehr oder weniger bewusst Einfluss genommen auf das Sportspielengagement der Mädchen:

- Mangelnde Förderung und Ermutigung (z.B. im Sportunterricht oder durch Trainer);
- Spezifische Zuschreibungen (z.B. durch Mütter und Freunde);
- Hemmende Umwelteinflüsse (z.B. ungünstige Trainingszeiten).

Grundsätzlich wird deutlich, dass jedes Mädchen ihr Sportspielengagement auf Basis ihrer individuellen personalen und sozialen Ressourcen gestaltet. So konnten im Forschungsprozess eine Vielzahl unterschiedlicher Entwicklungsverläufe entdeckt werden. In Einzelfallanalysen wurde das komplexe Variablengeflecht ganzheitlich fallbezogen analysiert, um die individuellen Erfahrungen und Bedeutungszuweisungen im Kontext der Sportspielkarriere in die jeweilige konkrete lebensgeschichtliche Entwicklung des einzelnen Mädchens einzubetten. Durch permanente Quervergleiche (Synopsen) wurden Variablen identifiziert, die für die Forschungsfrage von besonderer Relevanz sind (vgl. Kelle & Kluge, 1999). Diese breite sportspielübergreifende Vielfalt mündet in einer prägnanten Typenbildung und sensibilisiert für den Variantenreichtum der Lebens- und Sportstile von Mädchen:

Die Spezialistin ...

- tritt früh in das meist „vererbte" Sportspiel ein,
- misst ihrem Sport eine hohe Bedeutung in der Lebensgestaltung bei,
- zeichnet sich durch eine große Leistungsbereitschaft und Erfolgswillen aus,
- sieht sich trotz herausragender sportlicher Fähigkeiten nicht als Einzelstar, sondern sie ist sich der Notwendigkeit einer intakten Mannschaft bewusst.

Die Allrounderin ...

– war oder ist in anderen – auch unverwandten – Sportarten aktiv,
– schätzt im Vergleich zu den betriebenen Individualsportarten das mannschaftliche Zusammenspiel und Zusammensein auch über den Sport hinaus sehr,
– verfügt über gute sportliche Fähigkeiten und zeichnet sich durch eine verantwortungsbewusste Trainings- und Leistungsbereitschaft aus,
– misst ihrem Sport eine große Bedeutung bei, jedoch ist ihr Sportkonzept nicht so eng wie das der Spezialistin.

Die Social-Spielerin ...

– kommt als Quereinsteigerin eher spät zum Sportspiel,
– schätzt das Zusammensein in der Gruppe und den „Mannschaftsgeist",
– besitzt sportliche Fähigkeiten, die im mittleren bis unteren Bereich einzuordnen sind – sie wird aber von ihren Mitspielerinnen akzeptiert und ins Spiel einbezogen,
– misst ihrem Sport keine übergeordnete Bedeutung zu, ist aber durchaus trainingsfleißig und pflichtbewusst im Sinne der Mannschaft.

5 Ausblick auf ein Sportspiel-Leitbild

Abschließend möchte ich die zentralen Erkenntnisse der Untersuchung in ein Sportspiel-Leitbild integrieren, das die Eigenschaften und Bedürfnisse der Sportspielerinnen berücksichtigt. Aus den Ergebnissen geht eindeutig hervor, dass die Mädchen Interaktionsstile der Kooperation bevorzugen und den sozialen Ausgleich suchen. Dies erfordert von Trainerinnen und Trainern einen demokratischen Führungsstil, der einher geht mit Authentizität, Empathie, Konsequenz und Gerechtigkeit. Verhaltensweisen, die sie auch aus anderen Lebensbereichen kennen (Elternhaus und Schule). Damit ist eine intensivere Einbindung verbunden, so dass die Mädchen stärker als aktiv handelnde Individuen sichtbar werden und Geschlechterverhältnisse besser mitgestalten können.

Das soziale Miteinander ist für Mädchen von enormer Bedeutung, obwohl es in unterschiedlicher Akzentuierung betont wird: zum einen wird die funktionierende Gemeinschaft als Basis für Erfolge und Leistungsstreben angesehen:

> „Das Zusammenspiel und die bessere Stimmung innerhalb der Mannschaft führen zu Erfolgen [...] Da sind im Moment ein paar Probleme mit der Einstellung, manche machen das so, wenn wir zurückliegen, dann wollen die nicht gewinnen, die nehmen das so hin, und ich bin nicht so der Typ",

bemerkt eine 16-jährige Hockeyspielerin (vgl. Süßenbach, 2004, S. 105). Zum anderen wird der Verein bzw. die Mannschaft als ein Ort mit positivem Sozialklima beschrieben, wo sich die Mädchen aufgehoben fühlen und Freundschaften über den Sport hinaus aufbauen. Gleichwohl ist das Konstrukt der Gemeinschaft ein wertvolles aber gleichzeitig fragiles „Gut", denn die alterstypische Interessenverlagerung während der Adoleszenz birgt ein hohes Konfliktpotential. Hier ist das pädagogisch-psychologische Geschick der Trainerpersönlichkeit gefragt. So beschreibt eine 15-jährige Handballspielerin ihre Trainerin wie folgt:

> „Jutta ist die Beste. Die setzt sich richtig für uns ein [...] die anderen haben irgendwie gar nichts gemacht [...] die überlegt auch richtig mal, was wir machen können, und dann haben wir mal ein Beach-Handballturnier gehabt [...] die ist so richtig mit Herz irgendwie dabei oder wenn irgendwas ist mit der Mannschaft, versucht sie das auch zu lösen. Die will uns auch richtig weit bringen und trainiert richtig [...] und das finde ich gut so, wenn man nicht nur gelobt wird, sondern auch mal einen Arschtritt bekommt, wenn was nicht so läuft. Aber andererseits lobt sie auch, wenn was gut ist" (Süßenbach, 2004, S. 129).

Aber auch strukturelle Bedingungen wirken oftmals kontraproduktiv hinsichtlich stabiler Bindungsstrukturen mit engen sozialen Netzwerken (z. B. häufiger Übungsleiter-Wechsel, der Altersklassenwechsel reißt soziale Netze auseinander). Die Untersuchungsergebnisse zeigen diesbezüglich, dass durchaus eine hohe Bindungsbereitschaft besteht, wenn die Mädchen in ihrem Verein Aufgaben finden, denen sie eine Bedeutung beimessen und so den Verein als eine Art „Beheimatung" wahrnehmen.

Unter diesen Voraussetzungen können sich Identifikationsfiguren für Mädchen entwickeln, die dem Verein und vor allem der nachwachsenden Mädchengeneration längerfristig erhalten bleiben. Es ist sehr auffällig, dass die Sportspielerinnen – falls überhaupt – männliche Vorbilder und Lieblingsspieler besitzen. Die männlichen Leitfiguren stammen meist aus den Medien und eignen sich nur bedingt als Orientierungshilfe und Verhaltensmodell hinsichtlich ihrer Entwicklung. Denn oftmals werden Einschätzungen und Bewertungen des eigenen Spiels am Sportspiel der Männer ausgerichtet und fallen dementsprechend defizitär aus.

Grundsätzlich sind die jugendlichen Mädchen sehr selten in informellen Kontexten in ihrem Sportspiel aktiv – ein Grund dafür ist die Tatsache, dass öffentliche Bolz- und Streetballplätze in der Regel von Jungen besetzt sind. Um allen Sportspiel begeisterten Mädchen gerecht zu werden und gleichzeitig die erweiterten Sinnrichtungen jenseits von Leistung und Konkurrenz zu berücksichtigen, sollte der Verein auch weniger wettkampforientierte Spielmöglichkeiten anbieten. Sicher eine Chance mehr Mädchen zum Sportspiel zu bringen.

Mit Blick auf die konstruktivistische Gender-Theorie möchte ich abschließend nochmals betonen, dass Sportspielerinnen aktiv geschlechtsspezifische Normen und Werte in Interaktionen verändern und auf diese Weise geschlechterstereotype Vorstellungen von Weiblichkeit unterbrechen und damit einen Beitrag leisten, Geschlechterverhältnisse über den Sport hinaus neu gestalten.

Literatur

Bilden, H. (1998). Geschlechtsspezifische Sozialisation. In K. Hurrelmann & D. Ulich (Hrsg.), *Handbuch der Sozialisationsforschung. Studienausgabe* (S. 279-301). Weinheim, Basel: Beltz.
Deutscher Sportbund (2002). *Bestandserhebung.* Frankfurt/Main: DSB.
Diewald, M. (1991). *Soziale Beziehungen: Verlust oder Liberalisierung? Soziale Unterstützung in informellen Netzwerken.* Berlin: Ed. Sigma.

Fend, H. (2000). *Entwicklungsphase des Jugendalters.* Opladen: Leske + Budrich.
Filipp, S.-H. (1979). Entwurf eines heuristischen Bezugsrahmens für die Selbstkonzept-Forschung. In S.-H. Filipp (Hrsg.), *Selbstkonzept-Forschung* (S. 129-152). Stuttgart: Klett-Cotta.
Filipp, S.-H. (2000). Selbstkonzept-Forschung in der Retroperspektive und Prospektive. In W. Greve (Hrsg.), *Psychologie des Selbst* (S. 7-36). Weinheim: Beltz.
Flaake, K. & King, V. (Hrsg.). (1998). *Weibliche Adoleszenz. Zur Sozialisation junger Frauen.* Frankfurt/Main, New York: Campus.
Glaser, B.G. & Strauss, A.L. (1967). *The discovery of grounded theory. Strategies for qualitative research.* Chicago: Aldine.
Hagemann-White, C. (1984). *Sozialisation: Weiblich – Männlich.* Opladen: Leske + Budrich.
Hartmann-Tews, I. & Rulofs, B. (2002). Die Bedeutung der Geschlechterkonstruktion in der Sportberichterstattung. In A. Cottmann, B. Kortendiek & U. Schildmann (Hrsg.), *Mediensport* (S. 125-150). Hohengehren: Schneider.
Haußer, K. (1998). Identitätsentwicklung – vom Phasenuniversalismus zur Erfahrungsverarbeitung. In H. Keupp & R. Höfer (Hrsg.), *Identitätsarbeit heute: klassische und aktuelle Perspektiven der Identitätsforschung* (S. 120-148). Frankfurt/Main: Suhrkamp.
Hurrelmann, K. (1985, 1997). *Lebensphase Jugend: Eine Einführung in die sozialwissenschaftliche Jugendforschung.* Weinheim, München: Juventa.
Hurrelmann, K. (2002). *Einführung in die Sozialisationstheorie.* Weinheim, Basel: Beltz.
Kelle, U. & Kluge, S. (1999). *Vom Einzelfall zum Typus. Fallvergleich und Fallkontrastierung in der qualitativen Sozialforschung.* Opladen: Leske + Budrich.
Keupp, H. et al. (1999). *Identitätskonstruktionen – Das Patchwork der Identitäten in der Spätmoderne.* Reinbek bei Hamburg: Rowohlt.
Krappmann, L. (2000). *Soziologische Dimension der Identität.* Stuttgart: Klett-Cotta.
Mayring, P. (1996). *Einführung in die qualitative Sozialforschung.* Weinheim: Beltz, Psychologie Verlags Union.
Metz-Göckel, S. (2000). Spiegelungen und Verwerfungen – Das Geschlecht aus der Sicht der Frauenforschung. In D. Janshen (Hrsg.), *Blickwechsel. Der neue Dialog zwischen Frauen- und Männerforschung* (S. 25-46). Frankfurt/Main, New York: Campus.
Oerter, R. & Dreher, E. (1998). Jugendalter. In R. Oerter & L. Montada (Hrsg.), *Entwicklungspsychologie* (S. 310-395). Weinheim: Beltz.
Shavelson, R.J., Hubner, J.J. & Stanton, G.C. (1976). Self-Concept: Validation of Construct Interpretations. *Review of Educational Research, 3,* 407-441.
Strauss, A.L. (1998). *Grundlagen qualitativer Sozialforschung.* München: Fink.
Strauss, A.L. & Corbin, J. (1996). *Grundlagen qualitativer Sozialforschung. Datenanalyse und Theoriebildung in der empirischen soziologischen Forschung.* Weinheim: Beltz, Psychologie Verlags Union.
Süßenbach, J. (2004). *Mädchen im Sportspiel. Analysen zur Identitätsentwicklung im Jugendalter.* Hamburg: Czwalina.

Jürgen Budde

„Er lässt sich operieren, damit er ein Mann wird..."
Die Bedeutung des Körpers bei der Herstellung von Männlichkeit im schulischen Alltag

In einem Seminar zeigten wir mehrere Bilder von Personen, deren Geschlechtszugehörigkeit nicht auf den ersten Blick erkennbar erschien. Wir baten die teilnehmenden Studierenden, den Personen ein Geschlecht zuzuordnen und anschließend ihre Einschätzung zu begründen. Am Ende ergaben sich vielfältige Kriterien für die Klassifizierung der Bilder in männlich oder weiblich: Länge der Finger, Art der Frisur, An- oder Abwesenheit eines Adamsapfels, die Form der Hüften, Schultern und so weiter. Es zeigte sich schnell, dass es relativ große Übereinstimmungen in den Vorstellungen darüber gab, was jeweils typisch männlich oder weiblich sei. Allerdings führte dieses nicht zu einer eindeutigen Einordnung. So gingen bei einem Foto von Calamity Jane die Meinungen ebenso auseinander wie bei dem Bild „Junger Mann aus Gósol" von Pablo Picasso. Ein Ausschnitt aus dem Bild „Jesus und die Schriftgelehrten" von Albrecht Dürer wurde dagegen einhellig als weiblich erkannt. Es zeigt sich weiter, dass die Studierenden die dargestellten Personen streng in genau zwei Geschlechter einteilten. Trans- oder Intersexualität als weitere Möglichkeiten wurden nicht thematisiert.

An dieser kurzen Anekdote offenbart sich zweierlei. Zum ersten, dass den geschlechtlichen Kategorisierungen zumeist Begründungen zugrunde liegen, die sich auf vermeintliche biologische ‚Offensichtlichkeiten' stützen. Und zum zweiten, dass in genau zwei verschiedene Geschlechter eingeteilt wird: Alternativen sind nicht vorgesehen.

Der Grund, die Geschlechtszugehörigkeit auf äußerlich sichtbare Kriterien zurückzuführen lag vermutlich auch darin, dass den Studierenden Bilder gezeigt wurden. Körperliche – sprich als naturgegeben angenommene – Kennzeichen gelten jedoch generell als scheinbar ‚objektive' Kriterien für die Geschlechtszugehörigkeit: Chromosomen, Hormone, Muskelmasse, Körperbau usw. In der Geschlechterforschung wird die körperliche Dimension von Geschlecht zumeist mit dem englischen Wort *sex* bezeichnet. Die vermeintlich naturgegebenen Unterschiede sorgen dann für unterschiedliches Verhalten und Interessen bei Männern und Frauen, diese Ebene von Geschlecht wird zumeist als *gender* bezeichnet. *Gender* gilt dabei als das erlernte und erworbene – also soziale – Geschlecht.

Betrachtet man die Ordnung der Geschlechter allerdings genauer, stellt sich heraus, dass sowohl *sex* als auch *gender* in sozialen Prozessen hergestellt wird (zusammenfassend bei West & Zimmerman, 1991; Maihofer, 1995). Denn das Beispiel mit den Bildern zeigt eindrucksvoll, dass nicht nur die Bedeutungen der sozialen, sondern auch die der körperlichen Dimension erst in gemeinsamen Aushandlungen entstehen. Dieses wird als „doing gender" (West & Zimmerman, 1991) bezeichnet. Trotzdem ist der Körper damit beileibe nicht aus dem Spiel, sondern ist unentrinnbar mit gesellschaftlicher Bedeutungsproduktion verwoben. Um diesen Zusammenhang zu beleuchten, wird der folgende Artikel anhand empirischer Beispiele darstellen, welche Rolle dem Körper bei der Herstellung und Aushandlung von Männlichkeit zukommt.

Nach Robert Connell existieren im System hegemonialer Männlichkeit (vgl. Connell, 1999) unterschiedliche Strategien zur Herstellung von Männlichkeit. Grundlegend ist hier die dynamische Aushandlung zwischen legitimen und nicht legitimen Formen. Es gibt somit nicht nur eine Form, sondern unterschiedliche Männlichkeiten. Die Errichtung einer männlichen Norm funktioniert über einen Doppelmechanismus von Inklusion und Exklusion vor, der relativ stabil funktioniert. Die symbolische Ebene und damit das symbolische Kapital ist dabei – nach Bourdieu – zentral für die Herstellung von Männlichkeit. Den Körpern kommt dabei ein privilegierter Platz in der symbolischen Ordnung zu, da sie zweifelsfrei in männlich oder weiblich eingeordnet werden müssen und gleichzeitig als ‚Beleg' für die Einordnung in männlich oder weiblich gelten. Die Absicherung der Geschlechterdichotomie durch scheinbar ‚objektive', naturgegebene Kriterien kann als Strategie der Naturalisierung bezeichnet werden (vgl. Brandes, 2002, S. 86). Das Machtmodell der Hegemonie, das nach Connell dieser Ordnung der Geschlechter zugrunde liegt, besagt, dass sich die Souveränität geschlechtlicher Herrschaft weniger auf direkte Gewalt, als auf ein System von Zustimmungen und Allianzen stützt. Entwertungen und symbolische Verweiblichung sind dabei generell *die* zentralen Merkmale zur Herstellung von Hegemonie im sozialen Kontext. Dabei gilt das Prinzip der Dichotomie: was männlich ist, kann nicht weiblich sein und umgekehrt. Ob die Ausgrenzung Homosexueller, die Entwertung alternativer Männer als so genannte Softis, Weicheier oder Warmduscher, oder die rigide männliche Sozialisation, die fordert, hart und durchsetzungsfähig zu sein: All diese Praktiken zielen darauf ab, gleichzeitig die Einen zu inkludieren und den Anderen die legitime Zugehörigkeit abzusprechen.

Dies lässt sich anhand einer kürzlich abgeschlossenen Schulstudie sehr detailliert nachzeichnen (vgl. Faulstich-Wieland, Weber & Willems, 2004; Budde, 2005). In dieser Studie wurden drei Mittelstufenklassen eines westdeutschen Gymnasiums über drei Jahre hinweg hauptsächlich mit ethnografischen Methoden beobachtet. Im Mittelpunkt standen dabei nicht Fragen nach der Bedeutung des Körpers oder gar nach Sport, auch wenn sich zeigt, dass Sport (allerdings insbesondere bestimmte Sportarten, nämlich nach wie vor insbesondere Fußball) als männliche Domäne gilt. Bei der Aushandlung von Männlichkeit treten in der geschlechtshomogenen Jungengruppe zentrale Konstruktionsmechanismen von Männlichkeit zutage: Besonders häufig tauchen in der Studie Entwertungen auf, mit denen Mitschüler als abweichend markiert werden. Dafür werden unterschiedliche Schimpfworte und Unterstellungen verwendet: beispielsweise antisemitische oder rassistische Äußerungen, die Denunzierung von Mitschülern als ‚behindert', als kindlich und so weiter.

Symbolische Verweiblichungen stellen eine besondere Form von Entwertungen dar. Das bedeutet, dass derjenige, der nicht der männlichen Norm entspricht als weiblich stigmatisiert wird. Mitschüler als homosexuell zu bezeichnen, erfüllt hier übrigens ganz ähnliche Funktionen wie die Zuschreibung von Weiblichkeit, denn beides ist als eindeutig unmännlich identifiziert. In beiden Fällen wird Mitschülern die legitime Zugehörigkeit zum männlichen Geschlecht abgesprochen. Die Anwendung und Einhaltung dieser Strategien ermöglicht den meisten Schülern dauerhaft habituelle Sicherheit. Die Schüler gelten als männlich, weil sie sich gemäß den tradierten Anforderungen verhalten und sie verhalten sich gemäß den tradierten Anforderungen, weil sie als männlich gelten wollen (und müssen).

Der Körper spielt in diesen Aushandlungen eine wichtige Rolle. Im Gegensatz zu biologisch-naturalisierenden Konzepten begreift Connell den Körper jedoch nicht als ‚objektive' Begründung von geschlechtlicher Zugehörigkeit, sondern als eine sozial hergestellte und vermittelte Tatsache. Weniger die Natur als vielmehr die Strategie der Naturalisierung, welche die Natur als ‚Wahrheit' betrachtet, verleiht dem Körper seine Bedeutung. Connell verwendet in diesem Zusammenhang den Begriff der „körperreflexiven Praxis" (Connell 1999, S. 81), der den Körper in einem wechselseitigen Prozess einerseits als Ergebnis von und andererseits als Beitrag zur Konstruktion von Männlichkeit ansieht. Der Körper ist sowohl Objekt von Handlungen als auch Handelnder in der sozialen Welt. Körperreflexive Praxen gehen dabei über rein singuläre körperliche Inszenierungen hinaus, sondern beziehen sich auch auf Symbole, Institutionen, und etc. (bspw. Sport, Ästhetik, Medien). Sie konstruieren die körperliche Dimension der Welt, ohne sie zu determinieren (vgl. ebd., S. 83ff.).

Allerdings gibt es auf Seiten der Männlichkeitsforschung nur wenige Studien darüber, wie Männlichkeit und Körper zueinander stehen. Bislang herrscht eine sehr starre Sicht vor, die von „Körperpanzern" (Theweleit, 1995, S. 373) oder „bodies as arenas" (Connell, 2000, S. 23) spricht. Allerdings wird diese Sicht nicht der Tatsache gerecht, dass die Bedeutungen der körperlichen Dimension erst in sozialen Prozessen ausgehandelt werden und die Konzepte des männlichen Körpers durchaus wandelbar sind. Galt beispielsweise früher ein dicker Bauch nicht nur als Zeichen von Wohlstand, sondern auch von Männlichkeit, so ist heute ein schlanker und zugleich muskulöser Bauch männlich. Der Körper ist sowohl ein Schauplatz, auf und um den die Auseinandersetzungen verlaufen, als auch handelnder Akteur in der sozialen Praxis.

Hier finden sich Ähnlichkeiten zu Bourdieus Habituskonzept. Dieser begreift den Habitus als Schnittstelle zwischen gesellschaftlicher und individueller Dimension. Der männliche Habitus ermöglicht ständiges geschlechtsangemessenes Verhalten, welches nicht hauptsächlich bewusst gezeigt wird. Da Bourdieu den Habitus konsequent als sozial erworbenes Orientierungssystem begreift, grenzt er sich auch gegen die Vorstellung eines naturgegebenen Determinismus ab. Weil der Habitus nicht in erster Linie im Bewusstsein angesiedelt ist, erfolgt der Rückgriff spontan und auf der körperlichen Ebene. Danach „behandelt die soziale Welt den Körper

wie eine Gedächtnisstütze" (Bourdieu, 1997, S. 166), in den durch permanente (Selbst-)Formungsprozesse Männlichkeiten eingeschrieben werden.
Die sozialen Strukturen werden nach Bourdieu „einverleibt" (Bourdieu, 1987, S. 129) oder auch „inkorporiert", die wiederum in Form von Gesten, Geschmack, ästhetischen Präferenzen, Körperformungen, etc. veräußert werden. Dem Körper kommt bei der Herstellung, Aufrechterhaltung und Repräsentation des männlichen Habitus durch die Strategie der Naturalisierung eine zentrale Stellung zu. Somit verbindet der Habitus soziale und körperliche Dimensionen zu einem untrennbaren, aufeinander bezogenen Feld, in dem Männlichkeit hergestellt wird.
Dieses lässt sich anhand der bereits erwähnten Studie verdeutlichen, denn in den Interaktionen der Schüler zeigt sich beispielhaft die zentrale Bedeutung des Körpers für die Herstellung von Männlichkeit. Das Beispiel stammt aus einer Pausensituation in einer 9. Gymnasialklasse:

> „Siegfried zieht Joachim auf und ruft herüber zu ihm: ‚Hey, Joachim, was ist denn mit deiner Stimme? Die ist so hell!' Siegfried macht eine hohe und quietschige Stimme nach. Er sagt etwas von: ‚So weibliche Formen, ein weiblicher Körper.' Siegfried ruft dann zu ihm: ‚Joachim, wann ist deine Operation?' Joachim zeigt keine Reaktion.
>
> Matthias ruft nun: ‚Er lässt sich operieren, dass er ein Mann wird!' Die anderen lachen."
> (Ad91015d)

Zuerst kritisiert Siegfried Joachim für seine zu helle Stimme. Diese passt also nicht an eine erwartete, männliche Norm. Siegfried verknüpft die körperliche Repräsentation der Stimme mit der Frage nach legitimer Männlichkeit. Diese Kopplung wird dann aber noch weiter getrieben. Nicht nur die Stimme, sondern der gesamte Körperbau von Joachim scheint den geschlechtlichen Erwartungen zu widersprechen. Von hier ist es für Siegfried nur noch ein kleiner Schritt dahin, zu verkünden, Joachim solle die ihm zugeschriebene Weiblichkeit nachholen. „Wann ist deine Operation" fordert die operative Angleichung des Körpers an die offenbar ungewöhnliche Inszenierung.
Hier zeigt sich, dass das soziale Geschlecht wichtiger als das biologische ist. Denn nach einer Geschlechtsumwandlung kann von einem unveränderlichen biologischen Geschlecht keine Rede mehr sein. Im Gegenteil, gerade hier wird deutlich, dass die Körper den gesellschaftlichen Vorstellungen über Geschlechtsdarstellungen angepasst werden. Zur Normalität von Männlichkeit gehört, eine tiefe Stimme zu haben. Diese Vorstellung muss zur Not gegen die vermeintlich naturgegebenen Tatsachen durchgesetzt werden. Es scheint erträglicher zu sein, die Natur zu unterwerfen und zu manipulieren als Abweichungen innerhalb der Geschlechterordnung zu dulden. Die biologisch-naturalisierende Definition der Geschlechterdichotomie wird irrelevant, bedeutsam ist die dichotome Konstruktion. Männlichkeit heißt tiefe Stimme, weil Weiblichkeit helle Stimme heißt – und umgekehrt.
Die Auseinandersetzung erfährt durch Matthias eine weitere Steigerung. Der greift den Gedanken der Geschlechtsumwandlung auf, expliziert und verkehrt ihn. Joachim solle sich zum Mann umoperieren lassen. Er spricht aus, was Siegfried in seinem Kommentar über die weiblichen Formen nur andeutet und definiert Joachim

als Frau. Bei Siegfried hat Joachim den Status des mangelhaften Mannes, bei Matthias den der mangelhaften Frau. Da er aber eine mangelhafte Frau ist, soll er sich auch in Matthias Vorschlag einer biologischen Anpassung unterziehen. Er wird aufgrund der körperlichen Zuschreibung als unmännlich marginalisiert.
Das Lachen der Mitschüler kann als Zustimmung, die Gemeinsamkeit erzeugt gedeutet werden, die Herstellung eines Kontextes, der die Männlichkeit von Joachim aberkennt, wird verstanden und akzeptiert. So etablieren sie durch die gemeinsam geteilte Deutungsfolie männersolidarische Strukturen. Des eigenen Status kann sich versichert werden, da die Ausgrenzung von Joachim erneut ein gemeinsames männliches ‚Wir' konstruiert. „Wir, die wir den Witz verstanden haben", aber auch „wir, die wir von solchen Aberkennungen nicht betroffen sind" oder „wir, deren körperliche Inszenierung normal ist, weil wir die Interpretationsfolie verstehen". Dieses ‚wir' schützt Siegfried und Matthias davor, dass ihre Handlung als Ungerechtigkeit entlarvt wird. Die anderen beteiligen sich so als Komplizen an der Ausgrenzung (vgl. Budde, 2003).
Bemerkenswert scheint weiterhin die Reaktion von Joachim auf diesen Angriff. Er „zeigt keine Reaktion". Judith Butler beleuchtet in ihrem Buch „Hass spricht" (1998) wie Sprache verletzen kann. Sie führt aus, dass bestimmte performative Äußerungen die Macht haben, Andere wie durch eine körperliche Handlung zu verletzen. Durch massive sprachliche Angriffe kann einem Individuum ‚die Sprache geraubt werden'. Die Aberkennung des legitimen Status als männlich nimmt Joachim auch den Standpunkt, von dem aus er legitimerweise sprechen kann. Die sprachliche Verletzung entzieht ihm seinen Subjektstatus, er kann nicht mehr reden. Was könnte er auch erwidern, um dieser Form von Ausgrenzung entgegen zu treten? Wie soll er seine Männlichkeit hier unter Beweis stellen? Möglicherweise weiß er selbst, dass er mit seiner hellen Stimme gegen Männlichkeit verstößt. Er kann nicht reklamieren, dass es offensichtlich sei, dass er ein Mann ist, weil genau diese Offensichtlichkeit in Frage gestellt wird. Und deswegen müsste seine Verteidigung auf die Aberkennung Bezug nehmen, im Sinne einer pluralistischen Position, die lauten könnte: ‚Es gibt eben verschiedene Männlichkeiten'. Da er aber aus dem Kreis derer, die im Namen legitimer Männlichkeit sprechen dürfen, herausdefiniert ist, muss er schweigen.
Joachim zeigt keine Reaktion, woraus nicht abgeleitet werden kann, dass er nicht reagiert. Er weiß um seinen Platz in der Klasse und auch, dass er an diesem Punkt zu schweigen hat. Deswegen begehrt er nicht auf, sondern versucht, ‚unsichtbar' zu werden. Wenn er scheinbar nicht reagiert, bietet er weniger Fläche für weitere Angriffe. Damit ist das Problem allerdings nicht gelöst, denn auch so wird er nicht wieder in den Kreis legitimer Männlichkeiten aufgenommen: er bleibt unmännlich. Körperliche Zuschreibungen und die Aushandlungen von Männlichkeit gehen also Allianzen ein bzw. sind unmittelbar aneinander gekoppelt. Wie sich zeigt, werden die Deutungsebenen von Männlichkeit sowohl auf der Ebene von *gender* als auch von *sex* in sozialen Aushandlungen hergestellt. Der Körper ist eben nicht klar determiniert, sondern Teil eines Aushandlungsprozesses um legitime Formen von Männlichkeit.

Die skizzierte ‚Nicht'-Reaktion auf Seiten entwerteter Schüler zeigt sich so häufig, dass hier offensichtlich ein generalisierbares Muster vorliegt. Auch im nächsten Beispiel findet sich dieses Muster:

> „Die Hälfte der Klasse verlässt den Raum. Alexander zu Veith: ‚Veith, du bist ein Nichts ohne Möcki.' Seine Stimme ist vernichtend, er sagt es klar und ruhig, sieht Veith dabei an. Für einen Moment ist es still in der Klasse. Veith verzieht das Gesicht zu einer Fratze und fragt dann Alexander, seinen Blick erwidernd: ‚Wieso?' Alexander, nun in gleichgültiger, tonloser Stimme: ‚Von dem schreibst du immer ab'." (Ad80916n)

Alexander entwertet Veith, indem er ihn als „Nichts" bezeichnet, nur die Abhängigkeit von Möcki rettet ihn. Die Entwertung ist dabei nicht aggressiv vorgetragen, sondern beinahe banal, gerade so, als ob Alexander eine Tatsache verkündet. Veith reagiert auf die Provokation von Alexander, indem er rückfragend eine Erklärung verlangt. Er erwidert den Blick und beteiligt sich somit zwar an der Interaktion, sein Gesicht ist allerdings „zu einer Fratze" verzogen und macht die Unterordnung sehr deutlich sichtbar – er erstarrt. Ansonsten lassen sich keine weiteren körperlichen Reaktionen beobachten. Veith lässt die Situation passiv über sich ergehen. Er fragt zwar zurück, die körperliche Erstarrung ist dadurch jedoch nicht aufgehoben. Die Unterordnung ist in den Körper eingeschrieben und wirkt als körperreflexive Praxis, da die (Nicht-)Reaktion als Handeln in der sozialen Welt gedeutet wird. Sie äußert sich als körperliche Fixierung in der Unfähigkeit aus der Erstarrung zu entfliehen. Gleichzeitig fungiert diese Starre gerade als Schutz gegen Angriffe, Verunsicherungen und Entwertungen. Aber die ‚Nicht'-Reaktion spricht ihm aufgrund der Passivität seinen männlichen Status ab und bestärkt die geschlechtliche Unterordnung.

Die Herstellungsmechanismen von Männlichkeit sind nicht starr, sondern Ergebnis prozessualer Aushandlung. So finden sich in der Studie ebenfalls verschiedene Hinweise auf irritierenden und das Geschlechterstereotyp durchkreuzende Praktiken, auch auf der körperlichen Ebene: Beispielsweise bei der Verwendung eines als weiblich kodierten Haarreifens, dem Lackieren von Fingernägeln oder der Aufführung eines Paartanzes von zwei Jungen in der Pause. Bemerkenswert in diesem Zusammenhang ist, dass diese Praxen gerade nicht im Verborgenen stattfinden, sondern auf die Zustimmung der Mitschüler angewiesen sind. Dieses wird verständlich, wenn man bedenkt, dass bei weiblichen Inszenierungen die Aberkennung von Männlichkeit droht. Nur durch Mitschüler können die Inszenierungen als gelungen oder gar mutig anerkannt werden – womit sie männlich kodiert werden. Allerdings sind diese Inszenierungen keine habituelle, routinierte oder gar inkorporierte Praxis, sondern Einzelbeispiele.

Anhand der Beispiele wird deutlich, dass Körper und Männlichkeit in einem vielfältigen Verhältnis zueinander stehen. Denn die soziale Geschlechtszugehörigkeit wird durch den Körper präsentiert und abgesichert. Allerdings formt das soziale Geschlecht im Gegenzug die körperlichen Praxen, wie sich am Beispiel der Unterordnung zeigt. Die männliche Norm bezieht sich auch auf die körperliche Ebene und stabilisiert die Dichotomie der Geschlechterordnung. Vermeintliche Abweichungen gelten als unmännlich und damit als weiblich. Die viele Schüler betreffende Erfahrung von Marginalisierung und die Reaktion durch ‚Erstarrung' wird durch die Inkorporierung zu einem grundlegenden Baustein des männlichen Habitus. Dieser mündet in eindimensionalen und funktional-sportlichen Körperkonzepten. In der Praxis stellt sich somit die Aufgabe, Jungen alternative Körpererfahrungen möglich zu machen, die jenseits von symbolischer Verweiblichung (betont ‚unmännliche Sportarten') und Gefahr der Remaskulinisierung („Boxen als Sozialtraining') angesiedelt sind.

Literatur

Bourdieu, P. (1987). *Sozialer Sinn*. Frankfurt/Main: Suhrkamp.
Bourdieu, P. (1997). *Die männlich Herrschaft*. In I. Dölling & B. Krais (Hrsg.), *Ein alltägliches Spiel* (S. 153-216). Frankfurt/Main: Suhrkamp.
Brandes, H. (2002). *Der männliche Habitus, Teil 2*. Opladen: Leske + Budrich.
Budde, J. (2003). Männlichkeitskonstruktionen in der Institution Schule. *Zeitschrift für Frauenforschung und Geschlechterstudien, 21*(1), 91-101.
Budde, J. (2005). *Männlichkeit und gymnasialer Alltag*. Bielefeld: Transcript.
Butler, J. (1998). *Hass spricht. Zur Politik des Performativen*. Berlin: Berlin Verlag.
Connell, R. (1999). *Der gemachte Mann*. Opladen: Leske + Budrich.
Connell, R. (2000). Arms and the man. In I. Breines, R. Connell & I. Eide (Eds.), *Male roles, masculinities and violence* (S. 21-34). Paris: UNESCO Publishing.
Faulstich-Wieland, H., Weber, M. & Willems, K. (2004). *Doing Gender im heutigen Schulalltag*. Weinheim, München: Juventa.
Maihofer, A. (1995). *Geschlecht als Existenzweise*, Frankfurt/Main: Suhrkamp.
Theweleit, K. (1995). *Männerphantasien Band 2: Zur Psychoanalyse des weißen Terrors*. München: DTV.
West, C. & Zimmerman, D.H. (1991). Doing gender. In J. Lorber & S.A. Farrell (Eds.), *The social construction of gender* (S. 13-37). London, New Delhi: Sage.

PETRA WOLTERS

Sichtweisen von „Profis" und Laien auf eine koedukative Problemsituation

1 Fragestellung

Wenn es in der Schule und auch im Sportunterricht darum gehen soll, die Geschlechterhierarchie abzubauen und beiden Geschlechtern eine gleichberechtigte Teilhabe an unserer Bewegungskultur zu ermöglichen, dann sollten Lehrerinnen und Lehrer auf dem Gebiet „gender" professionell handeln. Denn nur, wer sich der heutigen Lage der Geschlechter bewusst ist und zudem über Lösungsansätze zur Veränderung der Machtverhältnisse verfügt, wird auch im Sportunterricht geschlechtersensibel handeln. Wie aber steht es um diese Kompetenzen bei den Lehrkräften, die heute in unseren Schulen unterrichten? Um die Frage zuzuspitzen und für eine empirische Studie greifbar zu machen: Sehen und beurteilen „Profis" koedukative Problemsituationen anders als Laien?
Worin das „Andere" besteht, ist noch weiter zu differenzieren. Und zwar kann man den Differenzierungsgrad der Beobachtungen und die sprachliche Darstellung untersuchen sowie feststellen, ob „Profis" über treffendere Deutungsmuster und Lösungsstrategien für koedukative Probleme verfügen.
Im Folgenden möchte ich eine empirische Untersuchung vorstellen, die ich zusammen mit Studierenden der Hochschule Vechta durchgeführt habe. Um die Problemstellung zu präzisieren, behandelt der zweite Abschnitt die Frage der Professionalisierung im Lehrberuf, besonders im Hinblick auf die Geschlechterfrage. Abschnitt 3 stellt knapp die Forschungsmethode vor, während der längste Abschnitt (4) die Ergebnisse der Untersuchung beinhaltet. Mit einem Ausblick (5) schließt der Beitrag.

2 Professionalisierung im Lehrberuf und Geschlecht

Dass Lehrkräfte an Schulen professionell ausgebildet sein sollen, müsste sich eigentlich von selbst verstehen. Dennoch setzt die Debatte um eine Professionalisierung des Lehrberufs erst in den 1990er-Jahren ein, und zwar, weil sich immer deutlicher abzeichnete, dass das Wissen und Können von Lehrerinnen und Lehrern nicht mehr ausreichte, um in der Schule erfolgreich zu handeln. Der veränderte Schulalltag gilt als Kristallisationspunkt gesellschaftlicher Problemlagen (vgl. Lange, 1998, S. 38).
Den Lehrerberuf zu professionalisieren sehen viele als Erfordernis an, um auf die Modernisierungsprozesse angemessen reagieren zu können (vgl. z.B. Combe & Helsper, 1999, S. 41; Helsper, 2000, S. 34f.). Welche Prozesse sind damit gemeint?

Ziehe (1997, S. 37-40) spricht davon, dass Schule „Normalschwierigkeiten" aufweise, d.h. Schwierigkeiten, die nicht nur ausnahmsweise auftreten, sondern mittlerweile sozusagen zur Ausstattung von Schulen dazu gehörten. So habe die Schule ihre Hinterbühne eingebüßt. Ziehe beruft sich hier auf die Theatermetapher von Goffman, die Zinnecker (1978) in die schulpädagogische Diskussion eingeführt hat. Danach gibt es in Institutionen eine offizielle Ebene – die Vorderbühne –, auf der die legitimierten Aufgaben der Institution wahrgenommen werden. Auf der Hinterbühne dagegen finden die Handlungen statt, die die Individuen nicht auf der Vorderbühne zeigen wollen, z.B. verbotenes Verhalten. Ziehe meint mit dem Verlust der Hinterbühne besonders, dass Schülerinnen und Schüler kaum noch die Notwendigkeit verspüren, etwas vor Lehrkräften zu verbergen. So werden Lehrerinnen und Lehrer mit Problemen konfrontiert, die bisher nicht zu ihrem Aufgabenspektrum gehörten. Weiterhin hätten Lehrkräfte ihren Status verloren. Nur dass sie die Position der Lehrkraft bekleiden, verschafft ihnen heute im Gegensatz zu früher keine Autorität. Folge ist, dass Lehrkräfte im Unterricht immer mehr als Sinnproduzenten auftreten müssen. Es reicht nicht mehr, dass sie ein bestimmtes Unterrichtsthema verkünden und ggf. mit dem Lehrplan rechtfertigen, sie müssen selbst für die Wichtigkeit und Sinnhaftigkeit dessen eintreten, was sie vermitteln. Das verlangt den Einsatz der ganzen Person – was den Lehrerberuf anstrengender als früher macht.

Für das geschlechtersensible Unterrichten ergeben sich daraus einerseits Nachteile, denn die Lehrkraft muss mit ihrer ganzen Person, d.h. inklusive ihrer eigenen Geschlechtsidentität agieren. Andererseits sind auch Vorteile zu verzeichnen: durch den Verlust der Hinterbühne etwa eröffnen sich mehr Chancen, „ganzheitlich" auf die Lernenden einzuwirken. Die Beziehung zwischen Lehrkräften und Schülerinnen und Schülern wird damit weniger rollenförmig, sondern erhält einen persönlicheren Charakter. Hier die Balance zwischen Nähe und Distanz zu wahren, ist allerdings eine Gratwanderung. Wie kann nun pädagogische Professionalität definiert werden?

> „Pädagogisch professionell handelt eine Person, die gezielt ein berufliches Selbst aufbaut, das sich an berufstypischen Werten orientiert, sich eines umfassenden pädagogischen Handlungsrepertoires zur Bewältigung von Arbeitsaufgaben sicher ist, sich mit anderen Angehörigen der Berufsgruppe Pädagogen in einer nicht-alltäglichen Berufssprache verständigt, ihre Handlungen unter Bezug auf eine Berufswissenschaft begründen kann und persönlich die Verantwortung für Handlungsfolgen in ihrem Einflussbereich übernimmt" (Bauer, Kopka & Brindt, 1999, S. 15).

Überträgt man diese Definition auf die Kategorie Geschlecht, dann müssten Lehrkräfte ein berufliches Selbstverständnis erwerben, das die Gleichberechtigung und Gleichwertigkeit beider Geschlechter als Grundposition einschließt. Sie müssten verschiedene Maßnahmen und Handlungsmöglichkeiten zur Verfügung haben, mit denen sie auf Geschlechterkonflikte in ihrem Unterricht (und überhaupt im Schulalltag) reagieren könnten. Außerdem sollten sie eine Fachsprache beherrschen, um über Geschlechterverhältnisse reflektieren zu können. Beispielsweise könnten Begriffe wie Geschlechteridentität, Stereotype, Geschlechterhierarchie oder Mädchenparteilichkeit fallen, wenn Lehrkräfte problematische Situationen analysieren und ihr Handeln darin begründen wollen. Schließlich sollten sich Lehrkräfte – im Rahmen ihres professionellen Einflussbereichs – für Geschlechterfragen verantwortlich fühlen.

Dewe, Ferchhoff und Radtke (1992, S. 14) betonen, dass sich pädagogisches Handeln zudem dadurch auszeichnet, dass einerseits wissenschaftliches Regelwissen beherrscht wird, auf der anderen Seite aber ebenso hermeneutische Kompetenz für die Deutung des Einzelfalles benötigt wird. Bezogen auf die Geschlechterfrage im Sportunterricht heißt das, dass Lehrerinnen und Lehrer z.B. über die Bewegungssozialisation von Mädchen und Jungen Bescheid wissen, jedoch keine klischeehaften Vorurteile gegenüber ihren Mädchen und ihren Jungen haben sollten. Gerade eine pauschale Aussage wie: „Das ist eben nichts für Mädchen" sollte „Profis" nicht unterlaufen.

3 Forschungsmethode

In einem Hauptseminar mit dem Schwerpunkt Koedukation habe ich zusammen mit Studierenden zunächst relevante Szenen aus dem Sportunterricht, die auf Video dokumentiert waren, ausgewählt. Anhand von Literaturkenntnissen und der Szenen des Videos erstellten wir einen Leitfaden für ein fokussiertes Interview (vgl. Hopf, 2000, S. 353). Das fokussierte Interview zeichnet sich besonders dadurch aus, dass ein bestimmter Gesprächsanreiz – eben eine Fokussierung – geboten wird. Indem den Befragten zunächst die ca. zehnminütige Videosequenz aus dem koedukativen Sportunterricht einer 8. Klasse gezeigt haben, sind wir diesem Kriterium fokussierter Interviews gerecht geworden.

3.1 Inhalte des Videos

Um die Ergebnisse nachvollziehbar zu machen, soll hier kurz der Inhalt des Videos wiedergegeben werden.

Szene 1: Ein Wahlpflichtkurs einer achten Gesamtschulklasse wärmt sich auf. Die Schülerinnen und Schüler dehnen sich selbstständig in Kleingruppen, während die Lehrerin herumgeht und korrigiert. An den Mädchengruppen, die die Übungen gewissenhaft ausführen, geht sie vorbei, zeigt dafür aber den Jungen einige Verbesserungen.

Szene 2: Das Abschlussspiel besteht in einer Variante von Völkerball. Wird in der einen Mannschaft jemand abgeworfen, darf aus der anderen Mannschaft wieder jemand das Spielfeld betreten. Die Spielfeldmitte wird durch zwei Langbänke markiert. Durch Abzählen bildet die Lehrerin zwei Mannschaften. Zufällig geraten dadurch alle vier anwesenden Mädchen in dieselbe Mannschaft. Im Spiel sind vorwiegend die Jungen aktiv. Die Mädchen werfen nur selten. Je länger das Spiel dauert, desto mehr ziehen sich die Mädchen an die Hallenwand zurück. Im abschließenden Gespräch nimmt die Lehrerin auf das Spiel Bezug, indem sie die Jungen ermahnt, die Bälle mehr abzugeben, und die Mädchen, ihr Können doch mehr zu zeigen. Die Schülerinnen und Schüler selbst äußern sich nicht zum Spiel. Sie lassen den Appell der Lehrerin schweigend über sich ergehen. Beim Abbau stellt sich einer der von der Lehrerin ermahnten Jungen auf die Bank, springt dann lässig herunter und geht davon, während schon ein Mädchen an der einen Seite der Bank anfasst, um sie wegzutragen. Ein weiteres Mädchen kommt hinzu und hilft ihr.

3.2 Das Interview

Das Interview war nach vier Schwerpunkten geordnet:

1. Eindruck und Bewertungen: Hier sollten die Befragten ihre Beobachtungen und Eindrücke des Videoausschnitts äußern. Bei Bedarf wurden die Befragten durch Nachfragen noch einmal auf das Verhalten der Lehrerin, der Jungen und der Mädchen gelenkt.
2. Eigene Erfahrungen: Im zweiten Schritt ging es um die Verknüpfung des Gesehenen mit eigenen Erfahrungen, sei es als Schülerin oder Schüler oder auch als Lehrkraft.
3. Handlungsalternativen: Um herauszufinden, ob die „Profis" den Laien überlegen sind, wenn es darum geht, andere Lösungsmöglichkeiten für die Problemsituation zu finden, schlossen sich Fragen an, bei denen die Befragten Handlungsalternativen zu dem Verhalten der Lehrerin des Videos entwerfen sollten.
4. Einstellungen: Schließlich befragten wir die Interviewpartner nach ihren generellen Einstellungen zur Koedukation, d.h. ob sie allgemein koedukativen Unterricht befürworten, welchen Argumente sie für oder gegen Koedukation nennen.

Im Folgenden werte ich von den insgesamt 17 Interviews zwölf aus, die sich besonders in ihren Aussagen unterscheiden und zudem eine weite Streuung der Stichprobe darstellen. Die nicht berücksichtigten Interviews waren z.T. weniger ergiebig, sei es, dass die Befragten ausweichend reagiert haben, sei es, dass die Interviewer nicht besonders geschickt vorgegangen sind.

Tab. 1. Ausgewertete Interviews.

Nr.	Geschlecht	Beruf	Alter
1	w	Schülerin	13
2	m	Schüler	18
3	w	Studentin/Lehramt	21
4	w	Referendarin	24
5	w	Lehrerin/Gym	29
6	w	Lehrerin/GS	37
7	m	Student/Jura	25
8	w	Lehrerin/GS	28
9	m	Lehrer/Gym	33
10	m	Maschinenbautechniker	34
11	m	LKW-Fahrer	50
12	m	Lehrer/Volksschule	89

4 Ergebnisse: Thesen zu Professionalität im Hinblick auf die Kategorie Geschlecht

In fünf Thesen möchte ich die vorläufigen Ergebnisse der Studie vorstellen. Ich habe sie in die drei Aspekte untergliedert, die ich in der Einleitung eingeführt habe: Differenzierungsgrad der Beobachtungen und sprachliche Darstellung, Deutungsmuster sowie Lösungsstrategien.

4.1 Differenzierungsgrad der Beobachtungen und sprachliche Darstellung

These 1: Die differenzierte Beobachtung und sprachliche Darstellung hängt mehr mit dem Bildungsgrad als mit dem Beruf zusammen.

Um die These zu verdeutlichen, hier zunächst zwei Beispiele aus den Interviews, die sich beide auf das Verhalten den Mädchen im Abschlussspiel beziehen:

> „Gerade das Nötige. Wenn es sein muss. Teilnahmslos. Gib mir bloß nicht den Ball. Hauptsache, die Stunde ist zu Ende. So kamen die mir vor" (Kraftfahrer, 50).

> „Ähm, beim Abschlussspiel war dann natürlich auch auffällig, dass die vier Mädchen in der gleichen Mannschaft waren ... Auch fiel natürlich auf, dass die Mädchen total passiv waren, standen hinten an der Wand und haben eigentlich nur das Spiel über sich ergehen lassen, hatten eigentlich überhaupt keinen Bock drauf, würde ich mal sagen. Also man hatte wirklich den Eindruck, als wenn sie sich wirklich versteckt haben oder auch Angst hatten..." (Jurastudent, 25).

Man kann deutlich erkennen, dass der Jurastudent weitaus detaillierter beschreibt und einen größeren Wortschatz nutzt als der Kraftfahrer – was nicht heißen soll, dass die Äußerungen des Kraftfahrers „falsch" sind. Offensichtlich ist er es allerdings weit weniger gewohnt, ausführlich Auskunft zu geben und über etwas zu sprechen, was er beobachtet hat. Die „Profis" waren dem Jurastudenten von der Beobachtung her und sprachlich nicht überlegen.

4.2 Deutungsmuster

These 2: Männer und Frauen identifizieren sich mit dem eigenen Geschlecht und „verteidigen" geschlechtstypisches Verhalten.

Die These besagt gleichzeitig, dass sich Profis und Laien in dieser Hinsicht nicht unterscheiden. Die Identifikation mit dem eigenen Geschlecht scheint eher etwas emotional Bedingtes zu sein, als dass sich Ausbildung oder Beruf darin niederschlagen. So äußert sich die 13-jährige Schülerin:

> „Mein erster Eindruck? Also, wenn ich da ein Mädchen wäre, würde ich sofort rausrennen!"

Der befragte Gymnasiallehrer (33 Jahre) dagegen schätzt das Verhalten der Jungen folgendermaßen ein:

> „...aber ansonsten haben sich die Jungen in dem Spiel eigentlich recht spielgemäß verhalten."

These 3: Weibliche Befragte bewerten die gezeigten Szenen negativer als die männlichen Befragten.

Es lässt sich eine enge Beziehung zur ersten These herstellen, nämlich dergestalt, dass das Geschlecht, das im Videomitschnitt benachteiligt wird, verständlicherweise eher darüber empört ist als das privilegierte Geschlecht. So urteilt die Sportstudentin (21):

> „Chaos! Die Jungs lassen sich einfach nicht die Bälle wegnehmen, sind im Aufwärmen total penetrant, ..."

Der Maschinenbaumechaniker (34) dagegen hält die gezeigten Szenen für eine „allgemeine Sportstunde in Deutschland". Wieder lässt sich kein Unterschied zwischen Profis und Laien feststellen.

These 4: Lehrer/innen greifen auf dasselbe Alltagswissen zum Bereich Geschlecht zurück wie pädagogische Laien.
In keinem der Interviews, das mit Profis geführt wurde (ich rechne dazu die Lehrerinnen und Lehrer sowie die Referendarin), sind explizit theoretische Kenntnisse im Bereich Geschlecht zu erkennen. Weder nutzen die befragten Professionellen Fachbegriffe noch argumentieren sie wesentlich differenzierter als die Laien. Obwohl die weiblichen Professionellen betroffen auf die Szenen reagieren, bedeutet das nicht, dass sie den männlichen Professionellen theoretisches Wissen voraus haben. Vorsichtiger formuliert: in den Interviews finden sich keine Hinweise darauf, dass sie von Wissen aus der Geschlechterforschung Gebrauch machen. Auf dem Alltagsniveau schätzen sowohl Laien als auch Profis das Abschlussspiel als nicht geeignet für Mädchen ein:

„... beim Abschlussspiel ... so ein Spiel, das hätte vielleicht, ähm, sag ich mal, ein typisches Mädchen nicht unbedingt gewählt, das ist eher ein Jungenspiel..." (Jurastudent, 25).

„...weil es bestimmte Themen im Sportunterricht gibt, die mehr den Jungen liegen und bestimmte Themen, die mehr den Mädchen liegen" (Sportlehrer, 33).

Beide scheinen der Ansicht zu sein, dass bestimmte Sportbereiche auch einem bestimmten Geschlecht zuzuordnen sind. Nicht die aktuelle Situation wird vornehmlich gedeutet, sondern es wird verallgemeinert. Erinnern wir uns an die Forderung von Dewe, Ferchhoff und Radtke (1992), dass pädagogisch professionelles Handeln aus der gelungenen Balance von Regelwissen und hermeneutischer Kompetenz besteht, dann kann man dies den befragten Lehrerinnen und Lehrern offensichtlich nicht zugestehen. Aus aktueller Geschlechterperspektive hätte man sich zumindest eine Relativierung der Zuschreibungen von Sportbereichen zu einem Geschlecht gewünscht.

4.3 Lösungsstrategien

These 5: Profis bevorzugen Lösungen, die Einsicht erzeugen sollen, während Laien eher auf Appelle und Sanktionen setzen.
Kategorisiert man die Lösungsstrategien für die Probleme beim Abschlussspiel, dann kann man unterschiedliche Tendenzen bei den Profis und den Laien ausmachen.
Bei den mehr organisatorischen Lösungen lassen sich noch keine so großen Unterschiede feststellen: Beide befragten Gruppen schlagen vor, für den Stundenabschluss ein anderes Spiel zu wählen oder aber die Regeln des Spiels zu verändern. Außerdem wird von beiden Befragtengruppen erwogen, die Mannschaften anders zusammen zu stellen, so dass nicht alle Mädchen in derselben Mannschaft zusammen spielen.
Ein anderes Bild zeigt sich bei den kommunikativen Lösungen: Zwar wird sowohl von Profis als auch von Laien gefordert, in das laufende Spiel einzugreifen, aber die Art und Weise des Eingreifens unterscheidet sich. Die Lehrerinnen und Lehrer haben andere Vorstellungen davon, wie sie handelten: Sie wollen z.B. besprechen, wie die Jungen sich verhalten oder woran es liegt, dass die Mädchen sich nicht

beteiligen oder sie wollen die Mädchen bitten, sich zu äußern, was ihnen nicht gefallen hat. Beispiel:

> „Ich wäre eher darauf eingegangen, wie die Jungen sich verhalten haben im Spiel und in dem Moment auch mal die Mädchen gebeten zu sagen, was ihnen nicht gefallen hat" (Grundschullehrerin, 28).

Laien dagegen verordnen eher neue Regeln, ermahnen die Jungen, kooperativer zu spielen oder wollen unerwünschtes Verhalten bestrafen. Beispiele:

> „Ich weiß nicht. Ich bin kein Lehrer. Ich hätte wahrscheinlich gesagt, dass die Jungen den Mädchen mal die Bälle geben sollen" (Schüler, 18).

> „... oder wenn dann die Jungs zu drückend werden, würde ich dann etwas gegen die Jungs sagen oder so. Und das vielleicht in etwas diskriminierender Weise, dass sie mal sehen, dass denen das peinlich ist, man kann ja auch etwas sagen, ohne jemanden zu verletzen, aber merkt dann, huch, das ist peinlich gegenüber den anderen, und dass sie vielleicht so einen kleinen Aha-Effekt bekommen, das könnte man ja vielleicht versuchen" (Jura-Student, 25).

5 Ausblick

Zunächst könnte man von den Ergebnissen enttäuscht sein. Die befragten Lehrerinnen und Lehrer scheinen den Laien weder in der Beschreibung des Gesehenen überlegen zu sein noch über wissenschaftlich unterlegte Deutungsmuster in der Kategorie Geschlecht zu verfügen. Die Einschätzung wird durchgängig mehr durch die eigene Geschlechtsidentität geprägt als durch Zugehörigkeit zu einem Berufsstand. Professionalität könnte sich aber gerade im Bereich von Lösungsstrategien gezeigt haben: Lehrerinnen und Lehrer schlagen insgesamt mehr Lösungen vor, die auf Kommunikation und Einsicht setzen, während Laien direktiver vorgehen würden, z.B. mit Strafen für unerwünschtes Verhalten.

Auch gegenüber dem ersten Eindruck, Lehrkräfte seien pädagogischen Laien in puncto Deutungsmuster nicht überlegen, kann man drei Gründe zur Relativierung anführen. Erstens könnte die Stichprobe nicht günstig gewesen sein, so dass nur Lehrkräfte befragt wurden, die für das Geschlechterthema nur wenig sensibilisiert wurden. Diese Möglichkeit besteht durchaus, da die Befragung innerhalb einer Lehrveranstaltung durchgeführt wurde, so dass die Stichprobe eher zufällig zustande kam. Zweitens darf man Interviewäußerungen nicht mit Handlungskompetenz gleichsetzen. Es könnte durchaus sein, dass die befragten Lehrerinnen und Lehrer in der fraglichen Situation angemessener reagiert hätten als die Laien. Drittens ist nicht ausgeschlossen, dass ich bei der Auswertung der Interviews in eine forschungsmethodische Falle getappt bin, die Flick (1996, S. 239) als „Gefahr der selektiven Plausibilisierung" bezeichnet. Gerade qualitative Daten verführten oft dazu, die eigenen Annahmen bestätigt finden zu wollen.

Um die drei genannten Einwände zu entkräften, müssten also weitere Studien durchgeführt werden – mit einer Stichprobe, die wissenschaftlichen Gütekriterien standhält und ggf. mit einer Forschergruppe, die ihre Interpretationen der Interviewdaten gegenseitig kontrolliert. Viel versprechend erschiene mir außerdem, die Methode der Befragung mit der der Beobachtung zu kombinieren. So ließe sich besser vergleichen, welche Einstellungen und Haltungen in Selbstauskünften zu Tage kommen und welche Konsequenzen dies für das Handeln im Unterricht hat. Weiterhin wäre die Frage spannend, inwieweit sich Deutungsmuster und Lösungsmöglichkeiten mit dem Alter der Befragten verändern. Man könnte z.B. einen Kohorteneffekt vermuten. Da wir nur eine Person interviewt haben, die deutlich einer anderen Altergruppe angehörte (der 89jährige ehemalige Volksschullehrer), kann ich hier keine gesicherten Aussagen treffen.

Sollten sich jedoch die Thesen bestätigen, die hier anhand des Materials entwickelt wurden, müsste das Gender-Thema in der (Sport-)Lehrerausbildung besser als bisher verankert werden und vermutlich auch mit anderen Vermittlungsformen einhergehen. So ist es aus meiner Sicht wünschenswert, nicht nur theoretische Kenntnisse zu vermitteln, sondern diese auch auf Fälle aus dem Sportunterricht anzuwenden.

Literatur

Bauer, K.-O., Kopka, A. & Brindt, S. (1999). *Pädagogische Professionalität und Lehrerarbeit* (2. Aufl.). Weinheim, München: Juventa.

Combe, A. & Helsper, W. (1999). Einleitung: Pädagogische Professionalität. In A. Combe & W. Helsper (Hrsg.), *Pädagogische Professionalität* (3. Aufl.). (S. 9-48). Frankfurt/Main: Suhrkamp.

Dewe, B., Ferchhoff, W. & Radtke, F.-O. (1992). Auf dem Weg zu einer aufgabenzentrierten Professionstheorie pädagogischen Handelns. In B. Dewe, W. Ferchhoff & F.-O. Radtke (Hrsg.), *Erziehen als Profession* (S. 7-20). Opladen: Leske + Budrich.

Flick, U. (1996). *Qualitative Forschung* (2. Aufl.). Reinbek: Rowohlt.

Helsper, W. (2000). Zum systematischen Stellenwert der Fallrekonstruktion in der universitären LehrerInnenbildung. In C. Beck, W. Helsper, B. Heuer, B. Stelmaszyk & H. Ulrich (Hrsg.), *Fallarbeit in der universitären LehrerInnenbildung* (S. 29-50). Opladen: Leske + Budrich.

Hopf, C. (2000). Qualitative Interviews – ein Überblick. In U. Flick, E. v. Kardorff & I. Steinke (Hrsg.), *Qualitative Forschung. Ein Handbuch* (S. 349-360). Reinbek: Rowohlt.

Lange, J. (1998). Der Blick zurück nach vorn – Horizontverschiebungen des Alltagsansatzes. In W.-D. Miethling (Hrsg.), *Sportunterricht aus Schülersicht* (Schriften der Deutschen Vereinigung für Sportwissenschaft, 95, S. 31-48). Hamburg: Czwalina.

Ziehe, T. (1997). Engagement und Enthaltung. Jugendliche und Schule in der zweiten Modernisierung. In E. Liebau, W. Mack & C.T. Scheilke (Hrsg.), *Das Gymnasium* (S. 33-45). Weinheim, München: Juventa.

Zinnecker, J. (1978). Die Schule als Hinterbühne oder Nachrichten aus dem Unterleben der Schüler. In G.-B. Reinert & J. Zinnecker (Hrsg.), *Schüler im Schulbetrieb* (S. 29-121). Reinbek bei Hamburg: Rowohlt.

NICOLE PHILIPPI

Cheerleading in Deutschland – Zur Reproduktion von Geschlechterdifferenz im modernen Sport

Sport spiegelt nicht nur die jeweilige Gesellschaftsordnung wider, sondern auch die bestehenden Geschlechterverhältnisse. Obwohl Sport heute von vielen Menschen ohne Unterschied des Geschlechts positiv beurteilt wird, tragen verschiedene Faktoren zur Konstruktion von der Geschlechterdifferenz und zur Reproduktion der Geschlechterordnung im modernen Sport bei. Im Zuge von Kommerzialisierung, Medialisierung und Amerikanisierung wurde der Sport zu einem internationalen Investitions- und Expansionsbereich. Dabei wird er zunehmend von den Strukturen des US-amerikanischen Sportmanagements erfasst. Die gezielte Popularisierung und Vermarktung der US-amerikanischen Nationalsportarten verstärkt die massive kulturelle Prägung unserer Gesellschaft im Sinne des „American Way of Life" (Philippi, 2001, S. 48-66). Neben Basketball und Baseball wird vor allem American Football in Europa als Tochter der „NFL US League" vermarktet. Bei uns heißt das Ganze nun „NFL Europe League". Diese europäische Liga ist einer der Zweige des US-Sportvermarktungskonzepts, das die internationale Sportentwicklung mehr und mehr bestimmt. Die Konfrontation mit einer kompromisslosen Profit- und Erfolgsideologie zeigt sich bei uns nicht nur im Männersport. Im Bereich des Frauensports führte die Ausweitung amerikanischer Marketing-Konzepte unter anderem dazu, dass sich Cheerleading als Frauensportart etablieren konnte. American Football und Cheerleading wurden sozusagen aus dem Nichts zu einem festen Bestandteil des deutschen Sportsystems. Dabei fällt auf, dass die zehn Frauenteams in der deutschen Football-Bundesliga nicht im Zentrum des Geschehens stehen und den meisten völlig unbekannt sind. Football wird noch immer mit Männersport in Verbindung gebracht, Cheerleading dagegen ist Frauensache. Diese Entwicklung wirft in Bezug auf geschlechtsspezifische Daseinsbedingungen im Sport neue Fragen auf. Es entsteht eine neue Form der Geschlechterdifferenz im Sport, die bisher noch nicht sportwissenschaftlich reflektiert worden ist. Dieser Beitrag umfasst in diesem Zusammenhang Vorüberlegungen für ein geplantes Forschungsprojekt.
Die Anfänge des Cheerleading gehen auf das Jahr 1898 zurück, als in den USA, und zwar in Minnesota, erstmals so genannte Einheizer vor das Publikum traten. Dieser Vorläufer des Cheerleading war eine reine Männerangelegenheit. Als in den 20er-Jahren Megaphone eingesetzt und tänzerische Elemente in die Darbietungen aufgenommen wurden, fand das weibliche Geschlecht Zugang zu den Gruppen. In den 30er-Jahren erschienen die ersten farbigen Pompons, die zum Markenzeichen der Cheerleader wurden. In den 40er- und 50er-Jahren begann die Blütezeit des Cheerleading in den USA. Nach der Gründung der American Cheerleader Association wurde 1967 erstmals eine Meisterschaft ausgetragen. In Deutschland wurde Cheerleading Mitte

der 80er-Jahre eingeführt. Seit 1988 werden bei uns regelmäßig deutsche Cheerleader-Meisterschaften und andere Wettbewerbe ausgetragen.[1] Bis heute hat sich Cheerleading als eigenständige Sportart etabliert und scheint sich weiter zu einer populären Frauensportart zu entwickeln. Als ich vor zwei Jahren bei den deutschen Meisterschaften in Leverkusen war, machte ich Beobachtungen, die mich dazu veranlasst haben, diese perfekte Entwicklung einer neuen Frauensportart in Deutschland zu hinterfragen. Unsere kulturhistorisch bedingte Offenheit für Einflüsse von außen macht es möglich, diese deutschen Meisterschaften komplett nach amerikanischem Vorbild auszurichten. So wurde zu Beginn, dem amerikanischen Patriotismus entsprechend, bei stehendem Publikum die Nationalhymne gespielt. Jedes von den 30 teilnehmenden Cheerleading-Teams wurde von einer eigenen Fangemeinde mit bis zu 100 Personen begleitet. Die Zuschauer waren mit Pompons und allen denkbaren Fan-Utensilien ausgestattet. Frenetisch jubelnd wurden die einzelnen Stunts begleitet. Im Rahmen der Wettbewerbe in den Kategorien Partner- und Gruppenstunt stellte ich fest, dass diese im Prinzip nichts anderes als schlechte Zirkusdarbietungen waren. Es fiel dabei auf, dass nur vereinzelt wirklich anspruchsvolle Turn- und Akrobatikelemente gezeigt wurden. Die meisten Teams setzten sich aus z. T. untrainierten, adipösen jungen Mädchen zusammen, die mit der Ausübung einfacher akrobatischer und turnerischer Elemente völlig überfordert waren. Trotz eines so genannten Spotters, der für die Absicherung der stunts zuständig ist, mussten bei den Deutschen Meisterschaften in Leverkusen sechs junge Frauen verletzt abtransportiert werden. Kurze Zeit später wurden an deutschen Schulen erstmals so genannte Cheerleading-Kliniken durchgeführt, um talentierte Mädchen ab elf Jahren für eine Pregame-Show, die Show vor einem Spiel, zu gewinnen. Mit Schreiben an weiterführende Schulen, der Bitte um Aushang entsprechender Plakate sowie öffentlichen Castings werden seitdem systematisch junge Mädchen gesucht, um die Vermarktung des American Football voranzutreiben. Ich begann, das System Cheerleading in Deutschland zu hinterfragen und analysierte die Bedingungen zur Ausübung dieser Sportart beim Football-Club Rheinfire Düsseldorf und seinen Cheerleadern, den Pyromaniacs. Ich kam zu dem Ergebnis, dass Cheerleading eine Sportart ist, die in einem unvergleichbaren Spannungsfeld steht, wie Abb. 1 verdeutlicht.

Da ist zum einen das *amerikanische Sportmanagement* zu nennen, das strikte Regeln setzt und die Sportart kontrolliert. Die Mädchen, die nach einem Eignungstest in die Junior-Teams aufgenommen werden, müssen mit dem Verein, in dem Fall Rheinfire Düsseldorf, einen Vertrag als freischaffende Künstlerin abschließen. Darin werden folgende Punkte festgelegt:

1. Die PR-Rechte an Fotos, Filmen usw. besitzt Rheinfire Düsseldorf.
2. Bei Heimspielen gilt das Verbot, die Düsseldorfer Altstadt zu besuchen, solange die Spieler in Deutschland sind.
3. Jeder Kontakt zu den Spielern ist verboten.

---

[1] http://www.cheerleading.de/allg.cfm (19. März 2002).

4. Bei Auswärtsspielen reist jedes Cheerleading-Team geschlossen, aber getrennt von den Spielern an.
5. Das Nennen des vollständigen Namens sowie das Weitergeben der eigenen Adresse und Telefonnummer an die Öffentlichkeit sind verboten.
6. Während des Tragens der Kostüme sind Alkohol und Zigaretten verboten.
7. Je nach Bedarf ist das äußere Erscheinungsbild zu verändern.

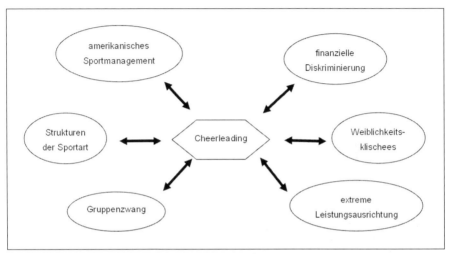

Abb. 1. Konstruktion von Geschlechterdifferenz am Beispiel des Cheerleading (Philippi, 2004, eigener Entwurf).

Dies sind einige Punkte des Vertrages, den Eltern bzw. teils noch minderjährige, nicht geschäftsfähige Mädchen unterschreiben. Das Abtreten der PR-Rechte bedeutet finanzielle Entmündigung und Missachtung der persönlichen Freiheit. Das heißt, dass die Ausübung dieser Sportart die bedingungslose Akzeptanz von Restriktionen und Disziplin voraussetzt. Sie ist rein funktionsgebunden und wird in den großen Vereinen in direkter Abhängigkeit von meist Männersportarten, wie z.B. Basketball, Eishockey oder American Football ausgeübt. In ihrer Funktion als Einheizer, Stimmungsmacher oder Unterhalter sind Cheerleader von den *Strukturen der Sportart*, die sie unterstützen, abhängig. Beim Football beispielsweise hat jedes Spiel vier Spieleinheiten, so genannte Quarters. Jeder Quarter hat eine Auszeit für eine je komplette Darbietung. Ergänzt wird dies durch eine Pregameshow und eine Halbzeitshow. Der Sporttag eines Cheeraladers beginnt am frühen Morgen mit Vorbereitungen und endet am späten Abend. Dieser *Gruppenzwang* besteht auch beim Training, das ebenso wie die Auftritte verpflichtend ist. Die knallharte Talentauswahl an unseren Schulen, Trainingspflicht und akrobatische sowie turnerische Elemente verweisen auf eine *extreme Leistungsausrichtung*.

Gleichzeitig ist die Sportart vom Einhalten strikter *Weiblichkeitsklischees* abhängig. Erotische Ausstrahlung, Kostüm-, Schmink- und Frisurvorschriften sind einzuhalten. Das äußere Erscheinungsbild wird dem jeweiligen Bedarf in der Gruppe angepasst, damit viele verschiedene Frauentypen in der Gruppe vertreten sind. Während im Football das große Geld gemacht wird, bekommen die Cheerleader lediglich eine nicht nennenswerte Aufwandsentschädigung, die die Kosten bei Auswärtsspielen nicht deckt. Das heißt, dass für die Cheerleader trotz des enormen Zeitaufwands eine finanzielle Abhängigkeit von anderen Einnahmequellen besteht. Ich bezeichne dies als *finanzielle Diskriminierung*. Hierzu habe ich Jasmin, eine der Düsseldorfer Pyromaniacs befragt. Sie sagte: „Die Düsseldorfer Cheerleader gelten als Profiteam, werden aber nicht so bezahlt. Vor den jubelnden Fans zu stehen, entschädigt für alles. Es ist schön zu reisen, viele Stars zu sehen und auf Messen, in Theatern und sogar in TV-Shows aufzutreten."

Dieser Sachverhalt wirft die Frage auf, warum junge Mädchen eine Sportart betreiben, in der sie sich derartig unterordnen müssen. In einer Zeit, in der Selbstbestimmung und Funsportarten im Trend sind und Gruppenzwänge und Vereinssport ohnehin in einer Krise stecken, erscheint dies besonders fragwürdig.

Es ist nicht nur die Mischung aus Tanz, Show, Turnen und Akrobatik bei gleichzeitiger Präsentation von Weiblichkeit, die junge Mädchen anzieht. Es ist vor allem die Parallelität von Pseudo-Starkult und gleichzeitigem Schutz und Anonymität in der Gruppe, die der Motivationslage vieler junger Frauen entspricht. Durch Beiträge in den Medien, Auftritte vor Tausenden von Zuschauern usw. wird Pseudo-Prominenz suggeriert. Dies entspricht, bekräftigt durch den American Way of Life, dem Wunschdenken vieler junger Frauen. Die noch nicht gefestigte Persönlichkeit und Identität junger Mädchen wird genutzt, um sie für diese Sportart zu gewinnen. Cheerleading reflektiert die amerikanische Vorstellung von Teamgeist, dem so genannten „spirit" und erzeugt ein bestimmtes Lebensgefühl.

Das Beispiel Cheerleading verdeutlicht, dass im Frauensport der Gegenwart Entwicklungen stattfinden, die Geschlechterdifferenz neu konstruieren. Die Möglichkeit zur Professionalisierung des Cheerleading wird durch Sicherung der PR-Rechte von Seiten des Vereins ausgeschaltet. Cheerleading kann sich somit kaum selbstständig vermarkten und nicht in Konkurrenz zum großen Sport treten. Darüber hinaus werden durch die Präsentation von klischierter Weiblichkeit am Rande des eigentlichen Spielgeschehens geschlechtsspezifische Bilder in unserer Gesellschaft transportiert. Beinahe antiquiert wirkende Vorstellungen von Weiblichkeit und Rollenmuster im Sport werden erneut popularisiert und verinnerlicht.

Die Popularisierung des Cheerleading über unser Schulsystem ist aus pädagogisch-ethischer und sozialisationstheoretischer sowie sportpolitischer Perspektive von Interesse.

Diese Entwicklung geschieht in Deutschland paradoxerweise in einer Phase, in der Frauensport unter dem Aspekt der Gleichheit neu diskutiert wird.

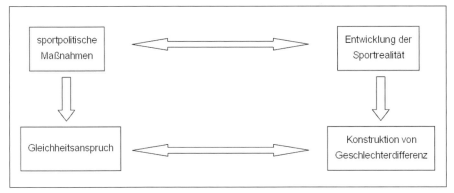

Abb. 2. Diskrepanz zwischen gleichstellungspolitischen Zielen und gesellschaftlichen Realitäten im Sport (Philippi, 2004, eigener Entwurf).

Das Beispiel Cheerleading zeigt, dass sportpolitische Maßnahmen, wie beispielsweise das Konzept des Gender Mainstreaming und die tatsächliche Entwicklung der Sportrealität oft nicht in eine Richtung gehen. Es bleibt letztlich eine Diskrepanz zwischen Gleichheitsanspruch im Sport und neuen Formen der Konstruktion von Geschlechterdifferenz. Cheerleading konterkariert auf Gleichheit ausgerichtete Entwicklungstrends in anderen Sportbereichen.

Literatur

Abraham, A. (1998). „Geschlecht" als Strukturdimension sozialer Ungleichheit auch im Sport. In K. Cachay & I. Hartmann-Tews (Hrsg.), *Sport und soziale Ungleichheit* (S. 27-29). Stuttgart: Naglschmid.
Beyer, E. (1992). *Wörterbuch der Sportwissenschaft*. Schorndorf: Hofmann.
Bundesausschuß Frauen im Sport des Deutschen Sportbundes (1996). *Frauen im Sport: Orientierungen, Ideen, Programme*. Frankfurt/Main: DSB.
Deutscher Sportbund (2001). *Mitmachen. Mitdenken. Mitlenken. 50 Jahre Frauen im Deutschen Sportbund*. Frankfurt/Main: DSB.
Grupe, O. & Mieth, D. (1998). *Lexikon der Ethik im Sport*. Schorndorf: Hofmann.
Hickmann, C. (2002). Das Spiel mit dem Feuer. *Süddeutsche Zeitung, Nr. 121*, 28. Mai 2002, S. 41.
Philippi, N. (1999). *Emanzipation und Frauensport in England um 1900, dargestellt in den Zeitschriften ‚Punch' und ‚Cycling'*. Emsdetten: Lechte.
Philippi, N. (2001). *Frauenhochleistungssport in den Printmedien. Ein interkultureller Vergleich zwischen England, den USA und der Bundesrepublik Deutschland von 1960 bis 1990*. Wuppertal: Nacke.
Rose, L. (1995). Sport – Männersache? Frauensache? In Bundesausschuß Frauen im Sport des Deutschen Sportbundes, *Fair Play für Mädchen und Frauen im Sport?* (S. 16-25). Frankfurt/Main: DSB.
Rose, L. (2003). *Gender Mainstreaming in der Kinder- und Jugendarbeit*. Weinheim: Beltz.

Verzeichnis der Autorinnen und Autoren

BÄHR, INGRID, Dr., (geb. 1968); Wiss. Mitarbeiterin am Institut für Sportwissenschaften der Johann Wolfgang Goethe-Universität Frankfurt am Main, zuvor an der Universität Bremen; Schwerpunkte in Lehre und Forschung: Gerätturnen, Bewegungskünste, Natursport, Geschlechterthematik, Kooperatives Lernen.

✉ Universität Frankfurt/Main, Institut für Sportwissenschaften, Ginnheimer Landstr. 39, 60487 Frankfurt
eMail: i.baehr@sport.uni-frankfurt.de

BUDDE, JÜRGEN, Dr. phil., Dipl.-Päd. (geb. 1968); seit 2005 wissenschaftlicher Mitarbeiter am Fachbereich Erziehungswissenschaft der Universität Hamburg im Bereich „Geschlechtergerechte Schulforschung"; vorher Promotion zu „Männlichkeit im gymnasialen Alltag"; Lehrbeauftragter der Universität Hamburg; Freiberuflicher Referent für gendersensible Pädagogik. Arbeitsschwerpunkte: Jungenarbeit; Geschlechtergerechtigkeit; Schulforschung; Männlichkeitsforschung.

✉ Universität Hamburg, FB Erziehungswissenschaft, Institut für Schulpädagogik und Pädagogische Psychologie, Von-Melle-Park 8, 20146 Hamburg, eMail: budde@erzwiss.uni-hamburg.de

COMBRINK, CLAUDIA, Dr. (geb. 1970); wissenschaftliche Mitarbeiterin in der Abteilung Geschlechterforschung des Instituts für Sportsoziologie an der DSHS Köln; Promotion über Relevanz und Irrelevanz von Geschlecht in Führungsgremien des Sports; Schwerpunkte in Forschung und Lehre: Sport und Alter aus der Perspektive soziologischer Geschlechterforschung, Geschlechterkonstruktionen in Führungsgremien von Sportorganisationen, Organisationskultur und -struktur, Sport als Medium in der Jugendsozialarbeit, Unfall- und Risikoverhalten und Geschlecht.

✉ Deutsche Sporthochschule Köln, Abt. Geschlechterforschung, Carl-Diem-Weg 6, 50933 Köln
eMail: combrink@dshs-koeln.de

DAHMEN, BRITT, Diplom-Sportlehrerin (geb. 1973); seit 2001 wiss. Mitarbeiterin im Arbeitsbereich Geschlechterforschung an der Deutschen Sporthochschule Köln; Schwerpunkte in Lehre und Forschung: Organisationstheorie; Gender, Führung und Gleichstellung in Organisationen; Mentoring im Sport; Partizipation von jungen Frauen und Männern in Sportorganisationen; Jugend, Sozialisation und Geschlecht; soziale Konstruktion von Geschlecht im Sport.

✉ Deutsche Sporthochschule Köln, Abt. Geschlechterforschung, Carl-Diem-Weg 6, 50933 Köln
eMail: dahmen@dshs-koeln.de

DEGELE, NINA, Prof. Dr. (geb. 1963); seit 2001 geschäftsführende Direktorin des Instituts für Soziologie der Universität Freiburg; Forschungsschwerpunkte: qualitative Methoden der Sozialforschung, Soziologie der Geschlechterverhältnisse, Modernisierungstheorien, Soziologie des Körpers.

✉ Albert-Ludwigs-Universität Freiburg, Institut für Soziologie, Rempartstr. 15, 79085 Freiburg
eMail: nina.degele@soziologie.uni-freiburg.de

FELTZ, NINA (geb. 1971); seit 2005 wissenschaftliche Mitarbeiterin im Projekt GENUS (Geschlechtergerechter Unterricht in der Sek. I) an der Universität Hamburg in der Fakultät Erziehungswissenschaft, Psychologie und Bewegungswissenschaft; Lehrbeauftragte an der Universität Bremen und an der HAWK Hildesheim/Göttingen/Holzminden; Arbeitsschwerpunkte: Geschlechtergerechtes (Bewegungs-)Lernen, Gesundheit und Geschlecht, Öffentliche Bewegungsräume, Qualitative Forschungsmethoden insbes. in der Sport- und Bewegungswissenschaft und der Frauen- und Geschlechterforschung.

⊠ Universität Hamburg, Fakultät für Erziehungswissenschaft, Psychologie und Bewegungswissenschaft, Sedanstr. 19, 20146 Hamburg eMail: feltz@uni-hamburg.de

GIEß-STÜBER, PETRA, Prof. Dr. (geb. 1958); seit 2001 Professorin für Sportpädagogik an der Albert-Ludwigs-Universität Freiburg, zuvor an der Deutschen Sporthochschule Köln; Schwerpunkte in Lehre und Forschung: Motivförderung im Sport, Leisten und Leistung im Sport, Sport und Identität, Geschlechtsbezogene Sportpädagogik, Soziale Konstruktion von Geschlechterverhältnissen im Sport, Interkulturelles Lernen/Interkulturelle Bewegungserziehung; seit 2001 Vorstandsmitglied der Kommission Sportpädagogik der DGfE, seit 2005 Sprecherin der Kommission Geschlechterforschung der dvs.

⊠ Albert-Ludwigs-Universität Freiburg, Institut für Sport und Sportwissenschaft, Schwarzwaldstr. 175, 79117 Freiburg, eMail: petra.giess-stueber@sport.uni-freiburg.de

GRAMESPACHER, ELKE, (geb. 1968); Studium an der Pädagogischen Hochschule Freiburg (Grund- und Hauptschullehramt sowie Diplom-Pädagogik); Abschluss des Referendariats 2000; seit 2000 wissenschaftliche Mitarbeiterin im Arbeitsbereich „Sportpädagogik/-geschichte" am Institut für Sport und Sportwissenschaft der Universität Freiburg; Arbeitsschwerpunkte: Schulsportforschung und Geschlechtertheorie (insbesondere Gender Mainstreaming).

⊠ Albert-Ludwigs-Universität Freiburg, Institut für Sport und Sportwissenschaft, Schwarzwaldstr. 175, 79117 Freiburg, eMail: elke.gramespacher@sport.uni-freiburg.de

HARTMANN-TEWS, ILSE, Prof. Dr. (geb. 1956); studierte Sozialwissenschaften und Anglistik an der Universität zu Köln und der University of Essex und war anschließend Wiss. Mitarbeiterin am Forschungsinstitut für Soziologie der Universität zu Köln und des Instituts für Sportsoziologie der Deutschen Sporthochschule Köln. Seit 1996 ist sie Hochschullehrerin an der Deutschen Sporthochschule Köln und Leiterin des Arbeitsbereichs Geschlechterforschung. Ihre Schwerpunkte in Lehre und Forschung sind: Strukturwandel der Sportsysteme und Inklusion von Frauen im internationalen Vergleich, Berufsfeld Sport und Soziale Konstruktion von Geschlecht in den Medien.

⊠ Deutsche Sporthochschule Köln, Abt. Geschlechterforschung, Carl-Diem-Weg 6, 50933 Köln eMail: i.hartmann@dshs-koeln.de

KOTTHOFF, HELGA, Prof. Dr.; seit 2001 Professorin am Institut für deutsche Sprache und Literatur der Pädagogischen Hochschule Freiburg. Schwerpunkte in Lehre und Forschung: Soziolinguistik, Gesprächsforschung, interkulturelle Kommunikation, Humor- und Gender-Studien.

⊠ PH Freiburg, Institut für deutsche Sprache und Literatur, Kunzenweg 21, 79117 Freiburg, eMail: kotthoff@ph-freiburg.de

KUGELMANN, CLAUDIA, Prof. Dr. (geb. 1947); seit 1995 Professorin für Sportpädagogik/ Sportdidaktik an der Universität Erlangen-Nürnberg: Promotion 1979 zum Thema Koedukation; Habilitation 1995 zum Thema „Weiblichkeitszwang – Körperpolitik – Sport. Was Leiblichkeit und Sich-Bewegen im Alltagsleben von Frauen bedeutet"; Arbeitsschwerpunkte und Publikationen in den Bereichen Frauen-/Geschlechterforschung (u.a. Bewegungskarrieren, Körperbilder und Schönheitsideale, Koedukation im Schulsport), Pädagogik und Didaktik des Berufsschulsports und des Sports an Grund- und Hauptschulen (u.a. Bewegte Schule, Schule und Leistungssport), Sportspielforschung; Mitherausgeberin der Zs. „sportpädagogik"; Mitglied im dvs-Vorstand 1999-2003.

⊠ Universität Erlangen-Nürnberg, Institut für Sportwissenschaft und Sport, Gebbertstr. 123b, 91058 Erlangen, eMail: claudia.kugelmann@ewf.uni-erlangen.de

MÖHWALD, MARIT, M.A., (geb. 1971), seit 2001 wissenschaftliche Mitarbeiterin am Institut für Sportwissenschaft und Sport der FAU Erlangen-Nürnberg; Schwerpunkt in Forschung und Lehre: Sportpädagogik in außerschulischen Anwendungsfeldern (Erwachsenen- und Seniorensport), Gesundheitssport und Qualitätsmanagement, Frauen- und Geschlechterforschung.

⊠ Universität Erlangen-Nürnberg, Institut für Sportwissenschaft und Sport, Gebbertstr. 123b, 91058 Erlangen, eMail: marit.moehwald@sport.uni-erlangen.de

PHILIPPI, NICOLE, PD Dr. (geb. 1964); seit 2004 Sport- und Englischlehrerin am Steinbart-Gymnasium Duisburg, zuvor von 1996-2004 Lehrerin an der Realschule Süd, am Berthold-Brecht Berufskolleg Duisburg und von 1999-2003 Lehrauftrag am Institut für Sportwissenschaft der Heinricht-Heine-Universität Düsseldorf; Schwerpunkte in Lehre und Forschung: Frauensportentwicklung aus kulturhistorischer und interkultureller Perspektive, Frauensport und Medien, Schulsportentwicklung in der gymnasialen Oberstufe.

⊠ Bonifatiusstr. 44, 47441 Moers, eMail: nicole.philippi@t-online.de

RÖGER, ULRIKE, Dr. (geb. 1970); studierte Sportwissenschaften, Wirtschaftswissenschaften und Soziologie an der Universität des Saarlandes; seit 2001 ist sie am Institut für Sportwissenschaft und Sport der Universität Erlangen Nürnberg als wiss. Mitarbeiterin beschäftigt. Ihre Forschungsschwerpunkte liegen im Bereich der Organisationssoziologie, der Organisationssteuerung und -entwicklung von Sportsystemen sowohl im Leistungs- als auch Gesundheitssport sowie in der sportwissenschaftlichen Geschlechterforschung. In der Lehre unterrichtet sie u. a. die Bereiche Sportsoziologie und -pädagogik.

⊠ Universität Erlangen-Nürnberg, Institut für Sportwissenschaft und Sport, Gebbertstr. 123b, 91058 Erlangen, eMail: ulrike.roeger@sport.uni-erlangen.de

SINNING, SILKE, Dr. (geb. 1969); seit 2002 Studienrätin im Hochschuldienst am Institut für Sportwissenschaft der Westfälischen Wilhelms-Universität Münster; zuvor von 2000-2002 Akademische Rätin am Oberstufenkolleg Bielefeld; zwischen 1998 und 2000 Lehrkraft für besondere Aufgaben an den Universitäten Gießen und Marburg; 1996-1998 Referendariat im Studienseminar Kassel; Schwerpunkte in Lehre und Forschung: Sportspiel-, Geschlechter- und Schulsportforschung; Herausgeberin der Zs. „sportpädagogik"; stellv. Vorsitzende des Ausschusses für Qualifizierung und Bildung des Hessischen Fußball-Verbandes.

⊠ Universität Münster, Institut für Sportwissenschaft, Horstmarer Landweg 62b, 48149 Münster eMail: ssinning@uni-muenster.de

SOBIECH, GABRIELE, Prof. Dr. (geb. 1957); seit 2002 Hochschullehrerin am Institut für Sportpädagogik und Sport der Pädagogischen Hochschule Freiburg, zuvor von 1998-2002 an der Universität Oldenburg im Arbeitsbereich „Sport und Gesellschaft"; Schwerpunkte in Lehre und Forschung: die Analyse historischer und moderner Formen gesellschaftlicher Körperdisziplinierung und individueller Körpernutzung sowie die Analyse sozialer Konstruktionen von Weiblichkeit und Männlichkeit im Sport; zweitens Körper-, Bewegungs- und Raumaneignung und drittens Interaktion in Sport und Sportunterricht am Beispiel von Zielschussspielen; Institutsdirektorin und Sprecherin der Landesdozentenkonferenz Sport in Baden-Württemberg

✉ PH Freiburg, Institut für Sportpädagogik und Sport, Schwarzwaldstr. 175, 79117 Freiburg, eMail: sobiech@ph-freiburg.de

SÜßENBACH, JESSICA, Dr. (geb. 1969); Studium an der Universität Oldenburg (Sport/ Deutsch) und Referendariat in Berlin (2. Staatsexamen); seit 1998 an der Universität Duisburg-Essen (Campus Essen) im Arbeitsbereich für Kinder, Jugend, Sport und Sozialforschung mit den Schwerpunkten Sportpädagogik und -didaktik, Geschlechterforschung, sportbezogene Jugendsozialarbeit, qualitative Forschungsmethoden.

✉ Universität Duisburg-Essen, Sport- und Bewegungswissenschaften, Gladbecker Str. 182, 45141 Essen, eMail: jessica.suessenbach@uni-due.de

VOSS, ANJA, Dr. (geb. 1965); Studium der Sport- und Erziehungswissenschaft an der Deutschen Sporthochschule Köln und der Universität zu Köln; 2001 Promotion (Dr. paed.) an der Universität zu Köln zum Thema Geschlechterkonstruktionen im Sport; nach dem Studium zunächst Sportlehrerin und Geschäftsführerin eines Vereins für Gesundheitssport und Sporttherapie, anschließend wiss. Mitarbeiterin an der Deutschen Sporthochschule Köln und wiss. Angestellte im interdisziplinären Forschungsschwerpunkt „Dynamik der Geschlechterkonstellationen" an der Universität Dortmund; Schwerpunkte in Lehre und Forschung: Präventive Sportmedizin und Gesundheitsförderung, Gesundheit und Erziehung, Sozialisation und Geschlecht, Frauen- und Geschlechterforschung in der Sportwissenschaft.

✉ Universität Dortmund, Emil-Figge-Straße 50, 44227 Dortmund, eMail: anja.voss@uni-dortmund.de

WOLTERS, PETRA, Prof. Dr. (geb. 1965); seit 2002 Professorin für Sportpädagogik und Sportdidaktik an der Hochschule Vechta; zuvor 1996-2002 wissenschaftliche Assistentin an der Universität Hamburg; Arbeitsschwerpunkte und Publikationen: Sportdidaktik (bes. Unterrichtsforschung, Vermittlung von Bewegungen, Koedukation); Mitherausgeberin der Zs. „sportpädagogik"; Mitglied im Herausgeberkollegium der Zs. „Sportwissenschaft"; 1999-2003 war sie Sprecherin der dvs-Kommission „Wissenschaftlicher Nachwuchs"; Mitglied des dvs-Vorstands von 2003 bis 2005.

✉ Hochschule Vechta, Fach Sport, Postfach 1553, 49364 Vechta; eMail: petra.wolters@uni-vechta.de

Deutsche Vereinigung für Sportwissenschaft

Die Deutsche Vereinigung für Sportwissenschaft (dvs) ist ein Zusammenschluss der an sportwissenschaftlichen Einrichtungen in der Bundesrepublik Deutschland in Lehre und Forschung tätigen Wissenschaftler/innen. Die dvs wurde 1976 in München gegründet und verfolgt das Ziel, die Sportwissenschaft zu fördern und weiterzuentwickeln. Sie sieht ihre Aufgabe insbesondere darin:

- die Forschung anzuregen und zu unterstützen,
- gute wissenschaftliche Praxis auf der Grundlage berufsethischer Grundsätze zu sichern,
- die Kommunikation zwischen verschiedenen Disziplinen zu verbessern,
- die Lehre zu vertiefen und Beratung zu leisten,
- zu Fragen von Studium und Prüfung Stellung zu nehmen sowie den Nachwuchs zu fördern,
- regionale Einrichtungen bei der Strukturentwicklung zu unterstützen,
- die Personalstruktur wissenschafts- und zeitgerecht weiterzuentwickeln,
- die Belange der Sportwissenschaft im nationalen und internationalen Bereich zu vertreten.

Die Aufgaben werden durch die Arbeit verschiedener Organe erfüllt. Höchstes Organ der dvs ist die Hauptversammlung, der alle Mitglieder angehören und die mindestens alle zwei Jahre einmal tagt. Zwischen den Sitzungen der Hauptversammlung übernimmt deren Aufgaben der Hauptausschuss, dem außer dem dvs-Vorstand Vertreter/innen der Sektionen und Kommissionen angehören. Der dvs-Vorstand besteht aus Präsident/in, Schatzmeister/in sowie vier weiteren Vorstandsmitgliedern. Zur Unterstützung der Arbeit des Vorstands ist ein/e Geschäftsführer/in tätig.

Weitere Organe der dvs sind der Ethik-Rat sowie die Sektionen und Kommissionen, die Symposien, Tagungen und Workshops durchführen. Sektionen gliedern sich nach sportwissenschaftlichen Disziplinen und Themenfeldern; Kommissionen befassen sich problemorientiert mit Fragestellungen einzelner Sportarten bzw. Sportbereiche. Für besondere, zeitbegrenzte Fragen können ad-hoc-Ausschüsse gebildet werden. Zurzeit sind in der dvs tätig:

- **Sektionen:** Biomechanik, Sportgeschichte, Sportinformatik, Sportmedizin, Sportmotorik, Sportökonomie, Sportpädagogik, Sportphilosophie, Sportpsychologie, Sportsoziologie, Trainingswissenschaft
- **Kommissionen:** „Bibliotheksfragen, Dokumentation, Information" (BDI), Fußball, Gerätturnen, Geschlechterforschung, Gesundheit, Leichtathletik, Schneesport, Schwimmen, „Sport und Raum" (i.G.), Sportspiele, Tennis, „Wissenschaftlicher Nachwuchs"
- **ad-hoc-Ausschüsse:** Neue Medien, „Studium und Lehre"

Mitglied in der dvs kann jede/r werden, die/der in der Bundesrepublik Deutschland hauptamtlich in Lehre und Forschung an einer sportwissenschaftlichen Einrichtung tätig ist, die/der sportwissenschaftliche Arbeiten veröffentlicht hat oder einen sportwissenschaftlichen Studienabschluss (Diplom, Magister, Promotion) nachweisen kann. Auf Beschluss des dvs-Vorstands können weitere Personen Mitglied werden. Auch können Institutionen oder Vereinigungen Mitglieder der dvs werden, wenn ihre Zielsetzung der der dvs entspricht.

Mitglieder der dvs haben die Möglichkeit, an der Meinungsbildung zu sport- und wissenschaftspolitischen Fragen mitzuwirken. Darüber hinaus ermöglicht die Mitgliedschaft in der dvs u.a. eine kostengünstige Teilnahme an den Veranstaltungen der Sektionen und Kommissionen sowie am alle zwei Jahre stattfindenden „Sportwissenschaftlichen Hochschultag", den Erwerb der Bücher der dvs-Schriftenreihe und den Bezug der Zeitschrift „Sportwissenschaft" zu ermäßigten Mitgliederpreisen. Der formlose Antrag auf Mitgliedschaft ist zu richten an die

dvs-Geschäftsstelle, Postfach 73 02 29, D-22122 Hamburg,
Tel.: (040) 67 94 12 12, Fax: (040) 67 94 12 13, eMail: info@sportwissenschaft.de
Internet: www.sportwissenschaft.de

Schriftenreihen

Sportwissenschaft und Sportpraxis
Herausgeber: **Clemens Czwalina** ISSN 0342-457X

Band 38	Tiwald: Psycho-Training im Kampf- und Budo-Sport. 1981. 109 Seiten. ISBN 3-88020-080-7.	
Band 53	Sachse: 60 Stunden Volleyball für die Sekundarstufe I. 1985. 125 Seiten. ISBN 3-88020-135-8.	
Band 64	Reuter: Therapie und Prophylaxe bei Verletzungen und Überlastungsschäden im Langstreckenlauf. 1987. 259 Seiten. ISBN 3-88020-172-2.	
Band 67	Maehl & Höhnke: Aufwärmen. 1988. 188 Seiten. ISBN 3-88020-176-5.	
Band 81	Schmidt: Lehren und Lernen im Sportspiel. 1991. 577 Seiten. ISBN 3-88020-217-6.	
Band 88	Nagel & Wulkop: Techniktraining im Hockey. 1992. 168 Seiten. ISBN 3-88020-229-X.	
Band 90	Hubert: Das Phänomen Tanz. 1993. 158 Seiten. ISBN 3-88020-233-8.	
Band 95	Schneider: Lehren und Lernen im Tennis. 1994. 187 Seiten. ISBN 3-88020-246-X.	
Band 100	Grude & Preuss: Kindgerechte Bewegungsförderung. 1995. 117 Seiten. ISBN 3-88020-253-2.	
Band 107	Schöpe: Die Entwicklung der Bewegungsvorstellung im Gerätturnen. 1997. 244 Seiten. ISBN 3-88020-296-6.	
Band 109	Schöpe: Kinderturnen. 1998. 190 Seiten. ISBN 3-88020-298-2.	
Band 110	Aeberhard: Planen und Gewinnen im Tennis. 1997. 92 Seiten. ISBN 3-88020-299-0.	
Band 111	Nagel: Fit und geschickt durch Seniorensport. 1997. 160 Seiten. ISBN 3-88020-300-8.	
Band 112	Thiele & Timmermann: Sportwissenschaftler auf dem Weg in die Arbeitswelt. 1997. 128 Seiten. ISBN 3-88020-314-8.	
Band 114	Dannenmann (Red.): Volleyball '97 – Analysen und Training. 1998. 256 Seiten. ISBN 3-88020-325-3.	
Band 115	Meier: Organisation einer bewegten Kinderwelt. 1998. 158 Seiten. ISBN 3-88020-328-8.	
Band 116	Fikus & Müller (Hrsg.): Sich-Bewegen – Wie Neues entsteht. 1998. 228 Seiten. ISBN 3-88020-329-6.	
Band 117	Bös & Schott (Hrsg.): Kinder brauchen Bewegung – leben mit Turnen, Sport, Spiel. 1999. 288 Seiten. ISBN 3-88020-347-4.	
Band 118	Kuhn & Langolf (Red.): Volleyball in Forschung und Lehre 1998. 1999. 172 Seiten. ISBN 3-88020-348-2.	
Band 119	Bensch & Danisch: Spielorientiertes Tennistraining mit Kindern und Jugendlichen. 2000. 128 Seiten. ISBN 3-88020-352-0.	
Band 120	Schäfer & Roth (Hrsg.): Fenster in die Zukunft des Sports. 2000. 136 Seiten. ISBN 3-88020-355-5.	
Band 121	Langolf & Kuhn (Red.): Volleyball in Lehre und Forschung 1999. 2000. 216 Seiten. ISBN 3-88020-357-1.	
Band 122	Leirich & Leuchte (Hrsg.): Paradigmenwechsel in der Sportwissenschaft. 2000. 200 Seiten. ISBN 3-88020-358-X.	
Band 123	Marlovits: Über die Einheit von Empfinden und Sich-Bewegen. 2001. 112 Seiten. ISBN 3-88020-368-7.	
Band 124	Hinsching (Hrsg.): Breitensport in Ostdeutschland. 2000. 144 Seiten. ISBN 3-88020-369-5.	
Band 125	Scherer & Bietz (Hrsg.): Kultur – Sport – Bildung. 2000. 152 Seiten. ISBN 3-88020-378-4.	
Band 126	Kuhn & Langolf (Hrsg.): Vision Volleyball 2000. 2001. 160 Seiten. ISBN 3-88020-380-6.	
Band 127	Gerisch: Aggression im Fußball. Band 1. 2002. 328 Seiten. ISBN 3-88020-393-8.	
Band 128	Gerisch: Aggression im Fußball. Band 2. 2002. 200 Seiten. ISBN 3-88020-394-6.	
Band 129	Volkamer: Sportpädagogisches Kaleidoskop. 2003. 222 Seiten. ISBN 3-88020-396-2.	
Band 130	Roth & Schäfer (Hrsg.): Fenster in die Zukunft des Sports 2. 2002. 160 Seiten. ISBN 3-88020-402-0.	
Band 131	Langolf & Zentgraf (Red.): Volleyball – Ansichten 2001. 2002. 176 Seiten. ISBN 3-88020-405-5.	
Band 132	Kelber-Bretz: Jonglieren – spielend lernen. 2002. 112 Seiten. ISBN 3-88020-411-X.	
Band 133	Verein früherer Schüler und Lehrer der Herderschule zu Rendsburg (Hrsg.): Die Zukunft des Schülerruderns. 2003. 84 Seiten. ISBN 3-88020-418-7.	
Band 134	Bach & Siekmann (Hrsg.): Bewegung im Dialog. Festschrift für Andreas H. Trebels. 2003. 232 Seiten. ISBN 3-88020-419-5.	
Band 135	Zentgraf & Langolf (Hrsg.): Volleyball aktuell 2002. 2003. 136 Seiten. ISBN 3-88020-429-2.	
Band 136	Mahlitz, Bomirska & Stepinski (Hrsg.): Bewegung, Sport und Gesundheit im regionalen Bezug. 2004. 200 Seiten. ISBN 3-88020-432-2.	
Band 137	Hinsching & Steingrube (Hrsg.): Sporttourismus und Region – Das Beispiel Mecklenburg-Vorpommern. 2004. 180 Seiten. ISBN 3-88020-433-0.	
Band 138	Scherler: Sportunterricht auswerten. Eine Unterrichtslehre. 2004. 176 Seiten. ISBN 3-88020-438-1.	
Band 139	Zentgraf & Langolf (Hrsg.): Volleyball – europaweit 2003. 2004. 144 Seiten. ISBN 3-88020-439-X.	
Band 140	Hebbel-Seeger, Kronester & Seeger: Skifahren und Snowboarden mit Kindern. 2005. 120 Seiten. ISBN 3-88020-444-6.	
Band 141	Bossert: Triathlon-Do. Der Weg zum Triathlon-Manager. 2005. 216 Seiten. ISBN 3-88020-453-5.	
Band 142	Zentgraf & Langolf (Hrsg.): Volleyball 2004 – Jubiläum. 2005. 152 Seiten. ISBN 3-88020-457-8.	
Band 143	Wolters: Bewegung unterrichten. 2006. 200 Seiten. ISBN 3-88020-463-2.	
Band 144	Loy: Taktik und Analyse im Fußball. Band 1. 2006. 462 Seiten. ISBN 3-88020-466-7.	
Band 145	Loy: Taktik und Analyse im Fußball. Band 2. 2006. 564 Seiten. ISBN 3-88020-467-5.	
Band 146	Langolf & Roth (Hrsg.): Volleyball 2005 – Beach-WM. 2006. 136 Seiten. ISBN 3-88020-475-6.	
Band 147	Merk: Klassenzimmer unter Segeln. 2006. 216 Seiten. ISBN 3-88020-476-4.	